미술이라는 거울

— Pat B. Allen 저 | 김마리아 역

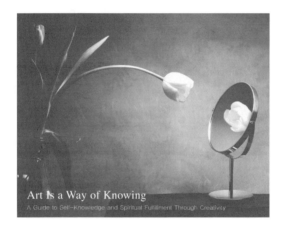

Art Is a Way of Knowing
A Guide to Self-Knowledge and Spiritual Fulfillment Through Creativity

학지사

Art Is a Way of Knowing:
A Guide to Self-Knowledge and Spiritual Fulfillment Through Creativity
by Pat B. Allen

Copyright © 1995 by Pat B. Allen

역자 서문

    이 책은 팻 B. 알렌(Pat B. Allen)이라는 미국 미술치료사가 지은 체험적이면서도 안내적인 책으로, 어떻게 하면 미술을 자신과 타인을 진정성 있게 알게 해 주는 방법으로 활용할 수 있는가를 안내해 주는 책이다. 이 책은 창의성과 이미지에 대한 진정한 신뢰를 기반으로 하는 미술치료 분야에서는 이미 잘 알려진 책이고, 관련 학과에서는 필독서인 데다가 그녀와 그녀의 동료들이 개발한 OSP(Open Studio Process)를 배우는 데 있어서 기본이 되는 책이다. 실제 트레이닝과 체험을 통해 OSP의 유효함과 가능성을 배운 역자는 이 OSP 방식의 미술을 소개하고자 한국어판을 준비하게 되었다.

    우리는 미술이 가진 긍정적인 효과에 대해서는 익히 들어 잘 알고 있지만, 막상 예술가가 아닌 이상(또는 예술가여도), 미술이라는 것을 나를 구체적으로 알고 내 고민을 풀어 가기 위한, 또 삶을 향유하기 위한 수단으로 제대로 활용하는 방법은 잘 알기도, 찾기도 쉽지 않다. 이러한 방법에 있어 이 책은 고전이 될 수 있을 정도로 구체적이고 차분히, 하지만 깊이 있게 독자를 안내해 준다. 원저자인 팻은 자신의 인생에서 경험한 것들을 용기 있게 바라보고, 나누고, 그러한 것들을 이 미술작업 과정을 통해 이해해 가며, 자신이 겪었던 혼란과 그로부터 발견된 지혜와 방법을 솔직하게 풀어 나감으로써, 독자들에게 '나도 해 볼 수 있겠다'는 기대와 안내를 준다.

간혹 글을 읽다가 '이건 무엇을 말하려 하는 것이지?' 하는 마음이 들더라도 끝까지 읽어 보기를 권한다. 그녀의 나눔은 우리 모두가 가지고 있는, 한 인간으로서 날마다 삶을 맞이하며 접하는 혼란, 기대, 좌절, 희망 그리고 이 모든 것을 외면하지 않고 부드럽게 바라보아 줌으로써 얻는 삶에 대한 지혜와 여유, 자신과 타인에 대한 애정과 사랑을 불러일으켜 준다.

또한 여러 차원에 걸친 그녀의 솔직한 자기 이야기는 독자들의 여러 개인적 경험과도 맞닿을 수 있는 요소들이 있기 마련이어서, 우리 각자의 경우에도 대입해 볼 수 있으리라 생각한다. 따라서 독자들의 다양한 삶의 숙제와 궁금증을 나름의 방법으로 이해하는 데 도움이 될 것이라 생각한다.

역자는 팻과 2014년 OSP 인터내셔널 트레이닝에서 처음으로 깊이 있는 만남을 가지게 되었는데, 그녀는 이미 이러한 미술의 방식을 30년 넘게 실행해 오고 있으며, 1991년에는 동료들과 함께 OSP 비영리기관을 만드는 등 OSP가 세상의 모든 사람에게 좋은 도구가 되기를 바라는 사명을 가지고 있다. 현재는 미국 캘리포니아에서 이를 지속적으로 수행하고 있다. 그녀와 동료들의 열린 마음, 미술이 가지고 있는 유용한 측면을 관심 있는 사람 누구나 활용해 볼 수 있도록 하려는 그 사명의식은 나에게도 감동을 주었고, 이 책을 번역하면서 가능하면 우리가 일상에서 사용하는 편한 용어들과 표현 방법을 사용하여 관련 분야 전문가들뿐만 아니라 일반인들까지 누구나 막힘없이 읽어 나갈 수 있도록 하려고 애썼다. 하지만 어떤 부분들은 피치 못하게 전문 용어들을 그대로 사용하였고, 같은 단어여도 문맥에 따라 영어로 쓰기도 하였다. 원저자인 팻과 함께 이야기하며, 인텐션(intention)이나 위트니스(witness), 이미지(image) 등의 용어는 영어를 사용하는 것이 이 미술 과정을 인식하는 데 더 나을 수도 있다고 결정했다. 기타 필요한 전문 용어들에는 가능하면 역자 주를 달았다. 편안히 읽을 수 있는 책이 되기를 소망하는 역자의 바람을 전하며, 부족한 부분들은 독자의 열린 마음으로 채워 주시기를 바란다.

2020년 9월
김마리아

한국어판 서문

한국 독자들을 위하여

이 책이 한국의 독자들을 위해 번역된다는 사실이 내게 얼마나 감격스러운 일인지 모른다.

1995년에 이 책이 처음 출판되었을 때, 나는 지금과 같은 세상이 오리라고는 상상하지도 못했다. 그런데 세계 곳곳에서 독자들로부터 편지를 받기 시작했다. 많은 경우 자신들의 작품을 동봉했는데, 그들은 이 책이 스스로에 대해 잘 알 수 있도록 도와주었으며, 미술을 통해 그 과정을 해 볼 수 있는 용기를 주었다고 하였다. 이 책을 통해 삶과 죽음, 도전과 발견에 대해 집필하고, 내 인생에 대한 종종 가공되지 않은 이미지들을 나누어 보는 것이 내게는 거대한 자유를 주는 경험이었다. 그리고 여러 독자로부터 감동적인 소감을 받는 것은 내가 이 책을 쓰며 바랐던 것 그 이상의 경험이었다.

지금은 우리가 선택하기만 하면 우리가 무엇을 생각하고 느끼고 먹고 있는지, 어떻게 보이는지, 어디에 있는지 등을 순식간에 세상과 공유할 수 있는 테크놀로지의 시대이다. 이를 통해 우리는 우리의 공적 이미지를 빛나고 밝게 수정할 수도 있고, 사실일 수도 있고 그렇지 않을 수도 있는 자신의 이야기를 만들어 낼 수도 있다. 우리 삶의 외적인 모습들을 보여 주는 것이 그 어느 때보다 쉬운 세대가

7

된 것이다. 하지만 그러면서 우리 내적 자기와 만나는 일은 그 어느 때보다 더 어렵게 되었다. 그리고 내적 삶이라는 것이 화려한 빛 속에 가려져 그림자로 가득 찬 채로 남아 있다.

나는 여전히 나 자신과 다른 이들 그리고 세계에 대해 알기 위해, 이미지 제작과 집필 그리고 경외감과 존경심을 가지고 재료들을 활용해 보는 데에 헌신하고 있다. 이 책에서 나눈 이미지들 중 어떤 것들은 아직도 벽에 걸려 있는데, 계속하여 나를 안내해 주고 의미를 방출하고 있다. 다른 이미지들은 가끔, 어떤 경우는 수십 년이 지난 후에 뭔가를 더 요청한다. 더 참여하기를 또는 더 위트니스해 주기를 요청하는 것이다. 나는 이 책에서 설명한 가면 작품으로 되돌아가, 작품 자체가 지시해 주는 대로 변화를 주기도 했다. 미술은 내게 있어 여전히 모든 것이 가능한, 신비로움이 있는, 시간이 존재하지 않는 곳으로 데려다주는 통행권이 되어 주고 있다. 나는 기회가 생길 때마다 그곳으로 여행을 떠난다.

나는 한국의 새로운 독자들에게서도 소감을 듣기를 희망한다. 아마 지금 이 시대에는 인터넷을 통해서이지 않을까 싶다. 우리 각자는 서로에게서 그리고 이미지들을 나누어 보면서 배우게 되는 것이 너무도 많다. 한국어판을 통해 내가 가져 보는 소망은, 개인적이고 문화적으로 독특한 것들과 동시에 그럼에도 불구하고 같은 인간으로서 공유하는 것들, 이 모두가 드러나게 되어 모두에게 보이게 되는 것이다.

우리는 지금 격변의 시대에 살고 있다. 나는 지금 이 시대가 이러한 미술을 필요로 하는 바로 그 시대라고 확고히 믿고 있다. 우리 모두는 창조하도록 창조되었다. 우리는 우리 자신을 만들어 가고, 우리가 사는 세상을 만들어 간다. 이것은 엄청난 도전이면서도 동시에 스릴감이 생길 정도로 다행인 것인데, 모든 것이 돌에 새겨진 듯이 고정되어 있지 않다는 것 그리고 궁극적인 현실은 변화라는 것이다. 미술작업은 우리의 의식을 개인적으로 또 집합적으로 커지게 할 수 있는 심오한 방법인데, 이 미술을 통해 우리는 변화 속의 혼돈을 뚫고 바라볼 수 있게 되고, 이에 우리의 갈 길을 계속 찾아갈 수 있는 것이다.

2020년 9월
캘리포니아 오하이
팻 B. 알렌

Preface Korean edition of 『Art Is a Way of Knowing』

It is nothing short of thrilling for me to have this work translated for Korean readers. I could not have imagined the world of today when Art is a way of knowing was first published in 1995. Then, I received letters from readers around the world, often with art enclosed, who said that the book helped them to know themselves and gave them the courage to do so through making art. It was enormously freeing for me to write about life and death, challenge and discovery and share the often raw images of my life. To receive heartfelt replies from others was more than I ever hoped for.

Now, there are technologies that enable us to share minute by minute, if we choose, what we think, feel, are eating, how we look, where we are standing. We can edit our public image to be shiny and bright, to create a story that may or may not be true. The ability to show our outward life couldn't be easier. The work of encountering our inner self remains as mysterious as ever. And inner life remains as full of shadow as of light. I remain committed to making images, to writing, to engaging materials with awe and reverence as a way to know myself, others and the world. Some of the images I wrote about in this book remain on my walls, continuing to provide guidance and emit meaning. Others have at times, sometimes after decades have passed, asked for more, more witness, more engagement. I have returned to several of the masks described in this book and changed them, as directed by the art itself. Art remains my passport into the place of all possibilities, the timeless space of the numinous. I travel there every chance I get.

I hope to hear from new readers, this time perhaps through digital means, we have so much to learn from one another and from sharing our images together. My hope for this translation is that both the ways in which we are personally and culturally unique as well as the ways in which we share a common humanity become visible and lifted up.

We are living in a time of upheaval and great change. I firmly believe this is the time this work was made for. Everyone is created to create; we make ourselves and we make the world.

This is both a formidable challenge and a thrilling relief to know that things are not set in stone, that change is the ultimate reality. Art making is a profound way to enlarge our consciousness, both individually and collectively, making us able to see through the chaos of change and continue to find our way.

Ojai, California

Pat B. Allen

추천하는 말

이 책은 미술 활용 방법이나 그 실제 사례들 모두가 훌륭하게, 구체적으로 제시되어 있다. 또한 미술작업 과정에서 일어나는 '모른다'는 필수적 측면에 대한 온전한 이해를 담고 있다. 이 책에서 설명한 방식의 미술작업은 머리로서가 아닌, 감정과 우리의 몸을 통하여 앎을 얻게 해 주는 방식이다. 또한 이 방식은 소울(soul) 안에서 자기 자신에 대한 직관을 불러일으키게 한다. 즉, 존재의 신비로움 안에서 스스로 편안해지고, 변화를 통해 갱신이 가능하게 해 주는 것이다.

내게 있어서 이 책은 내용이 주는 결과물을 제대로 얻기 위해서 여러 번 읽어야 하는 책이다. 그 내용의 범위와 깊이가 보통이 아니기 때문이다. 알렌(Allen)의 주제는 이미지 제작, 즉 미술작업을 통해 소울의 살아가는 방식을 알아 가는 것인데, 그녀는 이 작업을 어떻게 시작하는지, 재료, 공간, 분위기는 어떠해야 하는지에 대해 친절하게 도움을 주고 있으며, 그리고 나서는 이 작업 과정을 신뢰하도록 가르친다. 우리에게 삶과 움직일 수 있는 힘을 주는 것은 땅속에 흐르고 있는 소울의 강인 것이다. 점토나 물감, 파스텔, 콜라주 그리고 주운 물건 등을 통해 이미지를 제작하는 데는, 또 제작한 이미지가 숙성하는 데는 시간이 걸린다. 하지만 미술작업 과정은 우리를 사고하거나 판단하는 의식적인 상태로부터 해방시켜 준다. 그 과정 속에 몰두하는 것이 바로 우리에게 치유를 일으켜 주는 것이다. 이 몰두하는 과정은 우리로 하여금 자신 안의 또 다른 내가 있는 곳에 닿게 해 주는데, 이곳은 고통 안에 있는 수수께끼 같은 측면들과 이들의 해소, 상실의 슬픔과 그로 인한 분노와 절망, 또 열망과 희망들이 존재하고 있는 곳이다. 알렌의 이미지 작업은 그녀로 하여금 죽음, 탄생, 전문인으로서의 스트레스, 가족과 관련된 위기의 상황들 속에서 자신을 꿋꿋하게 이겨 나갈 수 있도록 도와주었다. 참여자는 이러한 작업을 개인의 건강을 위해서 물론 할 수 있다. 하지만 우리 문화 속의 좀 더 큰 가치들을 담는 일종의 직조물을 짜 가는 일에도 사용해 볼 수 있다. 이 직조물은 '각 개인들이 자신을 변화시켜 나가는 그 어려운 일들을 해 나갈 때만 조금씩 움직이며 짜여 가기 마련이다'.

알렌의 평생에 걸친 이미지 작업에 대한 경험은 우리가 각자의 여정을 위한 지도를 그리는 데 도움을 주고 있다.

M. C. 리처즈(M. C. Richards)

서문

　이미지라는 것들은 나를 분해해 놓는다. 그러고는 나를 새롭고 더 커진 상태의 숨 쉴 공간이 있는 모습으로 다시 붙여 놓는다. 지난 20년 동안 나는 미술을 배우는 학생, 미술치료사, 교육자, 부인, 어머니, 미술가로서 살아오면서 나의 내면의 삶을 이미지나 물감 작업, 드로잉, 글을 통해 기록해 왔는데, 어떤 때는 우연히 하기도 하였고 어떤 때는 좀 더 집중해서 열심히 하는 등 내 삶을 통해서 아직도 지속적으로 하고 있다. 그렇게 해 온 이유는 어떤 면에서 나 스스로가 존재하지 않는다고 느꼈기 때문인 것 같다. 나는 간신히 존재하고 있었고 그 존재감도 시들했었는데, 그 이유는 삶 속에서 뭔가 의미가 있다고 느끼는 데 필수적이라고 할 수 있는 나 자신의 고유한 느낌들이 빠져 있었기 때문이다. 미술작업을 한다는 것은 내 삶 속에서 잃어버렸던 소울을 다시 찾아 들여놓도록 하는 내 나름대로의 방법이었다. 소울이란 우리 삶의 엉망진창인 모습들이 인내될 수 있는 곳이고, 다양한 느낌이 우리 삶의 이야기들에 활력을 불어넣어 주는 곳이며, 또한 우리의 이야기가 존재하는 곳이다. 소울이란 내가 재충전되는 곳이며, 생명의 정원과 죽음의 묘지를 모두 경험해 볼 수 있는 장소이기도 하다. 미술이란 내가 누구인지 알게 해 주는 하나의 방식인 것이다.

　비록 소울이 없는 상태라 하더라도 자신의 삶을 매우 멋져 보이게 하는 것이 가능한 일이기는 하다. 단지 그러한 것에는 의미가 빠져 있다는 것이 다른 점이다. 내가 처음 이미지들을 이용한 작업을 시작했을 때, 나는 어떤 때 혹시 내가 미쳐 버린 것이 아닐까 하는 생각이 들 정도로 인간 감정의 혼란스러움에 익숙하지 못했다. 환한 햇빛 아래에서 친구들과 함께 웃으며 서 있을 때에도 나 자신은 태양과 웃음으로부터 격리되어 있다고 느낀 적도 있었는데, 나는 오직 나만이 이런 것을 느껴 보았을 거라고 생각해 왔다. 이미지들은 내가 성인이 되어 가면서 잃어버렸던 것들—즉, 격리되게 느껴지는 것이 아닌 온전한 느낌들을 가질 수 있는 능력과 매 순간에 존재할 수 있는 능력—을 어느 정도 되찾아 주어 왔다. 나는 미술이 완치를 해 주거나 뭔가를 고친다고 믿지는 않는다. 그것보다는 미술은 우리로부터 되찾아지기를 항상 기다리고 있는 우리의 소울이 우리 자신과 다시 연결되도록 도와준다고 믿는다.

이 책 전반에서 나는 좀 단순해 보일 수 있는 '미술'이라는 단어보다는 '이미지' '이미지 만들기/제작/작업' '미술작품'이라는 용어들을 좀 더 많이 사용하였다. '미술'이라는 용어 안에는 내재적으로 '판단'의 의미가 들어가 있어서 많은 사람에게 일종의 장벽으로 작용하는 경향이 있다. '좋은 미술/나쁜 미술' '순수미술/고급미술' 등에서 보듯이 이러한 용어들은 소묘, 그림, 오브제(object) 같은 최종 결과물들을 떠오르게 한다. 하지만 이미지들은 우리 모두가 꿈에서나 또는 마음의 눈으로 항상 경험하고 있는 것인 데다가, 음악을 듣거나, 시를 읽거나, 옛 기억을 불러일으키는 냄새를 맡거나 할 때도 경험하는 어떤 보편적 현상이다. 우리 모두는 우리 자신에 대한 그리고 우리가 좋아하거나 싫어하는 것들에 대한 많은 내적 이미지를 가지고 있다. 우리는 전혀 만나 보지도 못한 사람들이나 가 보지도 못한 장소들에 대한 이미지들도 가지고 있다. 미술작업은 이러한 이미지들에게 구체적인 형상을 입히는 과정이다. 이러한 과정 속에서 남기게 되는 여러 흔적이 그 어떤 외부적 기준에 의해서 판단될 필요는 없으며, 도리어 무엇이 맞는가에 대한 우리의 내적 감각이 그것을 판단해야 한다.

이미지를 만든다는 것은 일종의 경계를 허무는 작업이며, 진부해져 버린 생각들을 헐겁게 해 주고, 또한 그럼으로써 새로운 것이 들어올 수 있는 길을 열어 주는 일이다. 이것은 일종의 수련으로서, 이를 통해서 마치 영성을 다루는 그 어떤 분파들에서도 그러하듯이 자기 자신에 대한 지식이 지혜의 모습으로 영글어 갈 수 있는 것이다. 이미지들은 항상 아름답게 나타나지는 않으며, 종종 거칠거나 이해하기 힘든 모습을 하고 있기도 하다. 이미지들은 우리에게 항상 위로를 주는 것은 아니지만, 매우 신나거나 도전적일 수도 있고 도발적일 수도 있으며 어떤 때는 두려움을 주기도 한다.

『미술이라는 거울(Art Is a Way of Knowing)』이라는 제목을 지은 이 책은 최종 결과물보다는 이미지와 함께 작업을 하는 그 과정을 좀 더 강조한다. 많은 사람은 절대 이미지를 만들려 하지 않는다. 왜냐하면 그 결과물을 어떻게 처리해야 할지 모르기 때문이다. 액자에 넣어야 하나? 팔까? 전시할까? 이야기해 볼까? 비평을 쓸까? 더 개발을 할까? 판로를 개척할까? 한 열두 개 정도 더 만들어서 아트페어에 가져갈까? 만약 내가 이미지 만드는 것을 좋아하게 되면 직장을 그만두고 전업으로 해야 할까? 나를 미술가/예술가라고 불러야 하나? 그래도 되나? 미술이란 앎의 한 방식이다. 그 말은, 마치 우리가 명상이라는 것을 하기 위해 꼭 머리를 깎고 출가해서 절에 들어가지 않아도 되는 것처럼 미술을 하는 것이 우리에게 생활 방식의 어떤 큰 변화를 요구하지 않는다는 것이다. 자신이 만든 이미지들과 이야기들을 얼마만큼 받아들일 것인가는 전적으로 자기 자신에게 달려 있다.

나는 이 책에 독자들을 위한 지침들과 함께 나 자신의 이야기를 모두 섞어서 구성해 놓았다. 그 이유는 이 과정에 여러 가지 측면이 함께 담겨 있고, 어떤 때는 단도직입적이고, 또 어떤 때는 그렇지 않으면서 반드시 자신이 직접 해 보아야만 배울 수 있다는 것을 보여 주기 위해서이다. 개개인의 미술제작 방식은 모두 다 독특하게 다를 것이다. 왜냐하면 이는 무한한 가능성을 가진 이미지 제작 과정으로부터 창조되어 나올 것이기 때문이다.

『미술이라는 거울』은 그 누구라도 자신의 느낌, 직감, 또 내적 자아와 만나고 싶은 사람들, 일상의 삶 아래에 흐르고 있는 소울의 강에 도달할 수 있는 길을 만들기를 원하고 그러한 과정 속에서 좀 더 생활에 활력을 얻기를 원하는 이들을 위한 책이다. 여타 선생님들이나 다른 조언을 줄 수 있는 사람들이 이 길을 가는 여정에 도움이 될 수도 있겠지만, 이 여정을 시작하는 데 있어서 그들이 꼭 필요한 것은 아니다. 정말로 꼭 필요한 것은 상상력을 만나기 위한 용기와 호기심 그리고 뭔가 흔적을 남길 수 있는 도구들뿐이다. 표현될 이야기들은 이미 당신 안에 준비되어 있으며, 이제 당신이 말해 주기만을 기다리고 있다.

시작하며

내가 내 인생에서 한 일과 이 책에 쓴 것들은 나 자신이 직접 미술 작업에 참여한 것에 대한 일이다. 나는 미술이 자신을 알게 해 주는 도구라는 생각에 기반을 두고 미술작업을 하였다. 내가 지난 20년 동안 관여해 온 미술치료라는 분야는 대부분 다른 사람들로 하여금 스스로의 미술작업을 통해서 자기 자신을 알 수 있도록 도와주는 것이었다. 내 방법의 특이한 점은 내가 다른 사람들을 작업 과정에 참여하도록 독려한 만큼 혹은 그것보다 더 많이 나 자신도 미술작업 과정에 참여해 왔다는 것이다. 때때로 내 작품들을 전시하기도 했지만 거기에 초점을 맞추어 왔던 것은 아니다. 그보다는 재료를 사용하는 과정, 즉 그것들이 가지고 있는 내재적 성질이나 한계와 씨름하면서 작업하는 과정이 예전에도 그랬고 지금도 여전히 아주 멋진 영역이며 잘되고 있는 부분이다.

미술치료는 미술을 통해서 다른 사람을 도와주는 방법을 발명했거나 발견한 다양한 분야의 여러 사람이 느슨하게 모이면서 시작되었다. 미술치료의 초기 선구자들은 시설아동(Kramer, 1958, 1971, 1979)이나 정신질환을 앓고 있는 재소자들(Naumburg, 1966; Ulman & Dachinger, 1975), 혹은 주립정신병원에서 장기 입원을 하고 있는 환자들(McNiff, 1981)을 상대로 일을 하였다. 미술치료 교육 프로그램이 만들어지기 전까지, 이러한 미술치료사들은 자기들만의 색다른 방법으로 사회로부터 방치되거나 잊힌 사람들에게 미술을 통하여 목소리를 낼 수 있도록 도와주었다. 나는 이 뛰어난 사람들 모두와 알고 지내 왔으며 또한 그들로부터 배워 왔는데, 미술치료의 이론과 실제를 알고 싶은 사람들은 그들이 이루어 놓은 많은 업적을 살펴보기를 권한다. 나는 이 책에서는 미술치료 문헌을 연구·검토하거나 내가 내담자들로부터 경험한 사례를 인용하지는 않는다.

나는 오랫동안 미술치료를 공부하고 실행해 오고 있으나, 실제로 나에게 가장 중요했던 경험들은 무엇보다도 나 자신의 이미지 흐름을 발견하고 따라가기 위해서 직접 재료를 사용해 보는 방법을 통해 얻을 수 있었다. 이 책을 통해서 내가 독자들에게 드리고자 하는 것은 바로 이러한 이미지들에 대한 이야기이며, 내가 사용해 온 앎의 방식들이다. 나는 미술제작을 통하여 내가 처한 문제들을 해결하였고, 아픔을 달랬으며, 상실과 실망에 맞서 오면서 나 자신에 대하여 깊게 알게 되었다. 이러한 이유로 나는 미술제작을 나의 정신적 경로라고 여긴다. 나는 이런 경로는 모든 사람에게 열려 있으며, 우리 모두에게 내재한 삶을 살아가는 재능 이외의 다른 어떤 특별한 '재능'을 필요로 하지 않는다고 믿는다. 창의성이라는 선물은 우리 모두에게 주어져 있으며, 펼쳐지기만을 기다리고 있다. 또한 한 사람의 여정에서 오는 결과들은 그 어떤 다른 이들의 여정의 결과와 결코 비교될 수 있는 것이 아니다.

이러한 나의 시각은 나를 미술치료 세계에서 일종의 도피자로 만들었는데, 그동안 미술치료는 점차적으로 정신건강 분야와 밀접한 동맹관계에 있는 전문 직종으로 발전해 왔다. 내가 미술학교에 다니던 1970년대 중반에 이미 미술계는 미술 시장이 되어 버렸으며, 많은 미술치료사는 그러한 '미술계'에서 도망친 망명자들로부터 시작하였다. 모더니즘의 신조인 미술을 위한 미술은 인간들의 감정이입을 버렸으며, 도리어 소외라는 것을 미술가들의 특징으로 강조하였다. 1950년대 이후로 미술은 일련의 큰 산업들을 파생시키는 전문직으로 발전하였는데, 이는 또한 우리 사회의 전반적인 직종의 세분화를 보여 주기도 한다. 미술비평가, 기자, 미술역사가, 큐레이터, 미술중개인, 미술수집가들이 의미를 창조하는 자로서의 역할을 두고 경쟁을 벌이는 동안 미술가들은 독불장군처럼 고립되어 아무 소리도 내지 못하고 있었다.

처음 나에게 미술치료는 일종의 피난처와 같아서, 내가 다른 사람들과 연결되어야 하는 필요성을 확실하게 알게 해 주었다. 미술치료란 마치 미술을 그 본연의 모습인 정신적 교감과 우리의 경험을 거룩하게 하는 것으로 되돌려 놓는 일 같았다(Gablik, 1992). 하지만 미술치료도 점차 전문성이 갖추어야 하는 그 이상적인 모습을 수용해 갔고, 그러면서 미술작업이라는 것이 너무도 자주 고정된 의미를 이미지에 부여하고, 그에 따르는 치료 목표와 결과들을 달성하기 위한 그저 또 하나의 '치료 방식'으로 사용되고 있었다. 이렇게 소독되고 영혼 없는 버전의 미술이 사람들에게 실시되어야 했으며, 이는 훈련된 전문가들에 의해 해석되어야만 했다. 이런 유의 전문성은 미술이 가진 가장 강한 속성들 중의 하나, 즉 경계선을 녹임으로써 우리가 다른 사람들과 연결되어 있고 우리 각자의 독특함에는 존엄성이 있다는 것을 드러내 주는 능력을 빼앗아 가 버린다.

산업주의의 상승과 전문 직업의 분화가 급속하게 진행되기 이전에, 한때는 다채로운 민속 문화를 통해서 사회가 새로운 문화를 창조하기도 하였다. 평범한 사람들이 생명의 탄생과 죽음을 기리거나 중요한 경험들을 기억하고 삶의 즐거움을 더하기 위해 이미지나 물건들을 만들었다. 이러한 물건들은 그 희소성 때문에 아주 가치 있게 되어서, 이제는 버지니아주의 윌리엄스버그에 있는 애비 올드리치 록펠러(Abby Aldrich Rockefeller) 민속미술박물관 같은 곳에서나 볼 수 있다. 한편으로, 우리 소비자 문화에서는 군중 속에서 개인적 표현을 하기 위한 방법이 연하장이나 공예키트 같은 것으로 대체되었고, 그러면서 진정한 민속미술작품들은 미술시장에서 가장 새로운 부문으로서 갈수록 높은 가격대로 낙찰되고 있다. 미술치료계의 선구자인 에디트 크레이머(Edith Kramer)에 의하면, 보면서 즐기는 오락이 증가하는 반면에 함께하는 민속미술의 전통이 죽어 가는 상황에서, 사람을 고갈시키는 현대 노동의 특성이 만들어 낸 공허함을 채우기 위해 치료로서의 미술이 나타났다고 한다. 앎의 한 방식으로서의 미술은 우리가 자기 인생에 직접적으로 참여하는 상태로 되돌아갈 수 있는 길을 제공할 것이다.

『The Reenchantment of Art』라는 책에서 저자인 수지 가블릭(Suzi Gablik)은 모더니스트와 포스트모더니스트들의 이상인 고립과 소외를 일부 미술가들이 어떻게 거부하고, 그 대신 감정이입적이며, 결합적이고, 살아 있는 미술을 어떻게 채택하게 되었는지를 설명하고 있다. 그녀는 이렇게 주장한다. "미술이 그 목표를 전환하여 이 세상에서 뭔가에 유용하게 되어야 한다는 이 필요성은 포스트모더니스트들이 견지하고 있는 미학적 태도, 즉 미술은 이 지구상에서 뭔가에 유용한 역할이 전혀 없다고 하는 가정과는 양립할 수 없다."(1991: 7)

나 자신의 발전 과정에서 내가 지속적으로 존경해 온 일들을 한 사람들이 꽤 있다. 이들은 미술이 개인과 사회 두 차원 모두에서

'유용한' 역할을 할 수 있다는 것을 인식하였다. 『The Artist in Each of Us』(1951)의 저자인 플로렌스 케인(Florence Cane)은 자신의 학생들이 각자의 진정한 개인적 이미지에 접근할 수 있는 방법을 만들어 주었다. 그녀는 신체적 경험이 주는 엄청난 역할과 미술이 사람들의 정신적 · 육체적 · 정서적 · 영성적 전체성에 주는 통합의 효과를 인식한 최초의 미술가들 중 한 사람이었다. 그녀의 방법은 일반인들에게 여러 방법으로 제공되었는데, 이 방법들은 그녀의 동생이자 미술치료사인 마가렛 나움버그(Margaret Naumburg)가 정신질환으로 고통받는 사람들을 위해서 적용하였다.

엘리자베스 레이턴(Elizabeth Layton)은 드로잉이 그녀의 인생을 구했다고 믿었으며(Mid-America Arts Alliance, 1984), 노년에 인체 드로잉을 시작하였다. 그녀는 약이나 정신과 치료를 받지 않았지만 평생 가지고 있었던 우울증을 풀기 위해 자주 자화상을 그리곤 했다. 최근에 작고한 그녀는 자신의 드로잉을 생전에 절대 팔지 않았다. 왜냐하면 레이턴은 관람자가 작품의 전체 시리즈를 다 볼 때 그 진가가 나타난다고 느꼈기 때문이다. 그녀의 친구이자 미술치료사인 밥 얼트(Bob Ault)는 레이턴의 인체 드로잉 기법을 기반으로 한 수업을 만들었으며, 인체 드로잉이 주는 심리학적 효과에 대하여 연구했다.

에드워드 애덤슨(Edward Adamson)은 1946년에 영국 정신병원에 스튜디오를 하나 열었다. 그의 『Art as Healing』이라는 책의 서문을 쓴 앤서니 스티븐스(Anthony Stevens)는 그 스튜디오가 환자들에게 맑은 정신과 평화를 주는 피난처였으며, 그곳에서 환자들은 자신들의 개인적인 세상을 검증해 볼 수 있었고 그것들에게 표현될 수 있는 어떤 형태들을 부여해 주었는데, 애덤슨은 풍부한 섬세함과 연민 속에서 어떻게 이런 형태의 표현들을 받아들이는지에 대해 알고 있었다고 했다(Adamson, 1984).

볼렉 그레친스키(Bolek Greczynski)는 뉴욕 퀸스의 크리드모어 (Creedmore) 정신병원에 있는 리빙(Living) 미술관의 설립자이자 디렉터인데, 스튜디오 겸 미술관을 만들어서 정신질환을 가진 사람들이 만든 미술에 대한 모든 고정관념을 흔들어 놓았으며, 죄수들의 작품을 전시함으로써 감옥이 아닌 곳에서 죄수들의 작품을 보게 하는 도발적인 전시회들을 통해 현대 미술세계에 도전장을 내밀었다(Hollander, 1993). 팀 롤린스(Tim Rollins)는 화가이자 선생님이었는데, 그는 고립된 존재로서의 예술가라는 개념을 거부하였다. 가난한 브롱크스 지역의 청소년들과 함께 롤린스는 'K.O.S(Kids of Survival, 생존의 아이들)'라는 이름하에 문학작품의 의미를 이해하고 표현하기 위한 하나의 방안으로, 고전문학을 기반으로 하는 괄목할 만한 독특한 공동미술작품을 창조하고 있다.

헨리 샤퍼-시먼(Henry Schaefer-Simmern, 1948)은 다양한 사람과 미술 프로그램을 시행하였는데, 거기에는 부랑아들, 발달장애인들, 사업하는 사람들의 그룹이 포함되어 있었다. 이러한 다양성은 미술을 할 수 있는 기회가 주어진다면 진정한 미술 표현이 그 누구에게라도 아주 자연스럽게 펼쳐지게 된다는 것을 명확히 보여 주었다. 헨리의 방식은 또한 미술 표현은 그 개념들을 간섭하며 가르치거나 일부러 연습하려 하지 않아도 시간이 지나면서 그 복잡성과 흥미 그리고 개인적 의미 속에서 계속 발전해 나갈 것이라는 것을 증명해 주었다. 그로부터 이렇게 배운 제자들은 자신들의 고유한 미적 감각을 발달시켜 감에 따라 본인들이 처해 있는 도시 주변 환경 속에 있는 혼란과 무질서에 대한 인식이 커졌으며, 따라서 그들의 일상에서 형태들이 조화롭지 못하게 충돌하는 것들에 대해 참아 내고자 하는 의지가 작아졌다. 플로렌스 케인처럼, 헨리 역시 창의적인 일에 참여하는 것이 사람들로 하여금 온전함이라는 것에 대해 깨닫고 자기 개인의 경험보다 더 큰 문제들을 볼 수 있게 시작해 주는 도구, 즉 궁극적으로 사회를 변화하게 해 주는 도구가 될 수 있다는 것을 보았다.

미술치료사들 중에 숀 맥니프(Shaun McNiff, 1992)는 개인적이고 진정성 있는 미술작업은 임상 자료라기보다는 소울을 만나는 열쇠가 된다고 항상 일관성 있게 주장해 왔다. 그의 작업들은 미술치료의 계보를 정신의학보다는 영성적 기반으로 보고 있다.

출판된 그 어느 책들보다 훨씬 더 소중한 부분은 나와 인생의 여정을 같이하는 동반 여행자들, 다른 미술치료사들과 예술가들, 워크숍 참가자들, 내담자들인데, 그들은 미술작업이 자신들의 인생에 있어서 핵심적이고 지속적인 부분이라는 것을 알게 된 사람들이며 또한 나의 작품들을 보아 주었고, 고맙게도 자신들의 작품들도 나와 함께 공유해 준 사람들이다. 그들은 오픈 스튜디오 프로젝트(Open Studio Project)의 내 파트너들인 데이나 블록(Dayna Block)과 데비 가디엘(Debbie Gadiel)이며, 캐롤 이삭스(Carole Isaacs), 에블리나 웨버(Evelina Weber), 댄 앤톤(Dan Anthon), 돈 세이든(Don Seiden), 숀 맥니프, 마이클 프랭클린(Michael Franklin), 재니스 팀-보토스(Janis Timm-Bottos)와 데이비드 헨리(David Henley)를 포함한다. 그리고 미술치료에 대한 나의 절망과 분노에 종종 공감해 주었던 절망 속의 동료 파트너들인 캐시 말키오디(Cathy Malchiodi)와 마리그네즈 카다니오(Mariagnese Cattaneo)가 그들이다. 앞서 말한 그 모든 진정성에 대한 이들 각자의 헌신은 창의적이게 된다는 것이 무엇인지 그리고 미술을 만든다는 것이 무엇인지에 대한 나의 시각을 확대시켜 주었다.

그렇다면 이 작업은 이제 그다음 단계로, 자기 안에 알아야 할 것이 많이 있을 것 같다고 느낀 사람들 그리고 보다 많은 즐거움이 색이나 모양, 형태, 이미지로부터 느껴질 수 있다는 것을 상상할 수 있는 사람들에게로 향하게 된다. 이것은 진정성 없는 일로부터, 냉랭한 인간관계, 잘되고 있지 않은 직업 그리고 여타 막다른 골목에 처한 상황들에서 벗어나고 싶은 사람들에게 보내는 초청장이다. 나는 우리 모두는 그 누구라도 언제든지 붓을 들어 우리가 현재 걷고 있는 인생의 길에서 새로운 갈림길을 만들어 낼 수 있다고 믿는다. 그 길은 우리를 각자의 깊은 내면에 있는 진정한 안식처로 이끌어 줄 수 있으며, 그러고는 다시 바깥을 향해 이 세상에서 우리가 있어야 할 바로 그곳을 향하여 걸어가도록 이끌어 줄 수 있다.

차례

Part 1 **시작**

Part 2 **기본 단계들**

Part 3 개인적인 내용들

Part 4 좀 더 깊은 물결들

Part 1

시작

ART IS A WAY OF KNOWING

01
상상에 대하여 알기

상상력은 우리가 가지고 있는 능력 중 가장 중요한 것이다. 이것은 우리에게 최고의 자원이 되어 줄 수도 있고, 또 가장 두려운 적수가 될 수도 있다. 우리는 상상을 통해서 가능성들과 옵션들을 구별해 낸다. 하지만 상상력이라는 것이 그저 단순히 우리의 의지를 새겨 넣게 되는, 텅 비어 있는 어떤 판 같은 것은 아니다. 도리어 상상력이란 우리 영혼의 가장 깊은 목소리로서, 오직 섬세한 관심과 양육을 통해서만 선명하게 들릴 수 있다. 우리가 상상력과 맺게 되는 관계는 우리 가장 깊은 곳의 자아와 맺게 되는 관계를 말한다. 우리가 자신의 상상력을 얼마나 일구어 놓았는가의 여부에 상관없이, 그 안에는 우리 각자가 가지고 있는 과거의 경험들을 근거로 한 평생에 걸친 생각의 패턴들과 습관들이 배어 있다. 그리고 이러한 패턴들로부터 자기 자신이나 세상에 대한 기대들이 흘러나오게 된다. 수지 가블릭(Suzi Gablik)이 말하기를, "우리 인생의 모든 상황에는 어떤 생각의 패턴들이 있는데, 이는 그러한 상황들 이전에 존재하기도 하고, 그 상황들을 유지시키기도 한다. 따라서 우리가 계속해서 가지고 있는 생각의 패턴들이 우리의 경험을 창조해 낸다. 그러므로 생각을 바꿈으로써 우리는 우리의 경험을 바꾸게 된다. …… 이를 위한 첫 번째 단계는 우리가 무엇을 실제로 믿고 있는지를 피하지 않고 직면해 보는 것이다."(p. 27)라고 하였다.

미술은 우리가 실제로 믿고 있는 것이 무엇인지를 알게 해 주는 하나의 방법이다. 의사인 버니 시걸(Bernie Siegel, 1986)은 상상이 육체의 치유에 주는 힘을 깊이 존중하고 있는 사람이다. 그는 자신의 암 환자들에게 치료에 대해 그들이 가지고 있는 시각적 이미지를 그려 보라고 하는데, 이는 환자들이 자신들의 치료 옵션에 대해 깊이 믿고 있는 생각이 무엇인지 알아내기(discover) 위해서이다. 그렇게 함으로써 시걸은 가장 효과적인 치료 결과를 가져오게 하는 결정적 요소가 객관적으로 알려진 치료 요법의 혜택이 아닌, 환자들이 가지고 있는 그 치료 옵션에 대한 믿음이라는 것을 알아내었다.

우리 각자가 무엇을 믿고 있는가를 알아내기 위해서 우리는 우리 자신, 우리가 가지고 있는 두려움, 변화에 대한 우리의 저항심에 직면해야만 한다. 일단 우리가 진정으로 믿고 있는 것들이 무엇인지를 알게 되면 그 신념들이 우리에게 도움이 되지 않을 때 그것들이 더 진화하도록, 또 변화되도록 허용할 수 있게 된다. 두려움이 상상의 입구에서 어렵고도 불쾌한 이미지들을 토해 낼 것이다. 우리는 대부분 우리가 너무 깊게 파고들어 가면 끔찍한 것들을 찾아내거나, 어떤 선택사항이나 해결책들도 없이 아무것도 찾지 못하게 되지는 않을까 걱정한다. 조애나 메이시(Joanna Macy, 1983) 같은 경우는 지구 환경 문제나 우리 모두가 직면하고 있는 커다란 이슈들에 관한 사람들의 무관심을 깨기 위해 상상력을 활용하고 있다. 이 과정에서 그녀는 처음에는 두려움과 절망이 떠오르고, 심지어 압도적인 상태가 되어 버리는 듯한 느낌이 든다는 것을 발견했다. 하지만 그러한 절망이 일단 느껴지고 또 그것을 인정하고 나면 이들이 사라지면서 새로운 옵션들이 떠오르는데, 이 옵션들은 사람들로 하여금 문제라고 생각했던 것들을 새로운 시각으로 보고 새로운 해결 방법을 창조할 수 있도록 북돋아 주는 것들이다.

미술작업은 우리의 상상력을 탐험해 나가는 한 방법이며, 상상력에 탄력성을 주는 시작점이 되는 데다가 또 어떻게 하면 좀 더 많은 옵션, 즉 선택사항들을 볼 수 있는지도 가르쳐 준다. 우리 대부분이 가지고 있는 주된 문제는 우리의 상상력이 제 일을 시작하기도 전에, 두려움이 그것을 막도록 내버려 두는 것이다. 숀 맥니프(Shaun McNiff)는 이미지는 결코 우리를 해하러 오지 않는다고 말했는데, 나도 그에 동의한다. 두려움이 존재하는 이유는 해로울 것이라고 상상하는 것들로부터 우리를 보호하기 위해서이다. 우리는 두려움의 이러한 목적을 존중할 필요가 있고, 그러면서 동시에 상상력이 가진 엄청난 가능성을 두려움이 제어하지 않게 하면서 우리의 두려움을 직면할 필요가 있다.

미술작업을 통해 자신의 믿음들을 바꾸려고 시도하기 전에, 우선 당신이 지니고 있는 믿음/신념에는 어떤 것들이 있는지 나열해 보는 것으로 시작하기 바란다.

상상이 가지고 있는 내용들　상상이라는 것에 대해 당신이 어떻게 믿고 생각하고 있는지 리스트를 하나 작성해 보자. 그 리스트에는 당신이 들어 왔던 그 어떤 진부한 문구들을 써 보아도 괜찮다. 예를 들면, "그건 단지 너의 상상일 뿐이야." "너는 네 상상에 너무 푹 빠져 공상이 되게 하고 있구나." 등이 될 수도 있다. 이러한 말들 뒤에 어떤 신념들이 있는지 설명하려 노력해 보자. 그 리스트에서 긍정적인 것들은 무엇이고, 또 상상력이란 위험하고 하찮은 것이라고 표현하는 부정적인 믿음들은 무엇인지 나누어 정리해 보자. 그중 당신이 변화시키고 싶은 신념들이 무엇인지를 표시해 놓는다. 그리고 그 신념들을 당신이 지니고 싶은 내용으로 바꾸어 다시 적어 본다.

상상력의 풍요로움   상상력을 훈련하는 것은 미술을 하기 위한 아주 좋은 준비작업이다. 상상하는 일은 언제 어느 곳에서든 해낼 수 있는데, 이것은 우리 내적 자아를 충족시켜 주는 일종의 놀이이기도 하다. 이는 어떻게 보면 저장고를 채워 놓는 것과 조금 비슷하다. 그러다 나중에 언젠가 우리가 이렇게 상상했던 것들을 미술작업이 불러일으켜 주게 되고, 그러면서 이미지가 그 형태를 실제로 취할 수 있게 되는 것이다.

첫 번째 단계는 그저 단순히 하루 중에 한없이 쏟아져 들어오는 이미지들을 인식하는 것이다. 이러한 것들에는 시각적 이미지들이 있는데, 예를 들면 구겨진 잠옷들로 시작해서, 거울에 비친 당신의 얼굴, 샤워기에서 나오는 물줄기들, 저녁 뉴스에서 잠깐 보았던 어린이들 또는 당신이 길거리를 걸을 때 보았던 하늘에 비친 나뭇가지의 패턴 등 그 모든 것이 해당된다. 또한 내적 이미지들도 있는데, 이것은 우리의 의지에 따라 불러일으킬 수 있다. 당신의 언니가 웃을 때의 얼굴 표정 같은 것도 있고, 또는 의도하지 않게 불러일으켜지는 다른 내적 이미지들도 있다. 예를 들면, 라디오에서 흘러나오는 노래를 들었을 때 기억나게 되는 어떤 특별한 장소들 같은 경우이다. 색상, 냄새, 소리, 날씨 등 이러한 모든 것이 우리 안에 이미지들이 떠오르도록 자극시켜 준다.

우리는 꿈속에서라든가 공상을 하는 가운데 이미지들을 이야기로 더욱더 구체화한다. 또 다른 이들이 가진 이미지들이 우리 이미지의 원천이 되기도 한다. 예를 들면, 책, 영화, 시는 우리 것으로 바꾸어 볼 수 있는 이미지들로 가득 차 있다. 하지만 하루를 지내는 동안 우리는 우리한테 들어오는 수많은 이미지를 선택적으로 보며, 우리의 시야에 굉장히 다른 모습으로 들어오지 않는 한, 대개 피상적으로 인식한다. 우리가 하루 일을 끝내고 차를 타고 집으로 돌아올 때 보게 되는 아주 멋진 석양이나 사고로 부서진 차 등은 우리의 눈길을 확 잡아 끌지만, 그런 강력한 것들이 아닌 다음에야 우리는 자신의 생각에 빠져 주위를 둘러싼 이미지들을 잘 인식하지 못한다.

그렇다면, 첫 번째 단계라고 할 수 있는 것은 어떠한 결과도 염두에 두지 않고 그저 '알아채는' 연습을 시작하는 것이다. 당신이 주변 이미지들을 알아차릴 수 있도록 해 주는 다양한 방법을 찾아 즐겁게 시도해 보자.

이미지들은 이곳에 이미 존재하고 있다 잠시 이 책을 읽는 것을 멈추어 보자. 편한 자세로 뒤에 기대어 앉는다. 그러고는 당신의 눈이 주변의 이미지들을 좇도록 해 보자.

창밖으로 11월의 회색빛 가을 하늘 위로 늘어진 전선 위에 새가

15마리 앉아 있는 것이 보인다. 책상 위는 가족사진들, 쌓여 있는 책들, 나뭇가지로 만든 반은 여자이고 반은 사슴인 조그만 내 작품, 플라스틱 재질의 소 등으로 복잡하게 가득 차 있다.

당신 주변의 이미지들을 알아차리라. 그리고 그 풍부한 가능성들을 누리라. 이제 이미지 하나를 선택해서 따라가 보자. 색, 형태, 질감, 세세한 부분들을 알아차리자. 이 이미지가 당신을 어디로 데려가는가? 어떻게 해서 그것이 당신 눈에 띄었는가? 그 이미지를 사용해서 하는 미술작업을 상상해 보라. 어떤 식으로 될 것 같은가? 스테이플러를 아주 커다랗고 부드러운 조각상으로 만들게 될까? 창밖으로 보이는 나무를 연필로 그리게 될까?

당신의 시야에 들어오는 모든 것을 가능한 한 다 알아차리며 놀아 보자. 당신 시야의 주변에는 또 무엇이 보이는가? 이제는 눈을 감고 자신의 배 위쪽의 명치(*역자 주: 두려움이나 불안함을 느낀다고 하는 부위)로 주의를 돌려 보자. 어떤 것이 느껴지는가? 어떤 이미지를 떠오르게 하는가? 눈을 뜨라. 그리고 처음에 선택했던 이미지로 돌아가서 그것에 집중하라. 자, 뭔가 다르게 보이는가? 그 이미지에서 세부적인 것 한 가지에 집중해 보라. 그러고는 놓아 버리도록 한다.

무엇이 떠오르는지 알아차리자. 어떤 때는 자신과의 내적 대화에 빠지는 것보다, 단순히 이미지에게로 관심을 전환시키는 것이 우리를 이완의 상태에 도달하게 해 주는 방법이 될 수 있다. 이러한 방법은 우리의 마음이 휴식을 취하고 재충전할 수 있게 되는 무목적적인 기회가 되어 준다. 가끔은 이 방법을 연습할 때 특별히 한 이미지를 택해서 집중한 후, 이를 의식적으로 놓아 버리도록 한다. 자연 속의 아름다운 이미지들에 집중하는 것은 이완 상태에 도달하는 데 특별히 도움이 된다. 만약 당신의 에너지가 고갈되어 있다면 꽃이나, 나무나, 식물이나, 하늘에 집중하려고 해 보자. 눈에 들어오는 아름다움 속에서 휴식을 취할 수 있도록 자신을 허용해 주고, 그러한 아름다움이 당신을 재충전할 수 있게 하라. 이러한 것들은 알아차림/깨어 있음의 상태에 도달할 수 있게 해 주는 아주 간단한 방법들이다.

02
기억에 대하여 알기

　내가 어떻게 하다가 나 자신과 세상을 이해하기 위한 주요 수단
으로 이미지 만들기를 하게 되었을까 하는 궁금증이 생겼을 때, 나
는 어릴 적 기억들을 찬찬히 되뇌어 보기 시작했다. 어린 시절 내
생일 때는 종종 숫자를 따라 순서대로 칠하는 색칠하기 세트를 선
물로 받곤 했는데, 한번은 벨벳 위에 예쁜 여자를 색칠하는 세트를
받았다. 나는 그 세트의 이국적인 어두운 색조를 참 좋아했던 기억
이 난다. 우리 집 벽에는 이미지가 몇 개 걸려 있지 않았었다. 보험
회사에서 준 달력이 부엌에 걸려 있었고, 식사하는 방에는 레오나
르도 다빈치(Leonardo da Vinci)의 〈최후의 만찬(Last Supper)〉 복사
본이 걸려 있었다. 거실 벽에는 일요 신문의 매거진 섹션에 나왔던
케네디(John F. Kennedy) 대통령의 진한 황갈색조의 얼굴이 액자에
들어가 걸려 있었다. TV 위에는 성모 마리아상이 있었고, 내 방 서

랍장 위에는 여러 성인상이 놓여 있었다. 미술과 하느님이 내 주변 환경에 시각적으로 연결되어 있었던 것이다.

하지만 어릴 때는 이 두 가지를 서로 연결하려는 내 노력이 그리 잘 받아들여지지 않았다. 어느 일요일, 아파서 미사(*역자 주: 천주교 의식)에 갈 수 없었을 때, 대신 나는 주위에 있는 사물들—오렌지색 구슬, 노란색 구슬, 보라색으로 칠한 아이스크림 막대로 만든 십자가 등—을 이용해서 경건한 마음으로 나 자신만의 묵주를 만들었다. 하지만 내가 작품에서 눈을 떼고 천천히 시선을 위로 올렸을 때—어머니의 하이힐 구두에서 시작해서 베이지색의 캐시미어 외투를 지나 어머니의 얼굴까지—내 기억으로 어머니는 내가 만든 묵주 작품이 마치 무슨 신성 모독이라도 되는 것처럼 너무나 깜짝 놀란 표정을 하고 있었다.

한번은 집의 선반 위에 마네(Manet), 반 고흐(Van Gogh), 르누아르(Renoir) 작품의 복제품이 쌓여 있는 것도 본 적이 있었는데, 그것들이 어디서 왔는지, 왜 거기에 있었는지는 알아내지 못했었다. 학교 미술시간에는 선생님의 드로잉 작품을 복제하는 수업이 종종 있었는데, 나는 전반적으로 잘하곤 했다. 하지만 고등학교 때 대가들의 미술작품을 복제하는 것이 숙제였던 적이 있었는데, 나는 반 고흐의 〈Boats on the Beach〉라는 작품을 아주 형편없이 그렸었다. 타이핑 용지(*역자 주: 요즘의 프린트 용지)에 수채화 물감으로 그렸는데, 왜 그렇게 끔찍하고 쭈글쭈글하게 망쳐졌는지 그때는 알 수가 없었다.

우리 할머니는 돌아가시기 몇 년 전에 유화를 배우셨는데, 하얀색의 개를 그린 할머니의 조그마한 작품도 기억난다. 하지만 할머니도 우리 어머니처럼 자신의 창의적인 에너지를 좀 더 전통적인 예술의 형태인 요리, 뜨개질, 바느질, 레이스 짜는 것 등에 소비하셨다. 이들 중 그 어느 솜씨도 나는 물려받지 못했다.

유치원 다닐 때 학급 사진을 찍던 날도 기억난다. 나는 어머니가 입혀 준 무늬 없는 갈색 옷을 입고 학교에 갔다. 사촌에게서 물려받은 옷인데, 어머니는 흑백 사진이니까 중간 색조가 제일 잘 나올 것이라고 생각하셨던 것이다. 하지만 예상외로 사진은 컬러였고, 다른 어머니들은 그것을 미리 알고 있었던 것 같다. 대부분의 여자아이는 다양한 색상의 체크무늬 옷을 입고 왔던 것이다. 컬러 사진은 그때만 해도 상당히 새로운 것이었지만, 나는 아직까지도 나의 유년시절들을 기록하고 있는 몽롱한 느낌의 가장자리에 구멍이 나 있는 흑백 사진을 더 좋아한다.

그 유치원 학급 사진을 찍을 때, 나는 키가 커서 뒤에서 두 번째 줄의 맨 끝에 서게 되었다. 나는 혹시 내가 사진에서 잘릴까 봐 걱정하며, 안쪽에 있는 친구 쪽으로 살짝 기대었다. 친구가 있는 오른쪽으로 지나치게 기대어 서 있는 내 모습이 찍혀 있는 이 사진에는, 그 교실 내부 대부분이 다 보이고 우리가 가지고 놀던 장난감과 책상도 보인다. 다섯 살이었던 그때, 내가 선택하지도 않은 갈색 옷을 입고 있던 나는 학급 사진에 내가 낄 만한 공간이 없을 것이라 생각했었다. 그때 나는 인생이 나를 필요로 하지 않을 것 같았고, 나보다 더 똑똑하고 행복하고 화려한 아이들에 치여서 내가 낄 자리가 없을지도 모른다고 생각했다. 자라면서 나의 고된 시도들이나 두려움들은 내 인생에 있는 다른 사람들, 주로 우리 어머니의 필요나 어려움 때문에 당연한 것처럼 점차 잊혀 갔다.

우리 부모님은 자녀가 넷이었고 돈도 많지 않았다. 어머니는 내 아동기와 청소년기 대부분 동안 암 투병을 하셨다. 아버지는 술을 마시기 시작하셨고, 결국 알코올 중독자가 되어 버렸다. 이러한 것들은 끔찍하게도 완전한 사실인 데다가 또 불공평했다. 하지만 또 다른 버전의 기억으로는, 아버지는 이야기를 생생하고 유머 있게 잘하시는 이야기꾼이시기도 했다. 또한 아버지와 어머니는 명절 때마다 친척들이 우리 집에 모일 수 있는 공간을 마련하셨고, 풍성한 음식을 대접하며 모두가 좋은 시간을 보낼 수 있도록 하셨다. 문제 있는 부분들은 삶에 있어 그저 있을 수 있는 기정사실들이었고, 집 안에서든 집 밖에서든 누구도 그런 것들에 대해 묻지도, 그에 대해 이야기하지도 않았다. 하지만 감정적인 부분들도 또한 존재하고 있었고, 그것들을 직시하며 받아들이기는 참 힘들었다. 내 경우는 나 자신을 그런 부분들에서 분리시켰고, 아버지는 술을 마시기 시작하셨고 직장도 두 군데를 다니셔야 했다. 다른 형제들이 그때 어떻게 견뎌 냈는지는 사실 잘 모르겠다. 그렇지만 가족들 간에 슬프고 어려운 상황에 대해 잘 말하지 않는 것이 특별히 이상한 일은 아니다.

하지만 이러한 상황들을 담고 있는 이미지가 가지고 있는 그 힘은 사라지지 않는다. 감정들은 상황에 적절하지 않은 말이나 행동 등으로 새어 나온다. 나는 어머니의 장례식에서는 단 한 번도 울지 않았지만, 2년 후 고등학교 3학년 시절 내내 그 어떤 작은 자극에도 엉엉 울곤 하였다. 감정이라는 것들은 곪게 되면 괴로움, 절망 또는 몸과 영혼의 병으로까지 이를 수 있다. 성장기 동안 나는 겉으로는 괜찮아 보였지만 나의 내면의 삶은, 즉 보이는 겉모습 아래에 숨어 있는 나의 모습은 눈을 뜨고 꾸고 있는 악몽과도 같은 상태였다. 어머니의 병이 그 모든 것의 중심에 있었다. 수학시간에는 교실에 앉아 문제를 푸는 데 열중하려 했지만, 내 마음은 심연의 끝을 헤매

며 '지금 어머니는 어디 계실까? 집에 계실까? 병원에 실려 가셨을
까? 살아 계실까? 죽어 가고 있지는 않을까? 고통받고 계실까?' 등
등의 생각으로 가득 차 있었다. 어머니의 고통이 나의 내적 삶에 굉
장히 많은 부분을 차지했다. 하지만 당시의 나는 그것을 알지 못했
다. 당시의 나는 학교 기금 마련을 위해서 컵케이크를 만들었고, 샐
린저(J. D. Salinger)가 쓴 책을 읽고 있었다. 하지만 마음속으로 나
는 어머니가 계속 살아남으시도록 힘쓰고 있었다. 나는 마치 어머
니가 숨을 쉬시는 것처럼 숨을 쉬며 규칙적으로 숨을 쉬려고 노력
했다. 내가 살기 위해서 숨을 쉬는 것이었지만, 무엇보다도 그렇게
함으로써 어머니가 숨을 쉬실 수 있게 해 주는 것처럼 어머니를 살
아 계시게 하기 위해서였다. 물론 나의 이런 노력이 효과가 있지는
않았다. 왜냐하면 내가 열다섯 살 때 결국은 어머니가 돌아가셨기
때문이다. 그러나 나는 상실의 슬픔이라는 것이 무엇인지 전혀 알
수 없었다. 그동안 꾹꾹 눌러 왔던 것들이 계속 눌려 있었기 때문이
다. 이제 나는 내 인생을 살아갈 수 있게 되었지만, 도대체 '나'는 누
구지? 나는 성장기의 굉장히 많은 부분을 응급 상황의 연장 상태에
서 살아왔다. 겉으로 보기에는 꽤 책임감 있는 젊은이처럼 말하고
행동했었다. 하지만 내 안의 나는 파닥거리는 새와도 같았고, 울고
있는 젖먹이 아기였으며, 두려워서 문 뒤로 숨는 어린아이와도 같
았고, 자기가 잃은 모든 것에 대해 부글부글 화를 내며 날카로운 말
을 해 대는 비참한 마녀와도 같았다.

　그러면서 결과적으로 마침내 나는 미술작업이라는 것이 나를 나
자신의 감정에 연결되고 다다를 수 있게 해 주는 한 방법이며, 내
인생 속의 사실이나 허구를 구별해 낼 수 있게 해 주는 도구라는 것
을 알게 되었다. 이미지 작업들을 통해, 나는 어머니가 아프시기

전에 토마토도 기르시고 꽃에 물을 주시는 동안 정원에 앉아 놀며 모든 것을 궁금해하던 아이였던 나의 모습으로, 내가 시작된 저 위쪽 물결으로 돌아가 보는 여행을 할 수 있었다. 또 그보다 더 이전에는, 시간이 어떻게 가는지도 모르는 어느 여름 오후에 커다란 단풍나무 아래에 앉아서 까만 새들이 구름처럼 떼를 지어 날아가는 것을 구경한 적도 있었다. 백합 향기도 맡아 보고 호랑이백합꽃 가루도 코에 묻히며 그 향을 찾아보려 했었던 기억으로도 가 볼 수 있었다.

두서없이 그리고 서서히, 나는 마녀, 아이, 끈적거리는 원시 생물, 용, 뱀, 검은 새, 검은 개들 등을 만나러 과거로의 여행을 했다. 물감과 색분필과 찰흙이 이러한 것을 가능하게 해 주는 나의 연금술/마술의 도구들이었다. 나에게 있어서 이미지 작업은 과거는 무엇이었는지, 또 무엇이 절대 아니었는지를 받아들이는 행위였으며, 나인 것이 무엇인지—꽤 행복하고 창의적인 사람으로서 삶에 수반되는 감정들을 견딜 줄도, 포용할 줄도 알고, 다른 사람들과 교감을 하며 의미를 창조할 줄 아는 사람—를 창조해 가는 행위인 것이다.

우리의 이미지들은 우리가 여러 이야기를 살아가는 다차원적 생명체라는 것을 드러내 준다. 종종 우리는 한 가지 시각으로 본 나자신의 모습에 갇혀서 우리의 다양성이 가진 풍부함을 잃곤 한다. 단지 아내, 그리 똑똑하지 않은 운동선수 혹은 학대를 견디어 낸 생존자 등으로서 자신의 이미지에 갇히곤 한다. 자신에 대한 한 가지 이미지를 마치 자신의 전부인 양 받아들이는 것은 불필요한 희생이다. 우리는 유연성, 순발력, 창의성을 포기하곤 한다. 우리는 내적인 고충들을 너무 크게 만들어 우리 외적 삶에 걸림돌이 되도록 하고 있다. 우리는 우리가 운영하는 자신에 대한 이야기에 근거해서 어떤 일을 할지 또는 하지 않을지를 선택한다. 하지만 사실은, 우리가 택할 수 있는 아직 알려지지 않은 또 다른 자신의 이야기가 다양하게 있을 수 있다는 것이다.

우리 이야기의 맨 처음 시작은 어린 시절의 비언어적 이미지들, 광경들과 소리들, 냄새와 몸짓들이다. 그 옛 기억들 중 특정한 한 가지 이미지만을 선택해 그것에 근거해서 나 자신의 전체 이야기를 만들어 가는 것은 꽤나 가능성 있는 일이기는 하다. 그러나 그 안에는 진실의 한 요소도 있을 수 있지만, 마치 다이아몬드가 한쪽 면만으로 존재하지 않듯이, 한 가지 이미지로 시작된 이야기는 꽤나 불완전하다고 할 수 있다. 같은 다이아몬드가 한쪽 면은 자국도 있고 불완전해 보일 수도 있지만, 동시에 그 옆면은 흠집 하나 없는 아름다움을 보여 줄 수 있듯이, 우리의 고통과 기쁨의 이미지들도 서로 나란히 함께 존재한다. 그 어떤 사람의 인생도 완전히 어둡기만 하거나, 완전히 밝기만 하지는 않다. 이미지들은 우리 이야기의 풍부함과 다양함, 이야기가 가진 그림자와 뉘앙스를 알 수 있게 해 주는 도구이다.

우리 이야기 안에서 만나게 되는 갈등이나 모순들이 바로 좀 더 깊이 보아 주어야 할 부분들이다. 만약 당신이 언제나 행복한 아이로 알려져 있다면, 당신의 그 밝음을 명백히 드러내 주는 어두움은 어디에 있는가? 아마도 당신은 그런 어두움을 자신이 직접적으로 경험했다기보다는 친구나 친척들을 통해서 보았을 수 있다. 하지만 그것조차 역시 당신의 이야기의 일부인 것이다. 만약 당신에게 아주 큰 슬픔의 기억이 있다면, 당신을 위로한 빛과 즐거움의 통로는 무엇이었는가?

우리는 우리가 누구인지, 어디에서 왔는지에 대해서 여러 가지 버전의 이야기를 듣는다. 이미지를 제작하는 과정을 이용해서 우리는 여러 겹의 우리 모습들을 탐험해 볼 수 있으며, 낡아 버린 생각들을 풀고 우리 자신을 위해 새로운 이미지들을 시도해 볼 수 있다. 우리는 다른 사람들에 의해 만들어진 세상에 나왔지만, 미술작업을 통해서 우리도 또한 우리 자신들의 세상을 창조할 수도 있고 재창조할 수도 있다.

당신은 어디에서 왔는가　눈을 감고 어린 시절 당신의 집을 기억해 보라. 어떤 이미지들이 보이는가? 어린아이로서의 당신의 눈과 귀는 그 당시의 무엇을 간직하고 있는가? 어린 시절 그 집의 한 군데를 정해, 그곳에 있는 당신 모습을 상상하라. 그리고 당신 주변에 보이는 이미지들이 무엇인지 하나씩 적어 보자. 가구는 어떻게 보이는가? 어떤 색깔들, 냄새들이 있으며, 어느 계절이었고, 하루 중에 언제였는가? 당신의 모습은 어떻게 묘사될 수 있는가? 똑같은 방법으로, 같은 장소에서, 이제는 또 다른 나이의 당신의 모습을 대입시켜 보라. 당신의 모습이 변하였는가? 각각의 이미지들이 주는 느낌이 어떻게 다가오는지 주의를 기울여 보자. 그저 알아채기만 하고 놓아주도록 한다.

당신의 미술경험들　당신이 자랄 때, '미술'은 당신에게 어떤 것이었는가? 순서대로 칠하는 색칠하기 세트였는가? 미술관에 가는 것이었는가? 아름다운 환경이었는가? 조상님들이 만들어 놓은 멋진 수제품이었는가? 미술은 언니가 잘하는 영역이었지, 당신에게 해당되는 말은 아니었는가? 냉장고 위에 붙여 놓은 수업시간에 만든 크레용 그림이었는가? 토요일 오후에 TV에서 보던 풍경화 그리는 법을 가르쳐 주던 아저씨였는가? 마음속에 떠오르는 어떤 기억이라도 적어 내려가 보도록 한다. 예를 들면, 미술에 대한 마음 자세, 의견, 신념, 또는 당신이 알거나 공부했거나 아니면 그냥 들어보았던 작가들이든가, 그 어떤 것이라도 떠오르는 대로 써 나가 보자. 당신 인생에서 미술이 어떤 역할을 했던 곳을 알아채 보자. 아직도 그러한가? 당신에게 있어서 가장 나빴던 미술에 관한 기억은 무엇인가? 이 질문은 한 번도 실패한 적이 없다. 내가 미술치료사라는 말을 들으면 사람들은 이내 자신들이 학교 다닐 때 받았던 미술에 대한 트라우마, 아니면 최근에 받은 미술에 관련된 트라우마가 무엇인지 이야기하기 시작하곤 한다. 그렇다면 당신에게 있는 미술에 대한 가장 최고의 경험은 무엇인가?

마지막으로, 미술에 대해서 당신이 할 수 있는 가장 즐거운 상상을 하라. 미술학교에 다닐 때 같이 살던 내 룸메이트는 프랑스 남부로 여행을 가는 자신의 모습을 상상했다. 그 상상 속에서 그녀는 피카소(Picasso)를 만난다. 그리고 피카소가 그녀가 그린 그림을 보기 전까지 계속 그의 모델이 되어 주었는데, 피카소는 그녀의 작품을 보자 경외심에 가득한 눈길로 자신의 붓을 내려놓았다.

03
어떻게 시작하는지에 대하여 알기

🎨 공간

우선, 주위를 깨끗이 치우도록 한다. 또 집안을 걸어 다니면서 여러 가능성을 찾아보자. 작업을 시작하기 위해 방 하나를 다 미술 작업 공간으로 만들 필요는 없지만, 작업을 할 수 있는 어떤 표면은 구비되어 있어야 한다. 이러한 공간은 당신이 편안하게 느끼는 한 어디든지 상관없다. 지하실이 될 수도 있고, 베란다, 거실 한구석 등 어느 곳이든 괜찮다. 편하게 느끼기 위해서 무엇이 필요한지, 얼마만큼의 프라이버시가 필요한지, 다른 사람들과 얼마나 떨어져 있는 것이 적절하게 느껴지는지를 스스로에게 물어보라. 작업을 하다 보면 결과적으로는 공간이 아주 지저분하게 될 것이다. 그렇다면 어떤 공간에서 이러한 것들을 가장 편안한 마음으로 할 수 있을지 생각해 보라. 여러 미술작업을 하는 사이사이에 다른 용도로 쓰이도록 해체할 필요가 없는 그런 장소를 택하는 것이 최선일 것이다. 아무리 조출하다 할지라도 작업을 위한 전용 공간이 있다는 것은 당신의 의지를 확실하게 해 주고, 또한 비록 짧은 시간이라도 따로 이 공간 준비에 허비하지 않고 바로 작업을 시작할 수 있도록 도와준다.

작업 공간에 있어서 두 번째로 중요한 것은 당신이 작업 중인 것을 걸어 놓을 수 있는 공간을 확보하는 것이다. 쉽게 말하자면, 당신이 작업하는 곳과 가까운 곳에 테이프로 그림을 붙여 놓을 수 있는 벽이나 화판 혹은 이젤을 근처에 놓을 수 있는 공간을 말한다. 작업하고 있는 이미지를 잘 보이는 곳에 올려놓는 것은, 혹여 앉아서 그리거나 색칠을 할 시간이 없을 때라도 그 작업 과정을 살아 있게 해 주는 방법이다. 그림 곁을 별생각 없이 지나갈 때 그 이미지가 당신에게 말을 걸기 시작할 것이고, 당신은 그 이미지에 대한 무엇인가를 알아차리기 시작할 것이다. 그러면서 당신이 실제로 앉아서 작업을 할 때에 무엇을 어떻게 해야 할지 좀 더 쉽게 알 수 있게 된다. 이미지 작업의 많은 과정이 이러한 방식으로 날마다 일상의 표면 아래에서 이루어진다. 그 이미지가 당신 안에서, 좀 더 깊은 차원에서 알고 있는 것들을 의식의 차원으로 끌어올릴 것이다. 그러면서 당신은 자신의 내적 자아와의 대화를 발전시키기 시작하게 된다. 전용 작업 공간을 가짐으로써 그러한 이미지들을 좀 더 쉽게 불러일으킬 수 있다. 만약 그 이미지가 잘 보이는 곳에서 당신을 기다리고 있다면, 세탁기가 돌아가는 동안이나 주전자의 물이 끓기를 기다리는 시간마저도 생산적이 될 수 있다. 당신이 어디에서 주로 시간을 보내는지 생각해 보자. 집의 이곳저곳에 앉아 보라.

지하실이 아늑하게 느껴지는가? 만약 그곳이 지하 감옥처럼 느껴진다면 다른 장소로 가 보자. 혹시 집에 좀처럼 잘 쓰지 않는 방이 있는가? 내 친구 중의 하나는 자기 집 거실 한구석을 작업 공간으로 만들었다. 편함, 안전함, 평안함을 생각해 보라. 이 세 가지를 고려해서 이미지를 제작할 작업실을 만든다면, 아마도 당신은 그곳을 자주 이용하게 될 것이다.

🎨 음악

소리는 당신의 공간을 바깥으로부터 차단되도록 도와줄 수 있다. 휴대용 음악 재생기가 당신의 작업 공간을 좀 더 향상시켜 줄 것이다. 라디오 방송은 잦은 상업광고로 작업의 흐름을 끊을 수 있으므로, 세심하게 미리 선택한 음악을 이용하는 것이 좋다. 음악은 강력한 효과가 있으며, 따라서 이 작업 과정의 다른 측면들과 마찬가지로 주의를 기울여야 한다. 어떤 종류의 음악이 당신을 기쁘게 하는가? 나에게는 모든 종류의 연주 음악이 제일 잘 맞는다. 왜냐하면 노래가 있는 음악들은 그 가사에 많이 집중하게 되어 정신이 산만해지기 때문이다. 타악기 연주 음악은 특히나 드로잉 작업에서 에너지 알아차리기에 집중할 때 효과적이다. 친숙하지 않은 음악들, 예를 들어 영적 노래, 서양의 음계와 다르게 연주되는 동양의 음악 또는 다른 세계의 음악들이 새로운 길을 열어 줄 수 있고 이미지들을 불러일으킬 수 있다.

중요한 점은 음악이 자신을 이완시키게 하는지, 아니면 더 적극적으로 만드는지 그리고 당신으로 하여금 미술작업 과정을 더 즐

기게 하는지 여부를 알아차리는 것이다. 어떤 때는 냉장고의 웅웅
거리는 소리나 새가 지저귀는 소리, 혹은 폭우가 퍼붓는 소리로도
충분하다.

무엇이 당신을 기쁘게 하는지 알아차리기 시작하라. 음악을 당
신의 공간을 구성하는 한 측면으로 여기고, 여러 소리를 실험해 보
고 즐겨 보라.

🎨 재료들

미술재료에 대한 설명을 해 놓은 다음 섹션에 본격적으로 들어
가기 전에, 우선 당신의 작업 공간에 뚜껑을 없애 버린 새 신발 상
자(*역자 주: 또는 유사한 크기의 상자)를 가져다 놓도록 한다. 이것이
당신의 참고 파일 상자(reference file)이다. 이미지 작업을 쉽게 하
고 싶거나 시간이 많지 않은 경우에 하고 싶을 때는 참고 파일 상자
를 채워 놓는 일을 하도록 한다. 이 말은 당신에게 관심을 주는 이
미지들을 그저 그 상자 안에 모아 놓으라는 말이다. 이미지들은 잡
지, 신문, 사진들, 엽서 등 그 어디에서 구해도 괜찮다. 이미지를 모
으는 것은 당신을 즐겁게 하는 것이 무엇인지를 알게 되는 한 방법
이다. 당신은 그러한 이미지들을 자신의 미술작업을 시작하는 것
으로 사용할 수도 있고, 아니면 당신이 어떤 형태의 이미지에 관심
이 가는지를 알게 되는 것으로, 또는 그저 자신의 눈을 즐겁게 하기
위해서도 사용할 수 있다. 이렇게 발견된 이미지들을 당신의 작업
공간에 있는 전시 장소에 놓고 당신을 안내하게 둘 수도 있다. 만
약 당신이 벽에 어떤 말의 이미지를 걸어 놓고 며칠이고 계속 그 옆

을 지나가게 된다면, 당신은 그 형태를 점차 자신에게 흡수하기 시작한다. 무엇인가 꽉 막히고 지루해졌을 때 가볍게 이미지 작업에 참여할 수 있는 한 가지 방법은, 이미지들을 가위로 오려 내는 것이다. 당신에게 속하는 이미지가 무엇인가를 알기 위해서, 우리가 마치 정원에서 잡초를 제거하는 것처럼, 당신도 자신에게 속하는 당신 자신만의 이미지들을 준비하고 양성해 가는 것이다. 이것은 시작 단계에서 해 볼 만한 소박하지만 효과적인 방법이다.

마찬가지 방법으로 당신은 작은 물건들을 모으기 시작할 수 있다. 상자 하나를 더 준비해서 산책길에서 찾은 물건들을 넣어 놓자. 나뭇가지, 돌, 어떤 종류의 잡동사니도 그 색깔과 모양과 질감이 당신의 관심을 끈다면 그것들을 상자에 넣어 모아 보자. 내 잡동사니 물건 상자 중의 하나는 이상하게 생긴 녹슨 금속조각들로 가득 차 있다. 나는 부식된 금속의 다양한 색상, 이 금속들이 무엇의 한 부분이었는지 알 수 없다는 사실 그리고 부서진 조각들이 만들어 내는 이상한 형태 등을 참으로 좋아한다. 어떤 것들은 정원에서 떨어져 나간 조그만 조각 같은 것들도 있다. 나는 녹이 슬었다는 것을 한 물질에서 다른 물질로 서서히 전환해 가는 변화를 상징하는 일종의 은유로 생각하게 되었다.

당신의 상자에는 정말이지 그 어떤 것을 넣어도 좋다. 이 상자는 이미지를 모았을 때처럼 당신의 작업을 시작하게 도와주는 참고 파일 상자가 되어 줄 것이고, 재료창고도 되는 데다가, 당신의 개인적 미적 취향을 알게 해 주는 방법도 될 것이다.

🎨 미술재료

만약 당신이 미술을 앎의 한 방식으로 삼겠다고 명확하게 인텐션(intention; *역자 주: OSP에서의 인텐션은 우리말의 '의도' '목적' '목표' 등의 뜻을 모두 포함하고 있는 말로, 이후 더욱 발전된 OSP에서는 좀 더 일관되게 고유명사로 활용되고 있으며, 꼭 이루어야 하는 의도나 목적 등이 아닌 이 과정에서 받고 싶은 것, 자신에게 중요한 것 등 자유로운 내용을 적극적/능동적 동사를 활용해서 서술하는 것이다)을 세웠다면 재료들이 그 목적에 부합하게 놀랄 만한 방법으로 협조할 것이다. 나는 종종 재료들이 성서에 나오는 오병이어(*역자 주: 예수님이 빵 다섯 개와 물고기 두 마리로 많은 군중을 먹이는 기적)처럼 행동하는 것을 보아 왔다. 현실적인 눈으로 보았을 때 꽤나 부족할 것 같은 재료 같은데도 실제 작업을 할 때는 충분한 역할을 하는 것이다. 재료들에 대한 우리의 태도에는 굉장히 많은 두려움과 저항감이 그 저변에 깔려 있다. 그것들은 심각한 의미를 무겁게 지고 올 수 있다. 나는 옛날에는 그림용 색분필을 반드시 큰 상자에 있는 것으로 사야 한다고 생각했지만, 잔뜩 산 이후에는 사치스러울 정도로 많은 그 양에 그저 얼어붙어 버릴 뿐이었다. 공간을 준비하는 것과 마찬가지로 재료를 준비하는 것도 쉽고 편안함이 필요한 영역이다. 당신을 기쁘게 하고 작업을 하게끔 이끌어 주는 재료를 찾으라. 만약 세일제품을 잘 구매할 수 있는 사람이라면, 저렴한 것들로 잘 사거나 재고품을 찾도록 해 보자. 내가 아는 어떤 사람은 자기 작업용으로 쓰는 종이를 전부 광고를 만드는 회사에서 남은 것으로 가져다 쓴다. 엄청난 양을 가져다주기 때문에 그녀는 아주 부자인 느낌이 들지만, 사실상 돈은 한 푼도 들지 않는다.

　미술재료를 파는 상점으로 가서 재료를 만져도 보고 열어도 보라. 그런 상점에는 항상 테스트용 샘플들이 있기 마련이다. 당신이 어떤 것을 좋아하는지 살펴보고, 어떤 것을 살 수 있는 여유가 되는지 보라. 종이도 살펴보라. 만져 보고 느껴 보고 냄새도 맡아 보라. 상품 표지에 쓰여 있는 용도 등을 무시해 보도록 한다. 나는 학생용 수채화 용지를 사서는 파스텔 드로잉이나 아크릴화를 그릴 때 쓰곤 하는데, 이렇게 사용하는 방법을 좋아한다. 그 이유는 종이가 값도 싸고 충분히 두껍기 때문이다. 만약 미술재료 상점에 가는 것이 왠지 부담스럽게 느껴진다면 문구점에 가 보아도 좋다. 카탈로그도 좋은 정보를 줄 수 있다. 카탈로그를 보고 우편주문을 해서 집으로 재료가 배달되도록 할 수도 있다.

　중요한 것은 재료들에 대한 당신의 느낌을 알아차리는 것이다. 어떤 것을 좋아하는가? 사용할 때 기쁨을 주는 재료들에는 어떤 것들이 있는가? 어떤 특정한 작업을 위해서 그에 맞는 특정한 재료들이 소개될 테지만, 일반적으로 처음 시작하기 위해서는 12색 혹은 24색의 소프트 파스텔 한 상자, 16색이나 24색의 오일 파스텔, 부드러운 목탄 몇 개 그리고 중간 정도의 부드러움을 가진 드로잉용 연필(2B~5B)이면 충분하다. 물감으로는 수용성이라 쉽게 지워지는 템페라를 쓰거나, 아니면 아크릴을 써도 좋다. 아크릴은 더 빨리 마르고 겹칠을 할 수 있는 장점이 있지만 사용 후 붓을 바로 세척해야 하는 특성이 있다. 학생용 붓과 철물점 같은 곳에서 쉽게 살 수 있는 자연산 털로 만들어진 비싸지 않은 붓의 크기는 1~3인치 정도(*역자 주: 2.5~7.5cm)면 좋겠다. 만약 좀 더 나은 품질의 붓을 살 수 있는 형편이 된다면 좋은 붓을 사는 것도 괜찮은 투자이다. 잘만 관리하면 오랫동안 쓸 수 있기 때문이다. 부엌에서 쓰던 스펀지나 걸레도 모으고, 물통으로 쓰거나 색상을 혼합할 수 있는 빈 통들도 모으자.

젯소를 한 겹 칠하거나 흰색 가정용 페인트를 칠하기만 하면 어떤 것이든 색칠하거나 그림을 그릴 수 있는 표면으로 만들어진다. 젯소는 흰색 아크릴 물감의 일종으로서, 미술가들이 캔버스에 그림을 그릴 때 밑바탕 작업을 해 주는 데 사용하는 물감이다. 젯소를 골판지나 나뭇조각 위에 칠하면 물감이나 파스텔, 심지어는 연필까지 받아들일 수 있는 좋은 표면으로 바뀐다. 이렇게 젯소나 가정용 페인트로 작업 표면을 준비하는 일은 때로 지루한 시간들이 생겼을 때 해 볼 수 있는 것으로, 이미지를 만드는 과정에 참여할 수 있는 또 하나의 활동이다. 일련의 다양한 작업용 표면을 만들어 놓으면 더 많은 선택을 할 수 있고, 당신이 선호하는 작업 방법을 계발해 가면서 무엇이 당신에게 맞게 느껴지는지를 알게 도와준다.

🎨 시간

여타 다른 어떤 방식의 수행과도 마찬가지로, 미술작업도 시간이 걸리는 일이다. 실제로 얼마만큼의 시간이 걸리는지는 미리 정해 놓을 수 없는데, 이것은 각자가 다르기 때문이다. 만약 일주일에 한두 시간밖에 할 수 없다면, 이미지 작업 시간은 짬을 내서 무엇을 했는지 그저 바라보거나 이미지의 온전함에 대해 알아채고 알게되는 등의 일만으로도 훨씬 풍부하게 향상될 수 있다. 이렇게 가끔 바라보는 것이 또한 동기유발의 역할도 해 주게 된다. 또 이렇게 한 이미지를 반복적으로 여러 번 보는 것은 더 많은 이미지를 어떻게 해야겠다는 생각이 들게 해 주거나 어떤 식으로 변화시켜야 할지를 더 명백하게 해 줄 것이다. 바라본다는 것은 즐거운 일이며, 또 다른 이미지를 창조할 수 있도록 당신을 다시금 초대해 준다.

🎨 인텐션

명확한 인텐션을 가지는 것은 공간과 재료 못지않게 중요한 일이다. 이것은 미술작업의 영성적 측면이다. 당신의 인텐션이 될 수 있는 것들은 그저 실험해 볼 수 있는 용기를 가져 보는 것이 될 수도 있고, 당신이 당면하고 있는 문제에 대해서 알고 싶다고 바라는 것이 될 수도 있다. 나는 내 작업 공간에 들어갈 때, 할 수 있는 한 가장 명확한 인텐션을 세우려고 노력한다. 그것은 마음속에 들어오는 것이 무엇이든지 간에 그것을 받아들일 수 있는 상태가 되도록 하기 위해서이다. 나는 내게 필요한 이미지들이나 지식들이 내 안에 존재한다고 믿으며, 이 과정을 통해 그에 접근할 수 있게 된다고 믿는다. 만약 내가 화가 나고 동요된 상태가 되면, 나는 인텐션을 정할 때 이러한 감정의 근원을 보여 달라고 요청할 것 같다. 만약 내가 혼란스럽다면, 나는 내 혼란한 부분들을 반영해 줄 이미지들을 받아들일 수 있도록 해 달라고 요청할 것이다. 인텐션을 시작하는 표시로, 이 과정을 시작하기 전 나는 때때로 초를 켜거나 냄새 좋은 향을 피운다. 이는 이미지를 직접적으로 만드는 시간을 이제 시작한다는 표시가 되기도 한다. 다른 때는 그저 내 자리에 앉거나 작업을 할 수 있도록 주위 정리와 청소 등을 한다. 나의 전반적인 인텐션은 내 안에 있는 지혜와 안내자의 근원에 대해서 알게 해 달라는 것이다. 공간과 재료들은 내 인텐션의 외적 형태이다.

내 인텐션의 일부는 다른 사람들과 나와의 연결에 대해서 좀 더 인식하게 되는 것이기도 해서 어떤 때는 나와 같이 작업할 수 있도록 다른 사람들을 내 작업 공간에 초대하기도 한다. 친구들과 또는 사랑하는 사람들과 함께 시간을 보내는 여러 방법 중에 이러한 이미지 작업을 함께 하는 것이 가장 즐겁고 의미 있는 방법 중의 하나라는 것도 알게 되었다. 다른 이들과 함께 작업하는 것에 대해서는 제22장 '협업에 대하여 알기'에서 좀 더 설명한다.

🎨 주의 기울이기

일단 재료들과 친숙해졌다고 느껴지면 이 과정은 당신에게 도움이 필요한 그 어느 때든지, 예를 들면 감정을 정리해야 하는 때이든, 문제가 생겼을 때이든 언제든지 활용해 볼 수 있다. 우리의 관심을 필요로 하는 그 어떤 것에 직면하게 되었을 때, 미술작업은 우리로 하여금 그것에 대해서 깊게 잘 생각해 볼 수 있도록 해 주는 하나의 방법이다. 우리 모두는 어려움이 있으면 이를 피해 가고 싶어 하는 경향이 있다. 이미지를 제작하는 일은 재료들을 사용하면서 느끼는 즐거움 때문에 그런 어려움들을 견뎌 내게 해 주며, 동시에 그 어려움을 피하지 않고 함께할 수 있도록 도와준다.

하지만 그러한 특정한 문제 자체를 그림으로 그려 내려고 할 필요는 없다. 단지 어떤 것을 알려고 하는지에 대한 명확한 인텐션만 만들고, 재료들을 그저 가져다 시작하면 된다. 표식을 내는 것으로 시작해서, 제작하고 있는 이미지가 이제 다 되었다고 말할 때까지 계속하라. 대부분의 경우 나는 작업을 하는 동안 내 인텐션을 잊곤 한다. 자리에 앉아 제작된 이미지를 볼 때 내 인텐션이 다시 떠오르고, 인텐션에 집중하는 것을 통해서 만약 해야 할 일들이 있다면 다음에 무엇을 해야 할지 생각해 내곤 한다. 가끔씩은 이미지에 주의를 집중하면 강렬한 느낌이 불러일으켜지기도 한다. 어쩌면 그동안 나는 어떤 슬픈 감정이나 실망스러움을 느끼는 것을 피해 왔을 수도 있고, 따라서 눈물이 나올 수도 있다. 이 모든 것이 이 과정의 한 부분이다. 오는 느낌을 다 받아들인 다음, 이를 다시 보내 주자. 의심이나 판단하는 마음이 떠오를 것이다. 가끔씩은 어리석게 느껴지거나 길을 잃은 듯한 느낌을 받을 수도 있다. 그럴 때는 단지 그런 느낌들을 알아차리고, 그러고 나서는 지나가도록 보내 주자. 중요한 것은 시작하는 것이다.

Part 2

기본 단계들

ART IS A WAY OF KNOWING

04
드로잉에 대하여 알기

대개의 경우 '어떻게 그리는지(draw)' 알아야만, 즉 사물을 어느 정도 실제감 있게 표현할 수 있어야만 진정한 미술가라고 여긴다. 그러나 실제로는 드로잉이란 에너지를 눈에 보이도록 하는 일이다. 드로잉은 그것이 정물이든 인물이든 아니면 내적 상태이든 간에, 그 대상이 가진 에너지와 만나게 되는 한 방법이다. 드로잉의 과정은 놀이의 한 방법이며, 가능한 한 여러 다양한 형태의 에너지에 대해 알아 가는 과정이다.

자신 밖의, 즉 외부의 어떤 사물을 그리기 전에, 먼저 당신 자신의 에너지에 대해 아는 것이 도움이 되는데, 이것은 종이 위에 이런 저런 흔적을 내 보는 것으로 가능하다. 이러한 시작 단계의 드로잉에 있어서 당신이 써 볼 수 있는 인텐션은 당신의 에너지에 대해 아는 것 그리고 이것이 어떻게 다양한 재료를 통하여 드러나는지를 아는 것 등이다. 점차적으로 당신은 특정한 때와 상황에 따라 어떤 재료가 필요한지에 대한 감각을 얻게 될 것이다. 지금은 그저 그러한 가능성들을 알게 되는 것만으로도 충분한데, 바로 이러한 시점에서 음악이 도움이 된다.

나는 개인적으로 타악기 음악을 틀어 놓는 것을 좋아하지만, 당신에게는 또 다른 스타일의 음악이 도움이 될 수도 있다. 당신이 좋아하는 음악들을 가지고 실험해 보기를 바란다.

원하는 크기의 종이를 선택해서 연필이나 목탄으로 시작한다. 특정한 물건을 묘사하려 하지 말고, 그저 종이 위에 표시도 해 보고, 선도 그어 보고, 형태도 그려 보도록 하자. 할 수 있는 만큼 최선을 다해 종이를 꽉 채워 보도록 한다. 다 되었다고 생각되면 한 걸음 물러나 바라보자. 종이 위에 나타나는 에너지를 알아채 보라. 밀도감이 있는가? 가벼운가? 흘러가는가? 불안해하는가? 재미있어하는가? 한 장을 더 꺼내서, 크든 작든 간에 다른 재료를 가지고 또 표시를 해 보자. 만약 첫 번째 드로잉을 앉아서 했다면, 이번 드로잉은 서서 해 보자. 이러한 변화들이 당신의 에너지에 어떤 영향을 미쳤는가? 앉아서 했을 때보다 서서 했을 때 다른 결과가 나왔는가? 어떤 것이 당신에게 좀 더 낫게 느껴지는가? 가로 2인치, 세로 2인치(*역자 주: 5cm 정도) 크기의 아주 작은 드로잉도 시도해 보자. 또 아주 큰 드로잉도 시도해 보자. 여러 가지 다른 방법으로 흔적을 남겨 보자. 목탄을 꾹 누르면서도 해 보고, 가볍게도 해 보자. 그리고는 목탄을 손가락에 묻힌 후 손가락으로 종이 위에 문질러서 회색 바탕을 만들어 보기도 하자. 그 회색 바탕 위에 강하게 검은색으로 여러 표식을 남겨 보기도 하자.

어떤 크기와 모양의 종이 그리고 어떤 스타일의 선과 누름의 정도가 당신에게 기쁨을 줄 수 있는지를 알 수 있을 때까지, 할 수 있는 만큼 많은 드로잉을 해 보도록 하자. 여기에는 그 어떤 옳고 그름도 없으며, 단순히 가능성들을 탐험해 가는 것이다. 크고 엉성한 드로잉이 작고 꽉 찬 것보다 더 나은 것은 아니다. 또한 정확한 것이 엉성하고 꼬불꼬불한 것보다 더 소중하게 여겨지지도 않는다.

한 시간이 걸리든지 아니면 여러 날이 걸리든지 간에 대략 10개 정도의 드로잉을 그렸다면, 당신의 전시 공간에 그것들을 펼쳐 놓고 여러 가지로 다양하게 드러난 당신의 에너지를 알아채 보도록 하자. 이미지 프로세스를 하면서 동시에 글쓰기를 하고 있었다면, 혹시 당신의 드로잉을 묘사하고자 어떤 단어들이 떠오르는지 살펴 보도록 하자. 만약 그렇게 하지 않는다면, 그저 당신의 작품을 바라보고 감상하도록 한다. 그 드로잉들 중 어떤 것에 신체적 반응이 생기게 되는지 알아채 보자. 당신의 눈이 어디로 자연스럽게 따라가는가? 일련의 자국들의 패턴을 따라가다 보면 그것이 당신을 이완시켜 주게 되는가? 또 다른 어떤 것이 에너지를 불러일으켜 주는가? 당신은 에너지 상태를 보여 주기도 하고 창조도 해 줄 수 있는 다양한 드로잉 자국의 표현 어휘를 만들어 가고 있는 것이다. 만약 당신이 자신의 첫 번째 드로잉 시간을 자동 연상 스타일로 하게 된다면, 즉 재료만 선택해 놓고 당신의 손이 가는 대로 재료를 활용하게 둔다면, 당신이 바로 그 순간에 어떤 종류의 에너지를 가졌는지를 볼 수 있게 될 것이다. 의도적으로 특정한 표식을 내려고 선택하면, 당신의 에너지와 감정 상태를 바꾸게 할 수 있다.

나는 뭔가 불안한 상태에 있을 때에는 원들을 그리고, 그 안을 어두운색에서부터 밝은색으로 채우는 경향이 있다. 이것이 나를 안정시켜 주기 때문이다. 아주 크게 또 엉성하게 그리는 일은 나를 열린 상태가 되게 해 준다. 내 몸 전체를 이용해서, 즉 내 발꿈치를 올리고 어깨와 팔과 손까지 다 이용해서 드로잉을 하는 것이 나의 에너지를 올려 주고 밖으로 향하게 해 준다. 그리고 이렇게 하는 것이 나로 하여금 살아 있는 느낌을 가지도록 해 준다. 나는 오래된 명함이 잔뜩 든 상자들이 있는데, 그 안에 있는 명함들의 뒤쪽 빈 여백은 내게 너무 많은 일이 일어나 힘겨워할 때 해 볼 수 있는 조그만 드로잉 작업에 아주 안성맞춤인 크기이다.

어떤 스타일이 당신에게 가장 잘 맞는지를 찾겠다는 목표를 가지고, 여러 가지 다른 종류의 드로잉들을 실험해 보자. 아주 조그만 크기의 종이가 당신에게 아늑하게 느껴지는가, 아니면 너무 답답하게 느껴지는가? 커다란 종이가 너무 벅차게 느껴지는가, 아니면 짜릿하게 느껴지는가? 바탕의 흰색 여백이 편안함을 주는가, 아니면 공허함을 주는가?

드로잉을 할 때 당신에게 어떤 생각이 떠오르는지에 대해서도 알아차리도록 하자. 어쩌면 당신은 드로잉에 대해서 자신도 모르게 지녀 왔던, 드로잉이란 어떠해야 한다는 고정관념이 있었음을 발견할 수도 있다. 여기서 하는 흔적 남기기 스타일의 드로잉은 옛날에 들었던 말들도 생각나게 할 수 있는데, 예를 들면 '낙서' 식으로 그리지 말아야 하고, 그렇게 하는 것은 어린애나 하는 것이고, 드로잉이 아닐뿐더러, 시간만 낭비하는 것이라고 하는 것 등이다. 물론 이러한 소리들이 주장하는 것은 사실이 아니다. 미술관에 가 보거나 옛 거장들의 작품 화보들을 보면, 굉장히 정확하게 사실주의를 표방한 드로잉을 포함한 모든 드로잉이 사실은 흔적 내기, 즉 낙서들의 집합체라는 것을 알게 될 것이다. 에너지가 가득찬 이러한 흔적 내기를 못하게 하는 것은 드로잉이 가진 생명력과 그 힘을 빼앗아 가 버리는 일이다.

드로잉이라는 것이 당신에게 처음 소개되었을 때에, 혹시 그것이 누군가가 이미 그려 놓은 선 안을 채우는 것이었는가? 내가 유치원에 다닐 때는 선 밖으로 색이 나가게 칠하는 것은 실수로 간주되었고, 결국에는 그림 그릴 기회를 빼앗기는 것을 의미했다. 어떤 경우에는 채워 넣는 구조가 있는 것이 마음을 편안하게 해 줄 수 있다. 어디까지 칠해야 한다는 것을 알면서 칠하는 것이 안도감을 주는 것이다. 하지만 만약 그러한 것이 드로잉에 대한 유일한 경험이었다면, 당신은 자신의 에너지를 남들이 만들어 놓은 곳에 맞추어 나가는 것만 배우게 될 것이며, 자신이 가지고 있는 고유한 에너지의 자연스러운 흐름을 세상 속에서 어떻게 운용하고 즐길 수 있는지에 대해서 절대로 알지 못할 것이다. 이러한 인텐션은 겉으로 표현되어 있지는 않지만 작업 자체에 내포되어 있고, 그 작업을 실행하게 됨으로써 의식의 차원으로 나오게 된다.

일단 드로잉의 개념에 대해 에너지로서의 드로잉이라고 인식을 전환시키기 시작했으면, 자신이 가지고 있던 드로잉에 대한 개념이 어떻게 팽창해 가는지를 알아차리도록 해 보자. 눈 내리는 날 학교 마당에 새겨진 발자국의 패턴들은 노는 시간에 흥분에 가득 찬 어린아이들의 에너지가 만들어 낸 드로잉이다. 나무들은 햇빛이 내려앉는 땅바닥 위에 꾸불꾸불한 그림자 드로잉을 그려 넣는다. 사람들이 지나다니는 시멘트 길에 생긴 균열은 때로 어떤 흉상의 모습 같은 것을 스케치하고 있기도 하다. 이처럼 드로잉이란 에너지의 다양한 모습을 눈에 보일 수 있도록 해 주는 것이다.

🎨 사물 그리기

사물을 그린다는 것은 그 사물에 대해 알게 되는 한 방법이고, 또 그 사물이 가진 에너지와 연결될 수 있는 강력한 방법이다. 나는 내가 좋아하는 사물 또는 내게 무엇인가를 가르쳐 줄 것이 있는 사물들을 선택해 그린다. 사물을 그린다는 것은 일종의 사랑을 하는 것과 같아서, 그 사물을 선택할 때는 주의 깊게 해야 한다. 나는 뾰족한 아티초크(*역자 주: 솔방울처럼 생긴 채소)와 풍만하고 곡선미를 가진 피망을 그리는 것을 좋아한다. 드로잉은 사물들의 핵심을 알게 되는 방법으로, 내 친구는 '평범한 것에서 무한함을 발견하기'라고도 표현했다. 이런 식으로 작업을 하는 것은 사물이 가진 에너지와 어떤 관계를 형성하게 해 준다. 드로잉은 화강암 산이 가진 육중한 에너지를 예찬하는 것이 될 수도 있고, 또는 단순한 곡선으로 표현된 나무를 그려 우리로 하여금 계절의 기적을 다시금 느끼게 하는 것이 될 수도 있다.

당신을 기쁘게 해 주는 사물을 선택하라. 시작 단계로 다루기도 쉽고 테이블 위에 놓아두어도 될 만한 조그만 사물을 선택하자. 그 사물이 시각적으로 가능한 한 완벽하게 당신의 인식 안으로 들어오도록 허용하라. 그러고는 그 사물의 윤곽선을 사랑스럽게 따라가 보라. 이 사물과 연관시켜 당신의 인텐션을 찾아보도록 하자. 잘라 놓은 멜론의 어둡고 우묵한 부분에 대해 알게 되는 것이 당신의 인텐션인가? 아니면 복잡하게 얽혀 있는 나무뿌리에 대해서 알게 되는 것인가? 그 사물에게 자신이 무엇인지 당신에게 가르쳐 달라고 요청하라. 당신의 눈이 그 사물의 윤곽선을 따라 움직일 때,

동시에 종이 위의 당신의 손도 따라 움직이며 눈으로 보는 것을 기록하라.

가능한 한 단순하게 접근하여 그 형상의 기본 형태가 무엇인지 배우도록 한다. 그리고 당신이 그 사물과 연결되었다는 느낌을 받는 동안까지만 그리도록 한다. 만약 그리는 것이 점점 어려워진다고 느껴지면 멈추고 그림을 내버려 두자. 그러고는 다시 그저 바라보는 상태로 돌아간다. 그 사물에 대한 아름다움에 다시금 연결되었다고 느껴지자마자 다시 드로잉을 시작한다. 만약 이 방법이 잘되지 않으면 나중에 다시 그려 보도록 한다. 드로잉은 일종의 관계이며 강제될 수 없다. 드로잉을 할 때의 가장 큰 장애물은 그리는 대상에 대한 초점을 잃고, 드로잉이 당신과 그 대상 사이의 에너지에 대한 단순한 기록임에도 불구하고 드로잉의 결과물(*역자 주: 잘 그렸는지 아닌지)로 관심이 전환되는 것이다. 힘들게 그렸던 그 기록조차 유용한 드로잉인 것이며, 그로부터 많은 것을 배우게 한다.

만약 당신이 사물을 그리는 것을 굉장히 좋아한다는 것을 발견했다면, 스케치북을 하나 마련해서 다 쓸 때까지 같은 사물을 그려 보도록 한다. 뭔가 단순한 사물로 선택해서, 할 수 있는 한 가장 깊게 사물을 관찰할 수 있도록 한다. 이러한 방식으로 드로잉을 하는 것은 일종의 명상이다. 특히 당신의 내적 과정에 초점을 맞춘 드로잉과의 균형을 유지하는 데 도움이 된다. 이렇게 같은 사물을 여러 번 그리는 일련의 드로잉을 하기로 결심을 했다면, 이를 재미나게 해 나가기를 바란다. 무엇에 대해서 정말 더 알고 싶은 것인가? 당신의 인생에서 가지고 싶은 사물로 선택해서 그리라. 만약에 문학 작가가 되고 싶어 한다면, 펜과 글쓰기 도구들이 가득 담겨 있는 컵을 그리라. 좀 더 중심이 잡혀 있고 굳건해지고 싶은 바람이 있다면, 산을 그리라. 또는 좀 더 질서 있게 되고 싶다면 벽돌담의 패턴이나 잘 만들어진 담장을 그려 볼 수도 있다.

이러한 것들은 우스꽝스러운 것도, 마술 같은 것도 아니다. 대신, 당신의 인텐션을 표방하고 그것을 명확하게 하기 위해 행동을 취하는 것이다. 행동을 취하지 않고서는 우리의 인텐션은 그것이 얼마나 크든지 작든지 간에 드러날 수가 없고, 단지 희망사항으로 남게 될 뿐이다. 당신이 선택한 사물—예를 들면, 당신이 시간 개념이 없어서 고생을 하고 있어서 시계를 선택했다고 하자—을 그림으로써 당신은 그 이슈에 깊이 젖어 들어 생각하게 되는 것이다. 드로잉을 하는 행동은 무엇인가에 집중하겠다는 헌신을 말한다. 드로잉을 하면서 그리고 있는 대상에게 주의를 집중하기 시작하면, 놀랄 만한 통찰력들이 떠오르게 된다.

사물을 실제적으로 그리는 방법을 가르치는 책들이 이미 많이 나와 있다. 그러한 방법의 이미지 제작 방식이 당신의 마음을 끈다면 참고문헌 섹션에 있는 '권장하는 문헌' 목록 중 여러 책을 참고해 보아도 좋다(Edwards, Franck, & Nicolaides 목록 참조). 하지만 드로잉에 관한 책을 읽는 것이 아무리 재미있다고 하더라도 절대로 드로잉을 실제로 해 보는 것만큼 좋을 수는 없다는 것을 기억하기를 바란다.

🎨 컬러 드로잉

초크 파스텔은 목탄과 그 성질의 유사성 때문에, 목탄 다음으로 사용해 볼 수 있는 용이한 재료이다. 초크 파스텔 상자를 열고 색상

하나가 당신을 선택하도록 하라. 색상이란 느낌을 눈으로 볼 수 있게 해 주는 것이다. 이 한 색상만을 가지고 종이 한 장을 파스텔 흔적으로만 채우며 시작한다. 종이 위에 흔적을 남긴다는 동적인 에너지 이외에도, 이제 당신은 감정의 에너지를 표현해 주는 색상과 놀아 볼 수 있게 된다. 색상을 사용하는 것은 나 자신과 세계에 대한 지식을 깊게 하는 또 하나의 좋은 방법이다. 첫 번째 색상에 어우러질 한두 가지 색상의 파스텔을 더 선택해서 새로운 드로잉을 시작하도록 한다. 색상들이 섞이고 뭉개지도록 하자. 초크 파스텔의 모서리를 써 보기도 하고, 또 측면을 사용해 보기도 한다. 손가락을 이용해서 색상들을 섞으며 새로운 색조들을 만들어 내자. 다 되었다는 느낌이 들면, 더 큰 종이를 새로 하나 또 꺼내자. 세 가지 새로운 색상을 더 선택하는데, 서로 잘 어울릴 것 같지 않은 색들이거나 당신이 그다지 좋아하지 않는 색상들로 선택하도록 한다. 이러한 색상들을 사용하는 것이 어떠한지에 대해서 알아차려 보자.

　최소한 드로잉 하나는 모든 색상을 다 쓰도록 한다. 그리고 당신이 가장 좋아하는 색상들을 골라 드로잉 하나를 더 그린다. 그러고는 여태까지 만든 작품들을 모두 걸어 놓아 보자. 이제 의자에 앉아 그것들을 바라보라. 어떤 드로잉을 좋아하는지를 당신의 눈이 결정할 때까지 바라보도록 한다. 그리고 왜 그것을 좋아하는지 설명할 수 있는지 보자. 이 작품이 어떤 특정한 느낌을 불러일으키는가? 예를 들면, 평온함, 화, 슬픔, 기쁨 같은 것을 불러일으키는가? 혹은 어떤 감정의 분위기를 불러일으키는가? 예를 들면, 가라앉은 느낌, 침울함, 들뜸, 혼란 같은 것들인가? 당신의 작품들과 함께 그저 앉아 있도록 한다. 이 작품들은 당신 자신에 대한 안내 지도이다. 만약 당신이 일기를 쓰곤 하는 사람이라면 선택한 색상들에 대해서 자신의 의식이 어떻게 반응하는지에 대해 떠오르는 대로 써 보자. 기억들, 꿈들 또는 대화나 이야기의 단편 등 그 어떤 것들이 떠오르더라도 환영하는 마음을 가지도록 하자. 당신이 만든 드로잉들이 그 안에 가지고 있는 것을 당신에게 줄 수 있게 하기 위해서는 그 작품들에 대해 이와 같이 바라보아 주는 위트니스(witness; *역자 주: 바라보아 주기/바라보아 주기를 해 주는 사람/목격자) 과정을 반드시 거쳐야 한다. 작품들을 친구처럼 대하라. 당신은 친구가 놀러 왔을 때, 오든지 말든지 무시하며 돌아다니지는 않을 것 아닌가. 대신 그 친구가 환영받는 느낌이 들도록 같이 앉아 친구에게 주의를 기울이지 않겠는가.

　다음번에는 당신이 제일 좋아하는 색상이나 여러 색상의 조합을 활용하며 작업을 시작해 보기를 바란다. 종이 위에 흔적을 하나 내 보고, 그 흔적이 다음 흔적을 불러일으키도록 하면서 색상들이 서로를 선택하며 어우러지도록 초대해 보자. 이러면서 당신은 자신만의 고유한 팔레트(*역자 주: 물감들을 짜 놓고 섞으며 쓸 수 있는 판)를 개발하기 시작하는 것인데, 이것은 어떤 색상들이 당신을 풍요롭게 양육시켜 주는지에 대해서 배워 가는 것이다. 최근에 했던 어떤 워크숍의 마무리 단계에서 작품 앞에 앉아서 바라보는 시간에 참여자 한 명이 알아챈 것이 있었는데, 그것은 참여자 모두가 자신의 작품 속에 나타난 색깔들과 같은 옷을 입고 있었다는 것이다. 이렇듯 당신 주변에 있는 색상들을 알아채 보자. 당신은 자신이 입는 옷이나 또는 집안의 환경 속의 색상들을 의식적으로 선택하려고 노력하는가? 당신은 자신이 선호하는 색상을 가진 팔레트 안에서 살고 있는가? 하루를 지내면서 주변의 색상들에 대해 알아차리기 시작해 보자. 예를 들어, 레스토랑이라든가 병원이라든가 친구네

집 등에서 말이다. 어느 곳에서 당신은 가장 생동감 있고 가장 자기 자신인 것처럼 느껴지는가? 그런 느낌을 주는 환경에는 어떤 색상들이 존재하고 있는가?

🎨 오일 파스텔

오일 파스텔은 우리에게 저항이라는 요소를 알게 해 준다. 이 재료가 우리로 하여금 초크 파스텔이나 목탄보다 조금 더 노력을 기울이게 만들기 때문이다. 생생한 색상이 특징이며, 일반 초크 파스텔이 가루를 만들어 낸다면, 오일 파스텔은 기름이 주는 성질 때문에 미끄럽고 윤기 있게 된다. 가로 8인치, 세로 12인치(*역자 주: A4 용지 정도)나 그보다 작은 종이 위에 오일 파스텔을 시작해 보자. 이 오일 파스텔을 사용했을 때도 다른 재료를 썼을 때와 같은 색상들이 당신에게 말을 건네는지 보자. 색상 하나로 시작해서, 그것이 불러일으키는 또 다른 색상들을 선택해 가며 작업을 진행한다. 색을 겹쳐 칠하고, 흔적과 흔적들이 서로 섞이도록 한다. 색상들을 문지르며 실험해 보고, 반면에 순수한 색상만이 남는 곳도 두도록 하자. 여러 겹이 쌓였으면 표면을 긁는 것도 해 볼 수 있다.

당신은 어쩌면 오일 파스텔을 회화적으로 사용하는 것을 좋아할 수도 있다. 유화에서 쓰는 기름인 테르페노이드는 오일 파스텔 속의 기름을 엷게 하면서 색상이 좀 더 자유롭게 흘러가도록 해 준다. 테르페노이드는 테레빈유의 합성된 형태로서 위험한 가스를 배출하지 않는다. 따라서 호흡기에 나쁜 영향을 주지는 않지만 발화성 물질이어서 삼키면 독이 되므로, 어린이나 반려동물이 혹여 물인

줄 알고 마시지 않도록 조심해야 한다. 작은 병에 적은 양을 넣어서 눈에 아주 잘 띄도록 라벨로 표시를 해 놓고, 다 쓴 후에는 잘 씻어 놓도록 한다. 오일 파스텔과 테르페노이드를 사용할 것이라면, 제작 표면은 좀 두꺼운 재료가 낫다. 젯소를 바른 골판지나 나무판 또는 브리스톨지 등 두꺼운 드로잉 종이면 모두 다 좋다. 오일 파스텔을 테르페노이드 병에 담갔다 꺼내서 사용할 수도 있고, 오일 파스텔로 그린 그림 위에 붓으로 테르페노이드를 칠하면 씻어 낸 것 같은 효과를 줄 수도 있다. 만약 이러한 방법이 당신의 흥미를 끈다면, 당신은 어쩌면 물감을 이용하는 회화를 시작해 볼 수도 있겠다. 왜냐하면 물감 작업에서는 색상을 좀 더 직접적으로 활용하게 되기 때문이다. 오일 파스텔의 다양한 사용 방법에 대한 자신의 반응을 알아채 보자. 어떤 사람들은 오일 파스텔을 냄새나고 지저분하고 깔끔하게 그릴 수 없다며 싫어한다. 하지만 또 다른 사람들은 오일 파스텔이 감각적이고 부드럽고 매끈하며 풍부함을 준다고 느낀다. 중요한 것은 자신에게 어떤 것이 기분 좋게 느껴지는가를 알게 되는 것이다.

이제 당신은 여러 타입의 드로잉 재료와 작업 표면들에 대해서 실험해 보았고, 이것들은 무한한 조합으로 활용될 수 있다. 두꺼운 연필을 오일 파스텔 드로잉 위에 사용하는 것은 에칭효과를 주면서, 동시에 그림에 선명함을 줄 수 있는 흥미로운 방법이다. 테르페노이드와 오일 파스텔을 사용해 얇게 쓸어 내면, 그 표면은 목탄 드로잉을 할 때 바탕색이 있는 표면이 되어 줄 수 있다. 얇게 쓸어 내는 작업을 할 때에는 베일 같은 색상들이 표현되어, 자연스레 물감 작업으로 이끌어 준다. 이것은 다음 장에 좀 더 풍부하게 소개되어 있다.

05
물감 작업에 대하여 알기

물감 작업은 색상 자체 또는 색상이 들어간 감각적인 붓질―붓이나 심지어 자신의 손가락을 이용해서―을 통해 느낌이라는 것을 눈으로 볼 수 있게 해 주는 작업이다. 물감 작업은 느낌이 액체화된 것이다. 느낌이라는 말에는 이성을 이완시킨다는 뜻이 따라오는데, 물감 작업은 우리로 하여금 순간적이나마 이성을 옆으로 치워 두고, 어떤 다른 영역의 세계로 들어갈 수 있게 해 준다. 물감 작업으로도 사실적 묘사를 할 수 있지만, 그것이 우리의 현재 목표는 아니다. 우리가 하려고 하는 것은 색상을 통해 느낌과 감정이라는 영역을 탐험하는 방법으로 물감을 사용해 보는 것이다. 물감은 유동적인 재료이어서 감각적인 에너지를 특별히 불러일으킨다.

최소한 가로 18인치, 세로 24인치(*역자 주: 46cm×61cm로 2절지 정도)의 종이 네 귀퉁이를 작업 공간에 테이프로 붙여 놓는다. 2인치(*역자 주: 5cm) 정도 너비의 큰 붓을 준비한다. 가까이에 깨끗한 물이 담긴 물통을 놓고, 또 붓이 머금은 물을 닦을 스펀지나 마른 걸레를 준비해 두자. 어떤 색상이 자신을 써 달라고 하는지 보라. 그것들 중 몇 가지 색상을 팔레트에 짜 놓는다. 아크릴 물감을 사용할 때 나는 가로 12인치, 세로 14인치(*역자 주: 30cm×36cm로 8절지 정도) 크기의 유리판을 팔레트로 사용하는데, 그 유리판 아래쪽에는 하얀 종이를 붙이고, 둘레는 마스킹테이프로 고정시켜 놓는다. 그러면 색상들이 흰색 종이에 대조되어 뚜렷하게 보이게 되고, 팔레트는 칼로 쉽게 청소할 수 있다. 원한다면 안 쓰는 접시를 사용할 수도 있는데, 단점은 씻어 내기가 좀 더 어렵다는 것이다. 만약 템페라 물감을 쓰고 싶다면, 오래되어 사용하지 않는 머핀 굽는 틀(*역자 주: 여러 개의 작은 오목한 부분이 있는 틀) 같은 것을 팔레트로 쓰는 것이 유리보다는 더 나을 것이다. 템페라는 아크릴 페인트보다 더 잘 흘러내리기 때문이다.

우선, 한 가지 색상으로 시작해 본다. 그리고 서 있는 상태에서, 그 색으로 종이를 다 칠해 덮어 보자. 이것이 당신 감정의 바탕이다. 색을 칠할 때 당신의 몸을 의식해 보도록 한다. 물감 작업을 하는 몸의 움직임이 어디서부터 시작되어 나오고 있는가? 당신의 손인가, 팔인가, 어깨인가, 아니면 몸통인가? 물감을 칠하면서 당신의 발이나 다리를 느낄 수 있는가? 색깔을 겹칠할 때 어떻게 느껴지는가? 또 넓게 쓸어 내듯이 붓으로 터치하는 것은 어떤 기분이 드는가? 색상을 적용해 가는 이 과정을 할 수 있는 한 아주 기쁜 과정이 되도록 하라.

감정이란 물감처럼 우리 경험들의 '색상'이라고 할 수 있어서 이 다채로운 색상이 없는, 즉 감정이 없는 삶이란 목석같고 재미도 없다. 또 감정은 신체적 경험이다. 우리가 신체를 잘 의식하지 않고 있을 때는 자신의 감정에 제대로 접근할 수가 없다. 우리 몸이 어떻게 느끼는지에 대해 주의를 기울여 보고 가장 즐거운 감각을 창조할 수 있는 쪽으로 몸의 움직임을 조절해 가면, 자신의 감정에 좀 더 접근해 볼 수 있다. 흔히 우리는 자신이 가진 감정에 접근하는 것을 막곤 하는데, 이는 우리 삶에서 두려움을 경험해 보았기 때문이다. 우리 몸이 주는 힌트들에 부드럽게 귀 기울이고 그에 반응하며 조금씩 맞추어 감으로써, 우리는 자신 안에 신뢰라는 것을 창조하게 된다. 만약 물감 작업을 하는 중에 불안함이 느껴지기 시작하면, 잠시 멈추고 자신에게 "나는 안전하며, 나의 목표는 나에게 가장 알맞은 속도로 여러 감정을 탐험해 보는 것이다."라고 말하라. 당신과 당신의 감정들을 주의 깊게 듣고, 둘 사이에 신뢰할 수 있는 협력관계를 창조하겠다고 결심하라.

이제 당신은 단색으로 종이를 수수하게 칠해 놓았다. 하지만 당신 안의 느낌들은 아직 수수하지 않다. 사실, 도리어 느낌이라는 것들은 복잡하고 섞여 있는 데다가 소리도 내지 못하거나, 때로는 마치 만화경처럼 획획 바뀌어 버려서 이것이 어떤 감정인지를 이름 붙이려고 하는 순간조차도 또 바뀌어 버리곤 한다. 자, 이제는 두 번째 색상을 선택해 보자. 그리고 좀 더 많아진 옵션을 실험해 보도록 한다. 바탕칠이 된 위를 여기저기 칠해 보고, 이 두 가지 색상이 섞이고 어울리게 해 보고, 서로의 흔적을 없애 버리는 것도 해 보고, 또 완전히 새로운 색상을 창조해 보기도 하자. 종이 위에 있는 이 물감들을 가지고 놀아 보자. 한 색상이 좀 더 강한가, 아니면 쉽게 압도되는 편인가? 두 색상이 잘 어울리는가, 아니면 서로 충돌하는가? 색상들이 변해 가는 것과 동시에 당신이 어떤 반응을 하는

지도 알아채 보자. 수수한 색상이 주었던 그 단순함이 그리워지는가, 아니면 혼합된 양상을 더 좋아하는가? 화면이 질척거려 보이는가, 아니면 신비해 보이는가? 망친 것처럼 보이는가, 아니면 즐거워 보이는가? 다 되었다는 느낌이 들었을 때, 이제 이 그림을 한쪽에 놓아 보자. 붓을 세척하고, 물도 다시 깨끗하게 갈아 놓는다.

다음 작품은 어두운색 하나로 시작한다. 바탕화면 전체를 다 칠해서 배경을 만든다. 색상을 칠할 때 어떤 리듬을 타게 되는지도 보고, 붓질의 속도를 늦추기도 해 보며, 터치를 가볍게도 해 보자. 붓에 물감을 아주 듬뿍 묻혀 뚝뚝 떨어지는 것도 실험해 보라. 이제 두 번째 색상을 선택하는데, 밝은색으로 한다. 이를 위해 물통의 물과 붓은 깨끗해야 한다. 어두운 배경 위에 이 밝은색을 칠해 보려고 했을 때 어떤 일이 일어나는가? 섬세한 색조가 컴컴한 배경에 의해 삼켜졌는가, 아니면 그 자국들이 남아 있는가?

다음 작업을 시작하기 위해, 화판 위에 두꺼운 종이를 테이프로 붙인다. 화판은 당신이 쉽게 들고 다닐 수만 있다면 압연된 나무 메이소나이트(Masonite) 화판, 나무 또는 그 어떤 것이라도 단단한 표면을 가진 재료라면 괜찮다. 화판 위에 종이를 얹고, 네 면의 가장자리를 마스킹테이프로 붙인다. 종이는 속성상 젖으면 우글쭈글해지게 되는데, 이 테이프는 종이가 평평한 상태로 마를 수 있게 해 준다.

가지고 있는 붓 중 가장 큰 붓에 맑은 물을 묻혀서 종이 표면을 칠하도록 한다. 당신을 기쁘게 해 주는 색상들을 골라서 이 젖은 종이 위에 떨어뜨린다. 그리고 그것이 어떻게 움직이는지 보라. 화판을 이리저리 기울여서 색상들이 흐르며 여러 모양을 만들도록 하자. 이 형태들을 뭔가 알아챌 만한 이미지로 만들고 싶어 하는 그 어떤 마음도 거부하라. 논리적인 사고는 한쪽에 치워 두고, 그저 단순히 물감이 스스로 그림을 만들어 가도록 둔다. 필요하다면 스프레이나 붓을 사용해서 물을 더 추가해 주어도 좋다. 물기의 양을 조절해서 더 어둡거나 더 밝은 색조들을 창조하는 것도 실험해 보자. 즐겁게 놀이처럼 여러 가능성을 시도해 보기 바란다. 다 되었다고 느껴졌을 때 그림을 한쪽에 치워 두는데, 작품이 완전히 마를 때까지는 종이를 화판에서 떼지 않는다.

다음 작품을 위해서 새로운 작업에 적합할 것 같은 색상 세 가지를 골라 팔레트에 짜 놓는다. 종이 위에서 색상과 형태가 어우러지는 모습에만 관심을 기울인다는 마음만 가지고 자신의 몸을 움직이라. 종이 표면을 꽉 채우며 색상들이 어울리며 섞이도록 한다. 이 세 가지 색상이 서로 섞이고 놀며 얼마나 많은 다양함을 배출했는지 보라. 얼마나 당신의 눈을 즐겁게 해 줄 수 있는 색상들을 만들어 낼 수 있는지 보라. 더불어 당신 몸의 어느 부분이 이 작업에 참여했는지 알아채 보자. 어느 부분인 것 같은가? 당신 몸 중에 이 과정에 참여하지 않았다고 느껴지는 부분들이 있는가?

최소한 한 작품을 더 제작하는데, 이미 해 보았던 그 어떤 방법을 사용해 보아도 좋고, 또는 새로이 창조한 방법으로 해 보아도 좋다. 작품이 대여섯 개 되면 그것들을 다 모아 놓고, 그 앞에 앉아 바라보도록 한다. 무엇이 보이는가? 당신의 눈이 어디를 따라가는가? 당신 눈에 이 작품들이 느낌들을 표현한 이미지처럼 보이는가? 그림 작업을 했을 때의 자신의 신체적 움직임을 다시 기억해 본다. 당신의 몸의 어느 부분이 주도적으로 움직였던 것 같은가? 당신이 느끼기에 이 물감 작업이 드로잉 작업과는 어떻게 다른가? 물감 작업에서 가장 즐겁게 느껴졌던 것은 무엇이었는가?

기쁨은 이미지 작업에 있어서 아주 중요한 요소이다. 왜냐하면 기쁨이 우리를 열어 주기 때문이다. 물감 작업을 할 때에 스스로가 즐거움을 경험하도록 허용한다면, 당신은 안다거나 느낀다거나 하는 것에 대해서 좀 더 깊이 마음이 열릴 것이다. 이것이 바로 우리가 물감 작업을 하는 목적이다. 즉, 즐거움을 경험하고 감정들에 대한 지식을 증진시키는 것이다. 우리로 하여금 행동을 취하도록 만들어 주는 것은 우리가 가진 감정들이다. 그러므로 충분히 우리의 감정들을 경험해 보고 알게 됨으로써, 우리는 선명한 상태에서 옳은 행동을 취할 수 있는 가능성이 좀 더 많아지는 것이다.

당신이 하게 될 다음 물감 작업에서는 자신이 무언가 강하게 느꼈던 감정이라든지, 아니면 뭔가 좀 불분명했던 것 같은 감정들을 생각해 보도록 한다. 그중 어떤 것을 그릴지 선택했다면, 눈을 감고 잠시 앉아 있도록 한다. 그리고 당신 자신에게 물어보라. 어떤 색상이 이 경험의 바탕색이 될 수 있을까? 그중 맨 처음으로 떠오르는 대답을 선택한다. 두 번째로 드는 생각은 거부하도록 한다. 자, 그렇다면 당신은 그 첫 번째로 떠오른 응답이 분홍색이고, 그것이 당신에게 있어서 분노를 표현하는 것이라면 이에 대해 어떻게 진행할 것인가? 만약 아무 대답도 떠오르지 않는다면, 눈을 뜨고 아무 생각 없이 그리고 최대한 빨리 색상 하나를 선택한다. 어떤 방식이든지 중요한 것은, 그저 믿고 물감 작업을 시작해 내는 것이다. 일단 바탕이 되는 색을 종이에 칠했으면, 그다음에는 무슨 색상을 써야 할지 물어보라. 만약 어떤 형태들이나 이미지들이 떠오른다면, 그것들을 받아들이라. 하지만 일부러 상황에 맞는 어떤 생각을 어떻게 표현하겠다는 의식적인 노력은 하지 말라. 당신은 자신이 가진 '생각들'이 무엇인지 이미 알고 있다. 여기서는 자신 안에 이미 있었지만 쉽게 근접할 수 없었던 추가적인 지식을 찾고자 하는 것이다.

당신이 여기서 무엇을 배우려고 하고 있는지 등은 모두 잊어버려도 좋다. 그저 그림이 그림을 이끌어 가도록 하라. 마쳐야 될 것 같은 생각이 들면 뒤로 한발 물러나, 작품이 자신의 눈에 만족스러운 상태인지 보라. 당신은 이 그림이 다 되었다고 생각해서 멈추는 것인가, 아니면 더 진행하기를 꺼려서 그런 것인가? 자신의 몸에서 그 해답을 찾아보라. 이완되고 중심이 잘 잡혀 있다고 느끼는가, 아니면 호흡이 깊지 않고 불안한가? 물론 그 어떤 경우에 해당하든 간에, 어느 때든 작업을 멈춰도 좋다. 그러나 자신이 어떤 것들을 왜 하는지에 대해서 알기 시작하고, 그런 것들에 대한 자신의 이유들을 받아들이는 것이 좋다. 만약 당신이 작업을 멈추게 되는 이유가 작업을 계속하는 것에 대한 두려움이나 꺼리는 마음이 있어서 그런 것이라면, 당신의 작품을 자리에 앉아서 보기 전에 작업에 사용하던 붓들을 씻고 주변을 조금 정리하도록 한다. 주변을 청소하는 것은 이미지를 만드는 작업에 있어서 중요한 측면이다. 이것은 이미지 작업 동안 깊게 관여했던 상태로부터 빠져나오는 전환이 되며, 그러면서 안전함과 균형감을 다시 회복시켜 준다.

앉아서 자신의 그림을 보며 찬찬히 되돌아보는 시간에는 이 작업을 시작했을 때의 상황을 기억해 보고, 그것을 마음에 둔 채 작품을 쳐다보되, 그 상황과 관련해 어떤 결론을 내리려고 하지는 않도록 한다. 당신의 작품이 자신에게 무엇을 보여 주고 있는가? 또 그것이 무엇을 반영해 주고 있는가? 당신의 감정들이 전환되었거나 더욱 명료해졌는가? 받아들일 수 있을 만큼 받아들이라. 원한다면, 당신의 반응들을 글로 써 내려가도 좋다. 때때로 우리의 작품은 부정할 수 없을 정도의 선명함을 가지고 즉각적으로 말해 준다. 하지만 좀 더 많은 경우에는 시간이 흘러가면서 그 메시지를 천천히 알게 된다. 작품이 벽에 한동안 걸려 있게 두자. 그 작품은 당신이 받아들일 수 있을 때, 그 안에 담긴 지혜를 보여 줄 것이다.

🎨 색상

색상에 대해서 안다는 것은 나 자신 그리고 세계에 대한 이해가 좀 더 깊어지게 해 주는 한 방법이다. 색상에 대한 우리 각자의 반응들을 살펴보는 것이 이에 가장 좋은 출발점이다. 당신이 제작한 작품들을 돌아보고, 자신이 사용한 색상들이 당신으로 하여금 어떤 느낌들을 불러일으키는지 알아채 보자. 무슨 색상이 왜 그리고 무엇을 의미하는지 등에 대해서는 알 필요가 없다. 단지 그 색상이 지금 당신에게 어떤 의미를 주고 있는지가 중요하다. 나중에 만약 당신이 원한다면, 색상이 가진 일반적인 의미들이 무엇인지 조사해 보아도 좋다. 그것은 당신으로 하여금 모든 존재의 상호 연관성에 대한 이해를 풍부하게 해 줄 것이다. 대개 모든 색상은 서로 반대가 되는 의미를 함께 담고 있는 역설적인 측면이 있다. 빨간색은 대학살과 피가 흥건한 죽음의 이미지, 분노, 폭력을 의미할 수 있다. 하지만 동시에 이것은 새 생명이 보여 주는 박동하는 맥박일 수도 있고, 열정적인 사랑을 의미할 수도 있다. 녹색은 불쾌하고 썩어가는 괴사를 표현하기도 하지만, 섬세한 봄의 새싹들을 표현하기도 한다. 비옥한 대지는 검은색이지만, 동시에 불에 다 타 버려 그을린 잔해를 표현하기도 한다. 우리의 민족적·종교적 배경이 색상의 감정적인 의미에 영향을 미친다. 또한 우리가 살았던 장소들도 영향을 미치는데, 이러한 것들은 우리로 하여금 특정한 형태, 색상, 공간 형성 등에 자신만의 선천적인 선호를 가지게 해 준다. 신체적인 것과 감정적인 것은 우리 안에 서로 깊이 얽혀 있다. 우리는 분노에 떨 때 빨간색을 떠올린다. 두려움에 비굴해질 때 비겁함을 상징하는 노란색을 떠올리기도 한다. 기쁨에 차 춤을 출 때는 분홍색을 떠올린다. 우리는 물감 작업을 통해 움직임과 감정을 가진 존재로서의 자신과 이러한 내가 가진 독특함과 풍요함 두 가지를 다보게 되고, 이에 감사하게 된다.

06
조각에 대하여 알기

　조각(*역자 주: 또는 조소)은 우리 삶의 경험에 3차원적인 모습을 주는 과정이다. 조각(sculpture)의 어원의 의미는 '깎는다'이고, 이 말은 많은 사람에게 대리석으로 만든 고전적 조각상이나 미켈란젤로(Michelangelo)의 조각상들에 대한 이미지들을 떠오르게 한다. 하지만 시각을 조금만 바꾸면 일상의 사물들, 즉 우리 주변에 실재하고 있는 모든 것이 조각이라고 볼 수도 있다. 잠시 당신 주변을 둘러보라. 우선, 마음을 편하게 가지고, 사물들에게 원래 부여된 익숙한 이름들을 잊어버리자. 책상이라든지 소파, 전등, 스토브, 자전거라고 이름을 붙여 보는 대신 원통형, 사각형, 휩쓰는 듯한 곡선, 각진 상자로 보는 등 대상들을 조각적인 형태로 보자.

　조각이라고 해서 꼭 깎아야 하는 것은 아니다. 이것은 마음에 드는 형태들을 서로 더하며 구성하는 것일 수도 있다. 심지어 조각이란 찾아내는 것이 될 수도 있다. 만약 당신이 나무토막이라든지 독특하게 생긴 돌을 주운 적이 한 번이라도 있다면, 당신은 조각을 찾아낸 것이다. 당신의 내적 경험 안에 무엇인가가 그 특정한 돌을 줍도록 공명을 일으킨 것이다. 어쩌면 사람의 형상을 닮았을 수도 있고, 당신은 어떤 나무토막에서 동물의 모습을 보았을 수도 있다. 우리에게 필요한 이미지들은 온갖 다양한 방법으로 우리에게 다가온다. 왜냐하면 우리의 소울이 우리에게 자신의 존재를 알아 달라고 지치지 않고 나타나려 하기 때문이다. 이미지 작업 과정에서 우리는 때때로 경험을 먼저 한 뒤 그것을 표현하려고 한다. 하지만 아상블라주(assemblage) 작업, 즉 새로운 표현을 형성하기 위해 이것저것을 모아 함께 구성하는 식의 조각 작업을 할 때는 우선 사물 한 가지를 선택하면서 시작하고, 우리는 그 사물이 주는 울림을 통해 우리의 경험과 그것이 주는 의미를 찾아내게 된다.

만약 당신의 작업 공간에 수집 상자가 마련되어 있다면, 그 안을 뒤적여 보고 여러 가지 사물을 선택하거나 그것에 선택되어 보도록 하자. 당신이 선택한 것들에 대해 너무 많이 생각하지 않도록 노력하라. 만약 그런 수집 상자 같은 것이 없다면, 바깥으로 나가 자연 속에서 산책을 하든지, 고물상이나 중고가게 같은 곳에 가 보도록 하라. 당신을 기쁘게 하거나, 흥미를 끌거나, 혼란스럽게 하거나 혹은 꺼려지게 만드는 사물들을 선택하라. 당신의 마음에 맞는 방식으로 그것들을 여러 모둠으로 모아 보면서 놀아 보자. 이 사물들을 위한 공간을 만들고, 다가오는 한 주에 걸쳐 그것들을 자신의 마음이 가는 대로 이리저리 놓아 보고, 다른 모둠으로도 모아 보고, 또 다른 식으로 배치해 보자. 당신의 아상블라주가 더 많은 색상과 형태를 요구하는지 알아채 보자. 뭔가 수직적인 것을 원하는 것 같은가? 뭔가 둥근 것을 원하는 것 같은가? 실제 사물이 가진 이름은 잊어버리도록 노력하기 바란다. 이 아상블라주를 다른 빛 아래에서 보도록 한다. 아침 그리고 잠자러 가기 전, 빛의 양이 적을 때 바라보라. 또 위에서도 보고, 앉아서 눈높이를 맞추어서 보기도 하자. 뭔가를 좀 빼도 될 것 같은가? 당신은 간단하고 기본적인 아상블라주를 좋아하는가, 아니면 여러 형태가 풍부하게 쌓인 것들을 좋아하는가? 그 안에 있는 사물들은 전부 자연에서 주워 온 것들인가, 아니면 가공되어 만들어진 물체들도 섞여 있는가? 당신의 눈이 무엇을 좋아하는지 알아채 보자. 이런 방식으로 주의를 집중해 보는 것은 당신에게 아름다움과 미학에 대한 고유한 감각을 길러 준다.

이리저리 움직여 보았던 사물들을 한동안 그대로 두고, 그 모습을 받아들인 뒤 아상블라주를 만들 결심을 하라. 그 사물들이 어우러질 수 있는 가장 좋은 방법을 생각해 보자. 줄로 함께 묶어 놓아야 할까? 못질을 해야 할까? 접착제로 붙여야 할까? 여러 다른 접착제를 시도해 보라. 목재용 접착제는 노란색인데, 흰색 접착제의 좀 더 강한 버전으로서 대부분의 자연 사물들을 잘 붙게 만든다. 뜨거운 글루건은 빠르고 효과적이지만, 플라스틱이나 금속 같은 매끄러운 표면에는 효과적이지 않다. 각각의 사물들을 붙여 볼 때, 주의 깊게 그 경험에 주목해 보자.

당신이 만든 작품 앞에 앉아 그것을 모든 각도에서 바라보라. 이 모든 것이 모두 함께 붙어 있는 것은 어떤 느낌을 주는가? 다 완성된 것처럼 보이는가? 혹은 박스가 필요하거나, 받침대가 필요하거나, 그것을 내리비추어 줄 빛이 필요한 것 같은가? '마친다'는 것은 어떤 순간적인 경험인데, 뭔가 변화를 주거나 다시 해체하거나 추가하는 것이 가능한 기회이기도 하다. 아상블라주라는 것은 일종의 꿈과도 같은 것이어서, 일관성이 없는 요소들이 모여서 말로는 표현되기 어려운 어떤 의미나 이야기를 전달한다.

　아상블라주 다음에 할 작업은 찾아낸/주운 사물들을 이용한 조각인데, 이 과정에서 사물들은 좀 더 의도적으로 어떤 특정한 이미지를 창조하기 위해 변경된다. 나는 작업실에 나무뿌리 한 조각을 몇 달 동안 두고 있었는데, 그것은 날아가는 형상을 떠오르게 했지만 머리 부분이 없었다. 작업 과정에서의 이 단계는 마치 어린이가 아주 별것 아닌 잡동사니에 뭔가 큰 의미를 두며 노는 것과 같은데, 그러던 어느 날 산책을 하다가 이 형상의 머리가 될 부분을 찾게 되었다. 조그맣고 풍화된 나무 조각이었는데, 내게는 그것이 새의 머리처럼 보였다. 나는 나무를 조금씩 깎아 내서 나무 조각에서 본 새의 머리처럼 만든 후, 나무뿌리 조각과 함께 두 개를 플라스틱 우드라는 접착제로 붙였다. 서서히 그 형태가 모습을 드러냈지만, 실제로 이것이 날아가는 모습처럼 보이도록 만들 수 있는 방법을 생각해 내기까지는 거의 1년이 걸렸고, 그동안 이것은 그 상태 그대로 보관되어 있었다. 그러다 마침내 떠올랐던 생각은 드릴로 구멍을 내서 나무를 집어넣은 후에 목재용 점토(wood dough)—철물점에서 구할 수 있고 나무 가구의 균열이나 파손된 부분을 채우는 재료—위에 앉혀 놓으면 되겠다는 것이었는데, 이러한 아이디어가 생길 때까지 나는 완성되지 않은 이 나무 조각상을 날이면 날마다 그저 바라보기만 했었다. 여기에 깃털, 필름통 뚜껑, 철선과 구슬로 장식을 하였더니 드디어 〈샤먼의 북(Shaman's Drum)〉이라는 작품으로 탄생하였다([그림 6-1] 참조).

그림 6-1 샤먼의 북(나무에 채색, 혼합재료)

 이 작품은 여러 해를 걸쳐 진화했는데, 대부분의 경우에 작업은 간접적으로 진행되었다. 예를 들면, 작업을 하게 될 때마다 나는 '더는 잘 모르겠다.' 하는 정도까지 가곤 했고, 그럴 때는 작업을 멈추었다. 이렇게 인내심 있게 기다리는 시간은 작업이 간접적으로 진행되며, 이미지를 만드는 데 있어 종종 중요한 역할을 한다. 즉, 그러한 순간에도 자신이 하던 그 작업과의 연결고리를 유지하며 포기하지 않는 한 언젠가는 해결 방법이 떠오를 것이라 믿으며, 모르는 상태 안에서 쉬는 것이다.

🎨 직접 점토 작업을 해 보기

점토는 생생한 경험을 알게 해 주는 좋은 재료이다. 강하고 본능적인 경험들이 이 단순한 재료를 통해 스스로를 드러내는데, 이 재료는 어떤 도구도 필요 없이 온전히 당신 손의 압력만으로도 형태가 직접적으로 만들어질 수 있다. 당신이 만일 직감과 만나고 싶다면, 이 미끈미끈하고 어두우며 흙이나 심지어 분뇨를 연상케 하는 점토를 사용하라. 그러면 빠르게 그 목적을 달성할 수 있다.

안 쓰는 낡은 비닐 식탁보나 샤워 커튼 또는 두꺼운 캔버스천 같은 것으로 작업 테이블을 덮고 작업을 한다. 이렇게 하면 점토 작업이 끝난 후 간단하게 툭툭 털어 낸 후 말아 놓기만 하면 되는 데다가, 굳이 세척할 필요도 없이 나중에 쓸 수 있도록 보관만 해 놓으면 된다. 점토는 도자기 재료를 파는 곳에서 사면 되는데, 이 작업 과정을 위해서는 가장 저렴한 것을 사는 것이 좋고, 비닐 주머니에 꽁꽁 싸서 보관하면 영구적으로 쓸 수 있다. 만약에 점토가 너무 딱딱해지게 되면 비닐 주머니 안에 젖은 스펀지를 넣어 놓는다. 그러면 점토가 스펀지 속의 습기를 필요한 만큼씩 적절히 흡수하게 된다.

점토를 한 주먹 정도 떼어 낸다. 앉아서 점토를 쥐어도 보고, 뜯어내 보기도 하고, 주물럭거리기도 해 보며 자신의 반응을 알아채 보자. 마음에 어떤 단어 같은 것들이 떠오르는가? 홀쭉함, 미끈거림, 더러움, 감각적임, 유연함, 부드러움, 매끈함 등등? 당신의 호흡과 당신 몸 안의 장기들에도 주의를 기울여 보라. 무엇이 떠오르는가? 이렇게 점토를 이리저리 탐험해 보며, 여러 기억이나 느낌 또는 생각 등이 당신 마음속에서 일어나고 가라앉는 것을 허용하라. 눈을 감는다. 당신의 두 손으로 관심을 옮기라. 그러고는 당신의 양 어깨로, 아래쪽 골반으로 당신의 인식을 이동시켜 본다. 점토를 아주 가볍게도 만져 보고, 좀 더 강하게도 만져 본다. 그리고 무엇이 가장 자연스럽고 좋게 느껴지는지 알아채 보자. 알아챘으면 그런 방식의 터치와 움직임을 계속한다. 자신의 방법을 조절해 가면서 무엇이 자신에게 좋게 느껴지는지를 찾아보자. 발로 점토를 밟고 뭉개는 것은 어떤 느낌을 주는가? 손가락 틈새로 짜내는 것은 또 어떻게 느껴지는가? 돌돌 만 후 납작해지도록 두드리는 기분은 또 어떠한가?

어떤 이미지가 나타나 자신을 만들어 달라고 하지는 않는가? 만약 그렇다면, 호흡에 집중하려고 노력하며 그를 따르라. 작업하는 동안에 그 이미지가 바뀌고 변형된다면 이를 인정하고, 그러면서 뭔가 다른 것이 만들어져 나오도록 허용하라. 변화무쌍한 형태를 가져 볼 수 있는 점토의 특성은 우리의 마음과도 같고, 끊임없이 다가오고 떠나가는 이미지들의 속성을 제대로 상기시켜 준다. 내적 소리는 어떠한가? 다음과 같이 말하는 듯한 소리가 들리는가? '어지르지 마.' '더러워지지 마.' '진흙 가지고 장난하지 마.' 만약 그렇다면 되물으라. '왜 안 되는 건데?' 그러고서 어떤 대답이 당신 안에 들리는지 보라. 들려온 그 대답이 만족스러운가? 하고 싶다고 느껴지면, 점토에 물을 약간 더 추가해서 질척한 진짜 진흙을 만들라. 이 작업 과정은 오래되어 못 쓰는 베이킹 팬이나 설거지통을 사용해서 해 볼 수 있다. 진흙을 경험해 보는 것이 어떠한 느낌인가? 다 해 보았다고 느껴지면 진흙이 통 속에 가라앉도록 두자. 다 가라앉으면 위에 있는 맑은 물을 따라 버리는데, 진흙이 따라 나가지 않도록 주의한다. 왜냐하면 흘러 내려간 진흙이 가라앉아 쌓이면서 하수관을 막을 수 있기 때문이다. 진흙에 대한 경험을 통하여 어떤 기억들이나 느낌들이 떠오른다면 이를 글로 써 내려가 보자.

만약 진흙 작업을 하던 중에 간직해 놓고 싶은 모습의 형상이 생성되었다면, 그 상태로 그저 마르도록 내버려 두면 된다. 점토 작품들은 가마에 굽지 않더라도 영원히 보관될 수 있다. 마른 점토들은 그 위를 아크릴로 색칠해도 되고, 또는 흰색 풀과 물을 1:1로 섞은 것을 발라 코팅하여 표면을 보호할 수도 있다. 나는 가마에 굽지 않은 점토 작품들을 15년 이상이나 아무런 변질 없이 간직하고 있다. 그러면서도 점토는 또한 영원히 재활용될 수 있다. 만약 당신이 점토 작품을 재활용해야겠다는 생각이 든다면, 마른 점토를 부수어서 물속에 담가 둔다. 이후 점토가 부드러워질 때까지 물이 증발하도록 두고, 필요할 때 다시 사용하면 된다.

만약 자신이 만든 이미지가 아주 고통스럽거나 트라우마가 있는 경험을 표현한 것이라면, 완성된 그 작품을 바깥에 놓아두는 것을 고려해 보라. 바깥에 놓인 그 작품이 당신의 고통을 데리고 자연으로 되돌아가는 것을 볼 수 있게 될 것이다. 시간이 지나면서 서서히 그 형태가 사라질 때까지, 바람과 비가 작품을 닳게 할 것이다. 이 과정에서 자신의 트라우마 경험 속에 담겨 있는 고통을 놓아 주겠다는 분명한 인텐션을 가지려고 해 보자. 그 고통이 땅속으로 빨려 들어가 흙에 재흡수되어, 마침내 해방되는 모습을 상상할 수 있는지 보자. 이러한 명상 과정은 모든 것이 다시 돌아간다는 것을 좀 더 이해할 수 있게 해 준다는 점에서 중요한 가치가 있다.

당신이 경험한 점토 작업을 되돌아보자. 점토 작업이 당신에게 있어서 주로 터치와 동작이 수반된 동적 경험이었는가? 점토가 당신의 과한 에너지를 받아들여 줌으로써 당신을 이완시켜 주는 역할을 하였는가? 아니면 당신의 속을 뒤흔들어 놓았는가? 점토가 옛날 기억들이나 느낌 또는 꿈들을 느슨하게 해 주었는가? 다른 모든 미술재료들과 마찬가지로 점토도 여러 가지 목적을 달성하게 해 준다. 점토와 좀 더 친숙해지게 되면서 자신과 찰떡궁합으로 느껴지게 되거나, 아니면 애초에 가지지 말아야 했을 관계처럼 느껴질 수도 있다. 점토의 기본적인 속성을 아는 것만으로도, 당신에게 이미지들이 떠오를 때 또 다른 옵션과 방법들을 찾을 수 있게 해 준다. 나는 점토를 그리 자주 사용하는 편은 아니다. 하지만 제12장과 제16장에서 점토가 절대적으로 필요했던 두 가지 경우를 소개하고 있는데, 나는 그때 내게 충분한 양의 점토를 이미 보유하고 있어서 필요할 때 쓸 수 있었던 것이 다행스럽게 느껴졌다.

이 장에서 소개될 조각의 마지막 재료는 부엌에서 흔히 볼 수 있는 간단한 재료들인데, 마스킹테이프와 알루미늄 호일이 바로 그것이다. 나는 이 방법을 미술가이자 미술치료사인 내 친구 돈 세이든(Don Seiden)에게서 배웠다. 돈(Don)은 작게 만든 작품들뿐만 아니라, 실제 크기의 조각 작품들도 마스킹테이프와 호일을 이용하여 제작하였다. 이 방법은 특히 형상들을 제작하는 데 있어서 효과적인데, 호일로 만든 각 요소들을 테이프로 결합시키고 뒤틀거나 하며 형상을 만들어 내게 된다. 호일은 값이 싼 것을 사용해도 상관없지만, 마스킹테이프는 품질이 좋아야 한다. 그렇지 않으면 쉽게 떨어져서 작품을 지탱하지 못하게 된다. 제작된 형상들은 재료가 호일이기 때문에 어느 정도는 구부러질 수 있다. 일단 작품의 형체를 자신이 좋아하는 상태로 잡았으면, 아크릴 페인트를 칠하여 생동감 있게 만들자. 각종 천이나 다른 재료들도 장식으로 사용될 수 있지만, 색칠 하나만으로도 충분할 수 있다.

간단한 사람 형상이나 동물의 모습으로 시작해 보는데, 재료 고유의 특성이 작업을 이끌어 가며 점차 발전해 가도록 두자. 어쩌면 당신은 자신의 작품에게 친구를 만들어 주거나 주변 환경을 구성해 주고 싶을 수도 있다. 조각 작품들은 이렇듯 그 안에 어떤 이야기들을 담게끔 해 준다. 형상들을 만들어 나가며 이야기가 하나 생성되는지 보라. 우리 모두는 여러 가지 모습의 내적 캐릭터를 가지고 있는데, 이를 조각으로 표현해 내는 것은 그들에 대해 알아 가게 되는 방식이며, 또한 그들을 존중하고 기리는 방식이기도 하다. 당신 안에는 당신이 더 잘 알았으면 하거나, 같이 놀고 싶거나, 배우고 싶은 어떤 캐릭터가 살고 있는가?

이러한 이미지들을 만드는 데는 시간이 좀 걸린다. 하지만 어떤 프로세스이건 간에 시간이 좀 걸리면서도 너무 많은 생각을 하지 않아도 되는 작업 과정들은, 당신이 이미지에 좀 더 오래 젖어 들 수 있게 해 주고, 그 안의 의미들이 가지는 뉘앙스에 대해 좀 더 집중하게 해 준다. 당신이 발전시키고 싶거나 이해하고 싶은 자질을 품고 있는 토템들이 어쩌면 이 과정에 적합한 형상들이 될 수도 있다. 자신의 형상에게 인텐션을 말하고, 그 형상이 당신을 도와줄 수 있게 하려면 어떤 것을 필요로 하는지 물어보라. 어쩌면 어떤 성전(shrine)이나 주변 환경 같은 것을 만들어 달라고 할 수도 있다. 예를 들면, 마치 토끼같이 장난스럽다든지, 황소처럼 강하다든지 하는 등 그 형상이 가지고 있는 이야기나 신화들을 탐험해 보고, 시간이 지나면서 점차 그것이 작품 속에서 더욱더 나타나게 해 주자.

내 작업의 경우에는, 처음에는 독자적으로 나온 캐릭터들이 결국에는 내가 이야기 상자라고 부르는 곳에서 한 장면에 함께 등장

이야기 상자: 소울의 밤(혼합재료)

하게 되었다([그림 6-2] 참조). 상자 안의 개와 악마는 원래 다른 장면을 연출하기 위해서 만들어졌지만, 얼마간의 시간이 지난 후 이 두 형상은 잠자고 있는 남자 한 명을, 이후에는 천사를 필요로 했다. 여러 해가 지난 후에 나의 이야기 상자는 '소울의 밤(Night of the Soul)'이라는 이름으로 완성되었는데, 이것은 마트에서 가져온 오래된 딱딱한 종이 상자를 자른 후 칠을 하고, 그 안에 형상들을 설치한 것이었다. 비록 주워 온 몇몇 다른 사물로 덧붙여 치장을 하기는 하였지만, 그 외의 형상들은 모두 호일과 테이프로 만든 것들이다. 상자 속에 표현된 불은 테이프 없이 호일에 직접 색칠을 한 것이다.

혹시 당신이 형상 하나를 테이프로 이제 막 서둘러 만들었는데, 이 형상이 색칠도 거부하고 아무런 이야기도 드러내지 않은 채 그저 앉아 있기만 하는가? 걱정하지 말라. 당신이 의식할 수 없다 하더라도, 이미 어떤 프로세스가 일어나고 있다는 것을 신뢰하라. 작품에 주의를 기울여 보고, 가끔 작업도 더 해 보고, 또 처음에 세웠던 인텐션을 기억해 보도록 한다. 혹여 당신이 그 형상이 완성되는 것을 피하는 것은 아닌지 알아채 보고, 그 형상으로 하여금 언제든 나타날 준비가 되면 당신이 이를 환영한다는 것을 알게 하라. 발전되어 나오는 어떤 이야기든 노트에 써 보도록 한다.

이 방법의 한 변형은, 마스킹테이프로 둘둘 말아 마감된 호일 위에 석고가 묻어 있는 천을 붙이는 것이다. 석고천(*역자 주: 석고 붕대라고도 한다)은 미술용품을 파는 재료상에서 롤(roll) 형태로 살 수 있다. 석고천을 길쭉한 모양으로 잘라 물에 적신 후, 표면을 부드럽게 연결하며 작품을 둘러싼다. 석고가 굳으면서 색칠하기 좋은 단단한 표면을 가진 조각 작품으로 변화할 것이다. 석고천으로 형상 위에 추가적인 모양들을 더 만들어 나갈 수 있다.

자, 이제 당신은 풍부하고도 다양한 방법에 친숙해졌고, 이에 자신에게 다가오는 여러 이미지를 더욱 반가이 맞이할 수 있게 되었다. 어떤 방법들은 아무 때든 워밍업처럼 사용할 수 있어서, 미술작품을 만들어 내는 데뿐만 아니라 당신의 에너지가 어떤 형태의 창의적인 작업을 하게 되든지 그것들이 자연스럽게 흘러나올 수 있도록 도와줄 것이다. 아주 단순하고 비사실적인 물감 작업, 드로잉, 점토 작업은 우리를 휴식시켜 주고 마음의 중심을 잡게 해 주는 도구들이 되어 준다. 주워 온 물체를 모아 제작한 아상블라주와 조각은 탐험의 출발점이 되어 준다. 이 모든 방법이 그 어떤 종류의 인생경험들—그것이 감정적이든 아니면 그 밖의 것이든—에 대해 알게 해 주는 기초가 되어 줄 수 있다. 어떤 재료들과 작업들이 당신에게 가장 즐거운 것들인지를 실험하고 또 배워 감으로써, 당신의 소울이 당신의 인생 속에서 그 지혜를 드러낼 수 있는 다양한 새로운 방법을 가지게 해 주는 것이다. 이후의 장들에서는 당신이 어떻게 이미지들과 함께 더 깊게 들어가 볼 수 있는지, 그리고 인텐션과 주의 기울이기(attention)라는 쌍둥이 같은 개념을 어떻게 이해하고 사용할 수 있는지에 대해 더욱 자세히 배우게 될 것이다.

Part 3

개인적인 내용들

ART IS A WAY OF KNOWING

07
장애물에 대하여 알기

　지금은 미국 뉴잉글랜드 지역의 한 작은 여자대학 미술과 건물로 쓰이고 있는 오래된 건물 창문을 통해 아침 햇살이 쏟아지고 있다. 강사인 마커스(Marcus) 선생님은 자신의 지팡이로 내 등을 콕하고 찌른다. 그러고는 "생각은 그만하고 어서 그리기 시작해!"라고 고함을 친다. 긴 갈색 머리와 회색 눈을 가진 평범해 보이는 여자 모델이 내 앞에 앉아 있다. 모델은 오렌지색 스웨터에 청바지를 입고 있다. 나는 모델을 뚫어져라 쳐다보며, 허공에서 내 손이 그녀 얼굴의 윤곽을 따라가도록 해 본다. 나는 물감 작업을 할 때 외줄을 타는 느낌이다. 생각을 하지 않는다는 것이 나를 끔찍한 느낌이 들게 만들어서 그러는데, 그에 대한 대안은 대상을 쳐다보는 것이다. 더 많이 바라볼수록 나는 더 많은 것을 보게 된다. 모델의 왼쪽 눈 아래 그늘 부근을 보다가 쏙 빠져 버린다. 보라색, 녹색, 회색이 보인다. 나는 생각하는 것을 잊어버리고 물감을 칠하기 시작한다. 갑자기 사람들이 움직이기 시작한다. 어느새 3시간짜리 수업이 끝나 점심시간이 된 것이었다. 마커스 선생님이 나를 향해 잘했다는 듯이 고개를 끄덕인다.

물감 작업을 하면서 나는 나 자신에서 벗어나게 되었다. 아니, 내 머리에서 벗어나게 되었다. 내 인생에서 처음 겪어 보는 것 같은데, 나는 평상시의 습관이던 지켜보는 자세에서 벗어나게 되었다. 그리고 그렇게 했어도 아무런 재난도 일어나지 않았다. 나의 또 다른 어떤 부분이 지금 작동하고 있다. 내게 잘 익숙하지 않은 그 어떤 부분이.

나는 물감 작업이 나의 평상시의 상태, 즉 사고하고 분석하고 판단하려고 하는 것을 없애 버릴 수 있다는 것을 발견한다. 사실, 내가 실제로 물감 작업을 시작하기 전까지는 평상시의 그런 경향들이 얼마나 나를 소진해 버리는지를 전혀 알아채지 못하였다. 내 주변의 세상들에 대해 정말 얼마나 조금밖에 제대로 바라보고 있지 않았었는지. 나는 물감 작업을 많이 했다. 위대한 미술가들의 작품을 그대로 따라 그려 본다. 다른 몇몇 선생님이 농담처럼 이런 행동을 '마커스 선생님의 위작 교실'이라고 부른다. 하지만 내가 피카소 (Picasso)의 잘 알려져 있지 않은 작품인 캔에서 자라고 있는 방울토마토 그림을 따라 그릴 때, 나는 물감 작업을 내가 잘 모르는 방식으로 해 보게 된다. 이 그림에서 사용되는 붓질들은 새롭고 자유로워, 마치 내가 피카소와 댄스를 하며 그가 나를 이끌도록 하고 있는 것 같은 기분이다. 이러한 방식은 마치 두려움이 많은 아이가 그림 위에 트레이싱지를 얹어 놓고 따라 그리는 것에서 받는 것 같은 안전한 기분을 준다.

나는 물감으로 대부분 초상화를 그린다. 어느 날 나는 빌딩의 야간 경비원인 빌(Bill)에게 나를 위해 포즈를 취해 달라고 요청했다. 그러자 그는 매일 밤 학생들이 과제를 하느라 왔다 갔다 하는 홀에 놓여 있는 책상 위에 앉고서는 식상한 농담을 건넨다. 나는 아버지가 떠오른다. 빌은 인생의 풍파를 다 감내한 사람들이 가지는 그런 편안한 얼굴을 하고 있다. 그런 대화가 끝나고 드디어 빌이 모델을 서 주기로 한 어느 날 저녁, 나는 새로 짜 맞춘 캔버스와 물감을 가지고 다시 그곳으로 갔다. 빌은 와이셔츠에 넥타이를 매고 왔고, 머리에 숱이 없는 부분을 회색빛 머리칼로 덮고 있었다. 그는 웃음기가 없는 상태에서 뻣뻣한 자세를 취하고 있었고, 나는 그 자리에서 그의 초상화를 완성하였다. 나는 몸통은 대략 그렸는데, 빌이 입고 있는 버건디색 와이셔츠와 격자무늬의 넥타이를 큰 디테일이나 뉘앙스 없이 칠했다. 나는 그의 얼굴에 보다 집중했다.

빌은 평소보다 훨씬 형식을 차렸고 심각한 표정을 하고 있었지만, 그것을 내가 어떻게 바꿀 수는 없었다. 만약 내가 원하는 어떤 효과를 인위적으로 결정하려고 하면, 이상하게도 뭔가가 반항을 하고 그림이 제대로 그려지지 않는다. 나는 물감 작업에서 거짓을 그릴 수 없다. 내게는 그런 재간이 없으며, 평상시의 마음 패턴이 아닌 다른 그 무엇인가가 그림을 그린다. 일단 이미지가 나오고 나면, 나는 원치 않는 판단을 피할 수도, 생각을 안 할 수도 없다. 그래서 나는 숨도 멈추고 계속 그림을 그리는데, 그 이유는 이 과정속으로 들어갈 수 있는 순간적인 기회를 잃어버리지는 않을까 두려워서이다. 나는 따로 구상을 해 놓지 않으며, 배경도 특별히 묘사하여 그리지 않는다. 내게는 그럴 여유가 없기 때문이다. 또한 내관심을 끄는 사람들을 모델로 선택하는데, 내가 좋아하는 얼굴을 하고 있거나 가지고 있는 에너지가 나를 매료시키는 그런 사람들을 선택해서 그린다. 나는 스스로에 대해 편안해하는 얼굴 모습을 가진 사람들을 선택한다. 하지만 그 당시에는 그러한 사실들을 인식하지 못했다. 팻 지오하겐(Pat Geohagen) 선생님이 내 모델이 되어 주기 전까지는 말이다.

한번은 나의 도자기 수업 선생님인 팻 지오하겐 선생님이 모델이 되어 주려고 오셨는데, 머리에는 웨이브를 넣으셨고 마스카라도 하시고 멋진 스웨터를 입고 오셨다. 나는 어떻게 해야 될지 잠시 당황했다. 나는 사실 그녀의 손톱 밑에 흙이 껴 있고 바지와 찢어진 셔츠 위로는 찰흙이 묻어 있는 모습과 반다나(*역자 주: 머리를 감싸는 천) 속에 아무렇게나 묶어 놓은 머리, 밤을 지새우며 마신 커피와 담배로 생긴 눈 밑의 다크서클 그리고 커다란 가스 가마에 불을 때는 모습의 그녀가 참 좋았다. 그러나 어쩌겠는가. 그녀는 나의 선생님이고, 모델이 되어 주려고 와 주셨을 뿐만 아니라 자신의 '최고'의 얼굴을 보여 줌으로써 나를 존중해 주시고 있다. 나는 그저 미소를 짓고 그림을 그리기 시작한다. 그녀의 초상화는 마치 사진처럼 침착한 얼굴을 하고 있으며, 약간 도도한 모습을 띠고 있다. 빌이 그랬듯이 자신의 초상화를 위해 포즈를 취하며 앉아 있는 것은 팻에게도 당연히 큰일이니, 그런 모습이 나오는 것은 당연했다. 하지만 내가 생각하는 것은 그러한 것이 아니었다. 그들의 제일 멋진 최고의 모습은 내가 배우고 싶어 하는 것도 아닌 데다가, 내가 간절히 원하는 것도 아니었다. 하지만 내 모습은 어떠한가. 나 스스로에게도 최고의 모습을 한 얼굴이란 도자기로 된 가면과도 같은 것이었다. 이는 내가 일부러 그렇게 정성껏 꾸며 냈다는 것이 아니다. 다른 사람들 모두에게는 아마도 그저 보통 얼굴로 보일 것이다. 하지만 내가 공적으로 남에게 보여 주려고 하는 나의 얼굴은 완벽한 모습을 추구하고 있었다. 나는 너무나도 괴로웠다. 내가 정말로 그려야 하는 것은 얼굴 그 자체가 아니라 그 안에 담겨 있는 영혼이었다. 꾸며 낸 모습도, 역할을 드러내는 얼굴도 나는 이미 너무도 많이 가지고 있었다. 나는 그런 것들이 아닌 진실을 그려야 했다.

나는 팻의 초상화를 그려 놓고 낙담하였다. 하지만 그녀는 좋아했고, 예의상일지도 모르지만 내게 그림이 마음에 든다고 말도 했다. 그리고 나도 이 작품을 그녀에게 주게 되어 기뻤다. 그러나 나는 어찌할 줄 모르겠다. 나는 이 문제에 대해 어떤 말도 떠오르지 않는다. 사람들을 그리는 데 있어서 뭔가가 필요한데, 그 뭔가가 도대체 뭐라 불리는 것인지도 모르겠고, 그것을 어떻게 요청해야 하는지도 모르겠다. 게다가 나의 모델들은 잘 차려입고 와 버려서, 내게 필요한 그 무엇인가를 주고 있지 않았다. 그러다 문득 크리스 오세이지(Chris Osage)가 떠올랐다. 내가 존경하는 그녀는 몇 개의 미술과목을 들은, 미술역사를 전공하는 학생이다. 나보다 나이가 많고 키도 큰데, 시체처럼 마른 데다가 온통 위협적인 얼굴을 하고 있다. 하지만 그런 위협적인 모습은 허세가 없는 조용한 것이었다. 게다가 그녀는 자기가 원하는 것을 말하고, 다른 사람들이 그에 대해 어떻게 생각하든 전혀 신경 쓰지 않는다. 크리스는 잘 차려입지 않아도 되는 한, 나의 초상화 모델이 되어 주겠다고 했다. 그리고는 담배가 탄 흔적이 있는 지저분한 스웨터와 더러워 보이는 청바지를 입고 모델이 되어 주려고 나타났다. 화장도 안 했고, 심지어 머리도 빗지 않았다. 그녀는 방 안에서 가장 보기 흉한 의자인 갈색 플라스틱 안락의자에 다리를 벌리고 앉더니, 습관처럼 험상궂은 모습을 하고 나를 응시한다. 나는 이것은 한 번에 끝날 작업이 아니라는 것을 깨닫는다. 내가 필요한 모든 것을 오늘 한 번의 작업으로 다 얻을 수가 없다. 캔버스는 가로 4피트, 세로 4피트(*역자 주: 122cm × 122cm 정도) 크기로 큰 편이어서 얼굴 못지않게 그녀의 몸을 그리는 것이 중요하다고 말하는 듯 했다. 나는 얼굴의 표정에서 나오는 표현들뿐만 아니라 전체 몸동작도 표현해 내고 싶었다. 어느 정도 그린 후 나는 크리스에게 시간이 더 필요하다고 말하고, 한 이틀 후에 다시 만날 계획을 세웠다. 나는 이제 물러나 앉아 아직은 완성되지 않은 그 초상화를 바라본다. 여태까지 해 놓은 이 작업은 강하고 진실한 진짜 얼굴이었다. 한 여인의 얼굴, 예뻐 보이려 꾸미지도 않고, 내면으로부터 나오는 감정의 소용돌이로 가득 찬 얼굴. 그러나 몸은……. 나는 처음으로 몸이라는 것을 어떤 적극적이고 표현적인 것으로 보게 된다. 즉, 내가 모델의 얼굴에서 읽은 감정들의 근원이자 통로로서 말이다. 몸을 그리는 것 자체는 어려운 일이 아니다. 나의 인체 드로잉 실력은 괜찮은 편인데, 사람의 모습을 아름다운 형태들과 선들이 모여 있는 대상으로 보면서 그리기 때문이다. 나는 인체 드로잉에서 사람의 얼굴을 실질적으로 그리지는 않는다. 인체 드로잉이란 개개인의 특성을 표현하는 것이 아니라 인간 형태의 어떤 추상적인 아름다움을 그리는 것이기 때문이다. 나는 이 모든 것을 작품 하나에 동시에 다 표현하고 싶다는 생각이 들지만, 그 방법은 알 수가 없었다. 하지만 물감 작업은 앎의 한 방식이다. 그러므로 만약 내가 계속 물감 작업을 해 나간다면, 어떤 것이 내게 있어 진실한 얼굴인지 알게 될 수도 있다. 어쩌면 나는 내 몸과 하나가 되어 살 수 있을지도 모른다.

　문제는 아직 일부만 완성되어 있는 이 그림 앞에 다시 앉자마자 여러 목소리가 들려오기 시작하는 것이었다. 저주하며 비판을 하는 목소리들, 내 노력을 완전히 무시해 버리는 그리고 오로지 단점들만 찾아보는 눈에서 나오는 목소리들. 이것들은 작업에 몰두해야 하는 과정을 방해하고, 또한 나를 호되게 다루며 파괴한다. '팔은 너무 길고, 왼쪽 눈은 방황을 하고 있고, …… 뭔가 잘못 그렸어.' 문제는 내가 그림의 일부를 보고 그 부분을 고치면, 이내 전체 그림이 망쳐지는 것이었다. 고쳐 놓은 팔은 전체 모습에서 감정적으로 절단되어 버린다. 나는 금세 비웃음의 노래로 바뀌어 버리는 이 모든 목소리의 합창에 기가 죽어 버린다. '왜 이걸 하는 거야? 이걸 해서 뭘 어떻게 하게 된다는 거지? 너는 직장을 가져야 해. 미술은 제대로 된 직업이 아니야. 너는 미술을 할 자격이 없어. 왜 하필 물감 작업이지? 넌 네가 뭘 하고 있는지 아무것도 몰라.' 이 내적 소리들은 결국 내가 붓을 내려놓고 도망칠 때까지 나를 따라다닌다. 이 소리들은 내 안에서 평상시에 들리는 소리들이고, 내 안에서 일어나고 있는 내적 대화이며, 또한 다년간 갈고 닦은 비평적 사고방식으로부터 더욱 발전되어 나온 소리들로서, 안전하게 머물고 싶어 하는 마음으로 인해 그에 따라 뭔가 흠집을 찾아내는 소리들이다. 물감 작업은 매우 위험할 수 있는데, 왜냐하면 이러한 비평의 소리들을 메가톤급의 힘으로 끌어내 놓기 때문이다.

두 번째로 그림 작업을 하기 위해 크리스를 만나러 작업실에 들어가려고 할 때, 내 시선은 주말에 마셔서 반만 남은 창틀에 놓인 싸구려 와인 병으로 향했다. 이 와인은 싸구려일 뿐만 아니라 따뜻해져 있었지만, 그래도 한 잔 정도 마시면 마음을 편안하게 이완시켜 주겠지 싶었다. 나는 반 잔 정도를 따라 마신 후, 병도 가지고 들어갔다. 나는 크리스의 하체와 그녀가 앉아 있는 흉한 모습의 안락

의자만 끝내면 된다. 얼굴이나 손 부분을 다시 건드리지는 않을 것이다. 크리스도 와인을 좀 마시고는 금속으로 된 재떨이에 자기 담배를 껐다. 세 번째 잔을 반쯤 마셔 갈 때쯤에 알아챈 것은, 내가 그림을 그리고 있고, 내면에서 들리던 비판의 목소리들은 마치 다른 방에서 오래된 전축판을 틀어 놓은 듯이 긁히는 소리처럼 멀리서 희미하게 들리는 소리 같았다는 것이다. 이겼다. 비판의 소리가 사라진 것이다. 나는 그날 밤 작품이 완성되었다고 선언했고, 이후 방으로 돌아가 모든 것을 잊어버리고 잠이 들었다.

다음 날 아침, 나는 지끈지끈한 두통과 바싹 마른 입 때문에 그다지 좋지 않은 기분으로 일어났다. 크리스를 그린 이 그림은 학생 작품전에 선발되었다. 이 작품은 한 달 내내 미술과 건물의 2층으로 올라가는 계단 위쪽에 걸려서, 널따란 계단 옆의 나무 손잡이를 위협적으로 내려다보고 있었다. 선생님들은 작품이 매우 좋다고 말씀해 주셨다. 그래서 그분들은 내가 그 학기에 이 그림을 끝으로 더 이상 초상화를 그리지 않겠다고 했을 때 이해하지 못했다. 나는 알코올로 인한 환상적 용기가 가득한 사람인 아버지를 보며 자랐다. 나는 아버지가 자신의 꿈들에 대해 말하는 것을 들었으나, 그런 것들이 오직 그림자로만 남게 되는 것을 보았다. 내가 만약 물감 작업을 잘 해내기 위해 아버지처럼 술을 마시게 된다면, 나는 지옥에 떨어지게 될 것이다. 뭔가 다른 방법이 있어야만 했다. 나는 그게 도대체 무엇인지 알 길이 없었다. 나는 와인을 마신 것이 작업에 도움이 되었다는 사실과, 그 초상화가 결과적으로 잘된 작품이었다는 사실에 더욱 분노했다. 나는 내면에서 들리는 비판의 소리를 잠재우기 위해 술을 마시고, 그런 상태에서 그림을 그리도록 스스로를 허용한 것이 결국 잘못된 선택이었다는 것을 본능적으로 알게 되었다. 술기운이 떨어지고 나면 내적 비평가가 더욱 큰 목소리로 돌아와 내가 술을 마셨다는 것에 대해 창피를 줄 것이고, 그러면서 결국에는 나의 창의적 과정이 망쳐지게 될 것이기 때문이다.

그래도 여전히 나는 물감 작업 안에서 마치 시원한 강물에 발을 들이면서 깜짝 놀라 깨이는 듯한, 생동감 있고 진실한 무엇인가가 있음을 느낀다. 나는 어떻게 하면 그곳으로 갈 수 있는지 알고 싶다. 술을 마시는 것은 그런 장소의 환영으로 나를 데려다줄 수는 있다. 당신은 술 몇 잔만 마시면, 실제로는 따뜻한 소변에 젖어 있으면서도 마치 생동감 있는 그 시원한 강에 있다고 믿을 수 있다. 크리스의 초상화를 제작할 때, 만약에 내가 시작 단계부터 술을 마시면서 그렸으면 그 작품은 어쩌면 잘되지 않았을지도 모른다. 비판적 사고는 자연스러운 흐름을 막아 버리는데, 술이라는 것은 일단 그 기운이 떨어지면 내면의 비판하는 소리를 높이게 된다. 그러면 순식간에 나는 갈라져 있는 마른 강바닥에 서 있게 되고, 내 머리 위로는 먹이를 찾는 대머리독수리들이 맴돌게 된다.

물감 작업은 나를 깨어나게도 해 준다. 기름과 테레빈유의 냄새, 탄력 있는 캔버스 표면 위에 관능적으로 물감을 묻히는 작업 등이 그러하다. 물감 작업을 한 후에 한동안 나의 감각과 비전은 생생하게 남아 있다. 나는 벽 판넬의 나뭇결, 계단을 내려갈 때 내 손에 잡히는 손잡이의 매끈한 표면, 밖으로 나갈 때 느껴지는 철문의 무게를 생생하게 느끼는 등 최소한 한동안 주변을 아주 선명하게 인식하게 되는데, 이는 거의 고통에 가까우면서도 즐거움을 주기도 한다. 나는 이런 생생함들을 내 인생에서 원하고 있으며, 술은 그 방법이 아니라는 것을 잘 알고 있다. 진정한 선명함을 얻으려면 어떤 값을 치러야 할지 정말 모르겠으나, 나에게 그것을 지불할 용의가 있다는 것만큼은 확실하다.

비록 여러 해 동안 그것이 무엇인지 명명할 수는 없었지만, 물감 작업 속에서 나는 내 안의 비평이 나의 인생을 컨트롤하고 제한하게 하는 큰 힘을 가지고 있다는 것을 알게 되었다. 창조하고 싶어하는 열망을 방해하는 이 힘은 우리 모두의 내면에 존재하고 있다. 하지만 대개 그 비평가는 당신이 어떤 상황을 접하지 않는 한, 그 완전한 힘을 보여 주지 않는다. 예를 들어, 당신이 원하는 것을 할 수 있는 기회라든가, 뭔가 중요하고 자기 스스로 선택하는 것, 뭔가 위험을 감수해야 하는 것 등이 그런 상황들이다. 내 경우에는 이런 일이 내가 대학 다닐 때 있었는데, 나 스스로 수강과목들을 선택할 수 있게 되었을 때부터였다. 내 안의 비평이라는 것이 그 이전까지는 일상에 있는 일들에 반응하며, 일정한 정도의 해로움만 주고 있었을 때였다. 그런데 미술작업을 하는 것이 그 소리를 더 키워 주었다. 처음에 내가 미술수업이라는 것을 감히 선택하고자 했을 때는 어떤 스릴감 있는 자유의 느낌이 들었지만, 수업 중에 미술작업을 하면서 꽤나 빨리 저항감이 떠오르기 시작했다.

어쩌면 이 책의 앞 장에서 설명한 방법들을 시도해 보려고 했을 때, 당신 안에 있는 비평가가 이미 등장했었을 수도 있다. 어쩌면 당신도 내가 크리스를 그릴 때 느꼈던 것처럼, 작업을 그만두어야 할 것 같은 정도의 어떤 저항감을 느꼈을지도 모른다. 당신은 그런 와중에, 미술작업을 하는 것보다 훨씬 더 중요한 일들을 발견해 내는 당신 자신을 보았는가? 세탁이라든지 아니면 다른 집안일들이 갑자기 굉장히 중요하게 느껴질 수가 있다. 먹거나 마시거나 다른 어떤 약물 같은 것들을 취하는 것이 미술작업을 멈추도록 하였는 가? 갑자기 그림을 그려야 한다는 필요보다 다른 사람들의 필요를 충족시키는 것이 더 중요하다고 느껴지지는 않았는가? 만약 당신 이 처음에는 즐겁게 하다가도 갑자기 알 수 없는 이유로 흥미를 잃 었거나 미술작업을 하는 시간에 웬일인지 그저 시작을 하지 않고 있다면, 당신 내부의 비평가가 솟아오르고 있는 것이다. 어떤 사람 들에게는 이 비평가가 이미 매우 왕성하게 활동하고 있다. 당신에 게도, 예를 들어 글쓰기나 공연이나 조각 작업을 어떻게 하겠다고 마음먹어 놓고 이를 이행해 내지 않았을 때가 그런 비평가가 힘을 쓰고 있을 때이다.

어떤 형태의 내적 비평가는 우리 모두가 보편적으로 다 가지고 있으며, 미술이나 창의성 등과는 아무런 관련도 없다. 하지만 여 기서 말하는 비평가는, 창의적 활동이라는 것이 우리를 깨워 주며 우리를 앎으로 이르게 한다는 사실 때문에 더욱 강하게 생겨난다. 그 비평가는 이렇게 말한다. '알려고 하지 마. 너는 너 자신에 대해 서 뭔가 아주 끔찍한 사실을 알게 될 수도 있어.' '거기에 있는 삶의 강으로 들어가지 마. 빠져 죽을지도 몰라.' 사실, 안다는 것은 위험 한 것이다. 왜냐하면 이것이 변화로 이끌기 때문이다. 인식의 변 화, 삶을 살아가는 방식의 변화, 인간관계에 있어서의 변화는 두려 움을 불러일으킨다. 그런데 삶을 살아간다는 것은 변화한다는 것 이다. 그리고 그 궁극적 결과가 얼마나 좋은지의 여부에 관계없이, 변화라는 것은 종종 상실감, 심지어는 죽음과 같은 감정들을 불러 일으킨다. 많은 경우에 우리는 그 비평가와 싸우기 위해서 술이나 마약을 함으로써 힘을 얻으려고 한다. 또는 과하게 뭔가를 달성한다든지 아니면 아무것도 시도하지 않음으로써 우리는 그 비평가의 존재를 부정하려고 한다. 우리는 우리 안의 저항감에 대해서 창피해하면서, 그것을 게으름 또는 그보다 더 심한 표현을 써서 부르기도 한다. 우리는 성공하지 못하는 자신을 폄하하거나, 틀에 박힌 삶이 주는 안전함을 '성공'이라 부르기도 한다.

그렇게 하는 대신, 당신 안의 저항감을 존중하기 시작해 보자. 그 비평가와 친숙해지려고 노력해 보라. 그 비평가는 아주 가치 있는 정보를 가지고 있다. 그 비평가는 우리 안의 가장 깊은 두려움들을 안고 있고, 저항감이란 우리가 올바른 길로 나아가고 있다는 것을 알려 주는 것이다. 만약 우리가 인식을 전환해 볼 수 있다면, 비평가는 우리로 하여금 변화라는 것이 주는 고통과, 두려움이 주는 창피함을 겪지 않도록 보호해 주려는 존재로 보일 수도 있다. 우리 안에 있는 비평가는 위험하다고 인식되는 것들을 우리가 단념할 수 있도록 해 준다.

당신 안에 있는 비평가를 알 수 있게 해 달라는 인텐션을 적어 보자. 실제 비평가들, 예를 들어 부모님, 선생님들, 또는 기타 다른 사람들이 당신을 비평해 왔을지라도, 내 안에도 비평가가 존재한다는 것을 알도록 하자. 여기서의 목적은 내 안의 비난을 기정사실화하면서 더욱더 회피하도록 만들려는 것이 아니라, 자기 안에 살고 있는 비평적 자기라는 측면을 만나 보게 하려는 데 있다. 그리고 당신에게는 이 비평적 자아를 바꾸어 나갈 수 있는 힘이 있다. 다른 사람들과 실제로 주고받은 비평에 집중해 보면, 당신 안의 특정한 비평가가 어떤 성격의 것인지 알게 될 수 있다. 용기가 꺾였던 순간이나 비판을 받았던 순간을 기억해 보도록 하자. 눈을 감고 그때의 느낌과 말들 그리고 상황에 집중해 본다. 그 비판의 목소리에 담겨 있는 뜻에 집중하려 해 보고, 이미지가 떠오르도록 두자. 만약 이 목소리가 실제 사람의 목소리라면, 그 사람의 모습이 없어지면서 대신 떠오르는 이미지가 더욱더 강해지도록 둔다. 예를 들면, 마녀 같은 그 선생님은 이제 더 이상 그 선생님이 아니고, 마녀 자체가 그 이미지가 되는 것이다. 일단 그 이미지가 떠올랐으면 반가이 맞아 주고, 어떤 두려움들이나 그 밖의 다른 느낌들도 인정해 준다. 이미지를 제작하기 위한 인텐션을 서술하고, 드로잉, 물감 작업 또는 조각 등의 방법으로 이미지를 제작하기 시작하는데, 최대한 당신의 내적 이미지 모습에 충실하도록 노력한다.

비평가를 묘사한 그 이미지를 찬찬히 바라본다. 이 이미지가 어떤 두려움들을 반영하고 있는가? 당신의 비평가에게 관심을 기울이자. 그리고 그것이 주는 메시지를 받아 보려고 하자. 이 비평가가 당신을 어떤 종류의 고통으로부터 보호하려고 하는가? 준비가 되었으면, 얼마만큼의 위험을 감수하고자 하는지 당신 자신과 그 비평가에게 말하라. 만약 위험을 전혀 감수할 수 없을 것 같다면, 그렇다고 말하라. 그 비평가가 당신을 보호하려고 한 노력에 대해 감사하라. 당신 자신이 가지고 있는 두려움에 대한 연민을 가지겠다는 인텐션을 서술하고, 그 비평가가 소리를 낼 때 이와 대화를 하겠다고 서약하라. 이때 얼마만큼의 보호를 정말 받고 싶은지, 또 얼마만큼의 위험을 감당하겠는지 등에 대한 선택이 자신에게 있다는 것을 기억하자.

나는 내가 아예 비평가 협회를 하나 숨겨 놓고 있다는 것을 알게 되었다([그림 7-1] 참조). 이 협회에는 아주 고약한 비평가가 하나 있는데, 발로 땅을 두드리며 자기 시계를 가리키고 있다. 그녀는

그림 7-1 비평가들(잉크)

내가 창의적인 활동을 하는 것은 시간을 낭비하고 있는 일이라고 주장하고 있다. 그러나 이 협회에 있는 대부분의 비평가들은 비웃고 있다. 나는 비웃음당하고, 실수를 하거나, 심각하게 받아들여지지 않는 것들이 내가 가진 가장 고통스러운 두려움이라는 것을 알게 되었다. 이건 마치 이 비평가들이 이렇게 말하는 것 같았다. "네가? 네가 뭐 할 만한 말이라도 있다고 생각해? 웃기시네! 네가 그렇게 생기 넘치게 살아갈 권리가 있다고 생각한단 말이지. 하하." 우리는 자신이 가진 독특함을 세상에 주며, 최대한 활력 있게 살아야 한다는 빚을 이 세상에 지고 있다. 미술은 우리 각자가 가진 재능이 무엇인지를 알게 해 주고, 또 그것을 어떻게 줄 수 있는지를 배우게 해 주는 길이다.

당신이 제작한 비평가 이미지를 벽에 걸어 놓는다. 이제 이 비평가는 당신 안에서 나와 밖에 있고, 그럼으로써 좀 더 의식적인 관계로 발전시켜 나갈 수 있다. 언젠가는 당신의 그 비평가가 인정 많은 도우미로 성숙해지고 변화해서, 당신에게 계속해 나가야 할 때가 언제인지, 앉아서 기다려야 하는 때는 언제인지를 알려 주게 될 것이다. 하지만 지금 현재로서는 당신의 비평가를 그 모습 그대로 받아들이려 노력하자.

08
배경에 대하여 알기

　나는 3일 동안이나 기다렸던 전화회사 설치원이 오늘은 제발 오기를 바라며 아파트 앞 계단에 앉아 있다. 한 나이 든 여인이 장을 보고 들어오는 길에 멈춰 서더니, 내게 몸을 기울이며 말했다. "당신이 살고 있는 그 반지하 아파트에 지난번에 살았던 여자가 강간당했어." 그녀가 하도 가까이 다가와서 나는 그녀의 노랗고 불규칙한 이빨을 볼 수 있을 정도였다. "창문 꼭 잠가 놔." 날씨는 숨 막힐 듯 더웠지만, 그녀가 그렇게 말한 뒤 계단을 힘들게 올라가는 모습을 보며 소름이 쫙 끼쳤다. 우리 아버지는 내가 유명한 대학에서 주는 전액 장학금까지도 포기하며 미술학교로 편입한 이후로 나와는 말도 하지 않는다. 우리 식구들 중 어느 누구도 내가 왜 이것을 하는지 이해하지 못하고 있고, 이제 드디어 이것을 하고 있는 나조차도 대체 왜 하는지 모르고 있다.

미술학교에서 경험하게 된 경쟁이라는 것은 나를 너무도 놀라게 했다. 뭔가를 실험해 보거나 탐험해 보기에는 안전하지 못한 곳이었다. 나는 미술에 대해 끊임없이 나 자신과 싸우며 꽉 막혀 있는 상태였다. 그림을 그리는 것이 무슨 소용이지? 작품을 만들어 갤러리에 걸어 놓는다는 것이 내게는 전혀 이해되지 않았다. 그것은 나의 목표가 아니었다. 하지만 나는 그 어떤 대안조차도 찾을 수 없었고, 그 어느 누구도 그런 질문을 하지 않았다. 나는 기계적으로 정해진 과목들을 듣는데, 대부분 내가 이미 어느 정도 잘 알고 있는 인체 드로잉, 회화, 도자기 등 같은 수업이었다. 그 어느 곳에서도 나는 편안함을 느끼지 못했다. 내가 어렴풋이 물감 작업에서 기억하고 있는 몰입감 같은 것을 이런 수업들에서는 거의 느끼지 못했다.

미술작업을 세상을 바라보는 한 방식으로서 이해하고 있었던 나의 어렴풋한 지식마저도 지금은 찾을 길이 없다. 나는 주변의 위험요인들을 알아차리기 위한 눈이 필요할 뿐이다. 길거리의 강도들, 비평수업시간의 외설스러운 선생님들, 심지어 이웃집 할머니가 경고해 주었듯이 내 작은 아파트에서는 강간범들조차 염려해야 하기 때문이다. 나는 내 아파트 창문 밖에서 커다란 쥐들이 춤을 추는 꿈을 꾼다. 안전하지 못하다는 이런 느낌이 나로 하여금 작업을 많이 하지 못하게 한다. 나는 그나마 자화상을 반복해서 시리즈로 그리는 작업 안에서 모험을 해 볼 수 있었는데, 이 작품들조차 아무에게도 보여 주지 않는다. 우리 과 친구들은 예술가가 되었다는 그 느낌을 너무나 좋아해서 완벽하게 예술가처럼 보이고 행동하려는 데 엄청난 시간을 소비하곤 한다. 나 또한 어느 정도는 그렇게 행동했다. 나도 싸구려 상점에서 물건을 사고, 부츠를 신고 뚜벅뚜벅 걸어 다니기도 했다. 하지만 미술학교가 내게는 어떤 의미를 찾는 곳이기보다는 환상을 연습하는 곳처럼 보였다.

그러다가 그녀의 책들을 발견했다. 무의식과 내적 세계로 들어가고 탐험해 보는 방법으로서 미술을 어떻게 활용하는지 설명해 놓은 미술치료에 관한 책들이었다. 비록 확실하게 왜인지는 모르겠어도, 내게는 이것이 더 말이 되는 것 같았다. 나는 저자인 마가렛 나움버그(Margaret Naumburg)가 죽었을 거라고 생각했었다. 왜냐하면 내가 보스턴 공공 도서관의 참고자료실에서 이후 찾은 그녀의 책들이 모두 절판이 되어 있었기 때문이다.

그러던 어느 날, 갤러리와 라운지로 겸용되고 있는 학교 로비에서 어느 여학생이 몇몇 학생과 이야기하는 것을 우연히 듣게 되었다. 그녀는 마가렛 나움버그라는 이 나이 많은 여인이, 브루클린에 있는 어떤 사람의 집에서 세미나를 여는 것에 대해 말했다. 나는 이 학생에게 다가가 자세한 것을 알려 달라고 요구하였다. 그 학생은 나를 너무나도 무례한 사람이라고 생각했을 것이다(하지만 나중에 그녀는 나의 절친이 되었다). 그녀가 말하기를, 세미나는 이미 끝났지만 마가렛 나움버그는 살아 있는 데다가, 보스턴에 살고 있으며, 뉴욕에서 하던 가르치는 일과 미술치료 일에서 지금은 퇴직한 상태라는 것이다.

나는 너무나 기뻤고, 이후 나움버그에게 편지까지 썼다. 그 편지에서 나는 미술학교에서 얼마나 답답해하고 있는지를 잔뜩 호소하고, 그녀의 책에 깊게 영향을 받았다고 썼다. 며칠 후에 그녀가 내게 전화를 하더니 자기 집으로 나를 초대하며, 올 때 내 작품 몇 개를 가지고 와 달라고 말하였다.

"이건 진짜 네가 아니야." 미술학교에서 그린 드로잉 작품이 들어 있는 내 포트폴리오를 쭉 살펴보더니 앞에 앉은 이 나이 많은 할머니가 단호하게 말했다. 그녀는 작고 땅딸막했고, 강렬하고 촉촉한 푸른 눈에, 새가 짹짹거리는 듯하는 목소리를 가졌다. 그녀의 가느다란 머리칼은 뒤로 둥글게 말려 있지만, 머리칼 몇 가닥은 그녀의 얼굴 위에서 살랑거리고, 가끔은 입 한쪽에 붙어 있기도 했다. 그녀는 말을 하는 중에 이 머리칼들을 손으로 훑어 버렸다. 팔에 있는 화려한 팔찌들은 내 드로잉을 한 장 한 장 넘길 때마다 짤랑거렸다.

그녀가 주의 깊게 나의 자화상들을 하나씩 들여다볼 때, 나도 그것들을 함께 보았다. 꽉 짜이고 잘 조절되어 있는 표현, 머리와 어깨까지만 그린, 그리고 대략 칠해진 환상적인 느낌의 색깔. 너무 긴 목은 숨이 막히는 듯한 느낌을 전해 주고, 머리는 존재하지도 않는 몸통으로부터 벗어나기 위해 애를 쓰고 있다. 이 드로잉들은 나의 진짜 모습이 아니라고 나움버그가 말한다. 나는 그 말을 듣고 안심이 되었다. 진짜 내 모습은, 그게 무엇이든지 간에 이 드로잉에 보이는 것처럼 비참하지 않기를 바라고 있었다. 진짜 나를 찾아내기 위한 방법의 일환으로, 그녀는 내게 자신이 개발한, 내적 세계의 무의식적인 느낌들을 알아 낼 수 있는 몇 가지 테크닉을 시도해 보라고 권유하였다. 프로이트(Freud)처럼, 나움버그도 두려움들이나 갈망들이 무의식 속에 살고 있다고 믿었다. 칼 융(Carl Jung)처럼, 그녀 역시 모든 인간을 연결해 주는 보편적 상징의 이미지가 있다고 믿었다.

나는 거기서 욕조물에 커다란 수채화 종이를 담갔다가 이젤 위에 놓은 화판에 압정으로 세로 방향으로 꽂아 놓고는, 큰 붓들을 이용해 아크릴 물감을 칠해 버렸다. 그녀는 종이 위에 뭔가 흔적을 내보고, 무슨 일이 일어나는지를 보라고 했다. 그림이 스스로를 그려 나가도록 하라고도 했다. 만약 내가 뭔가 꿈을 꾸었다면 더 좋은 경우인데, 같은 재료를 사용해서 그 꿈을 종이 위로 이끌어 내라고 했다. 나는 이 가르침들이 너무 고마웠다. 너무나 흥미롭게도, 내가 미술학교에서 여태까지 얻었던 그 어떤 것보다 훨씬 실질적이었다. 물감 작업을 끝냈으면 공책에 그에 관한 나의 연상들을 쓰라고도 하였다. 나는 각 페이지를 대략 반으로 나눈다. 오른쪽은 나의 즉각적인 반응들을, 그 반대쪽은 앞으로 생길 생각들이나 통찰들을 쓰기 위해서였다. 나는 신이 나서 나움버그 집을 나왔다. 아마도 내가 이 미술학교를 다녀야 했던 이유는, 나움버그가 어디에 있는지에 대한 이야기를 들을 수 있도록 그날 그 자리에 있기 위해서였을지도 모르겠다.

그날 밤, 나는 해변가를 따라서 조깅하는 꿈을 꾸었다. 늦은 오후였는데, 황금빛 석양이 빛나고 있었다. 나는 두꺼운 겨울옷을 입고 있었다. 내가 아는 잭(Jack)이라는 남자가, 해변 저쪽 아래에서 야구 글러브를 끼고 혼자 공을 위로 던지며 공 받기를 하고 있었다. 그는 온통 푸른색으로 입고 있었고, 나와는 반대쪽을 보고 있었다. 모래와 바다가 함께 녹아들어 가 황금빛으로 빛나고, 파도는 반짝이고 있었다. 하지만 머리 위 하늘에는 엄청난 검은 새 떼가 반대쪽으로 날고 또 날아가며 하늘을 거의 뒤덮고 있었다.

처음에는 이 전체 풍광이 아주 아름답게 보이는 듯했고, 나는 무척이나 신이 나고 즐거웠다. 하지만 하늘에는 너무 많은 새가 있었고, 나는 달리는 것을 멈출 수 없었다. 나는 뭔가 통제불능이라고 느낀다. 혹시 내가 미쳐 가고 있는가? 잭이 몸을 돌려 나를 보았지만, 내가 처한 위험은 전혀 깨닫지 못하고 있었다. 그는 내게 명랑한 소리로 "물 조심해."라고 소리쳤다. 이 사람은 아직도 나로부터 꽤 멀리 떨어져 있고, 내가 통제할 수 없는 상황에 처해 있다는 것을 몰라보고 있었다. 나는 끝내 소리를 지르며 쓰러졌다. 그러고는 파도가 나를 들어 올린 후 모래바닥에 내동댕이치면서 의식을 잃고 말았다. 마침내 나는 몸부림을 멈췄고, 바다가 나를 부드럽지만 집요하게 죽음을 향해 끌어당겼다. 그러는 와중에도 그칠 줄 모르는 새들의 파닥거림. 머리 위로 그 새들은 끊임없이 파닥거리고 있었다.

내가 마침내 몸부림치며 잠에서 깨어났을 때, 나는 이 꿈에서 본 이미지들의 생생함에 놀라며 나움버그가 가르쳐 준 방법대로 해 보기로 결심했다. 나는 수채화 용지 여러 장을 화첩에서 뜯어내 따뜻한 물로 차 있는 욕조에 담갔다. 종이 표면에 물이 침투하며 부드러워졌다. 나는 팔레트를 꺼내 몇 가지 색만 짜 놓는다. 모래를 칠할 황토색, 여러 색조의 파랑색들 그리고 새를 표현하기 위한 검은색이 전부이다. 종이를 이젤에 꽂아 놓고, 색을 칠하기 시작했다. 나는 아직 잠이 덜 깬 상태이다. 아직도 잘 때 입었던 티셔츠를 입고 있고, 아직 내가 꾼 꿈의 영향 아래 있다. 나는 황토색을 엷게 칠한다. 큰 붓들을 사용하는 것이 좀 어색하다. 바다를 칠할 때는 파도의 물결을 느끼고, 서로 부딪히는 소리를 듣는다. 새는 간단한 형태로 여러 모습이 겹치도록 하며 빨리 칠했다. 갈색을 조금 짜 놓고 그것으로 조깅을 하는 나, 공중 위로 공 던지기를 하고 있는 잭, 두 사람을 스케치한다. 나는 다음 장면을 만들기 위해 종이를 한 장 더 꺼낸다. 이 꿈을 반드시 연작으로 그려야 한다는 느낌이 들었기 때문이다. 이 두 번째 작품에서는 파도가 나를 아래로 끌어당기고 있으며, 잭은 내 쪽으로 몸을 돌리고 있다.

나는 이렇듯 다시 물감 작업으로 돌아왔는데, 예전처럼 실제 모델을 보고 하는 것이 아니라 꿈에 본 이미지들에 강하게 이끌려서였다. 나는 나움버그가 가르쳐 준 방법들로 작업을 했고 침착해졌다. 또 뭔가 에너지로 가득 찬 것과 연결되었다. 나는 세 번째 장면을 완성한다. 그것은 그저 모래사장과 하늘에 새들만 있는 바다의 모습이었다. 사람들은 사라졌다. 나는 붓을 내려놓고, 소파에 쓰러지듯이 앉아 작품을 바라본다. 내가 벽에 꽂아 놓은, 아직도 물감이 뚝뚝 떨어지고 있는 작품을 보면서, 서서히 배 속에 어떤 역겨운 느낌이 차올랐다. 마구잡이인 붓 자국과 끈적거리는 얼룩 상태의 그림으로 줄어든, 그 생생하고 강렬한 꿈의 경험이 이제 나를 똑바로 쳐다보고 있다. 내 안의 비평가가 콧방귀를 뀌며, 나를 이렇게 무시한다. '이런 작품을 전문 비평가에게 가져가서 보여 주는 일은 자살행위야. 이 작품은 초보자가 그린 것보다 더 엉망이야.' 그러나 나는 꿈을 표현한 이 이미지들이 주는 강함과, 그것들을 그리면서 나의 내적 세계와 연결되었던 그 분명한 느낌을 부정할 수가 없었다.

나움버그가 그림과 관련된 나의 연상들을 적어 보라고 했던 것이 기억났다. 나는 그 목적으로 산 공책을 꺼내, 연상들을 적어 내려가기 시작한다. 우선, 작품에 대한 설명을 썼고, 공책의 왼쪽 넓은 여백에는 그 모든 것이 내게 어떤 의미들인지를 써 내려간다. 나는 이렇게 쓰기 시작했다. "그림을 보며, 나는 어머니의 죽음이 떠올랐다. 어머니의 죽음은 마치 그림 속의 새들처럼, 아주 오랫동안 맴돌고 있었던 것이다. 어머니는 8년간 아팠고, 너무나 여러 번 죽음의 고비를 넘겼다. 어머니가 돌아가시고 나서, 나는 마치 꿈속에서 바닷물이 내 위를 쓸어 내려갔듯이 차갑고 무감각하게 변해 갔다. 어떤 면에서…… 나도 그때 죽었던 것이다. …… 죽음의 그림자가 엄습하고 있는 듯한 그 느낌이 아직도 나에게 있다. 완전히 즐길 수 있는 것이란 아무것도 없다. 왜냐하면 죽음이라는 것은 언제든지 우리의 행복감을 끝낼 수 있기 때문이다. 즐기는 것보다는 늘 조심하는 편이 더 나아 보인다." 나는 이렇게도 썼다. "나는 바다를 끊임없는 갱신을 줄 수 있는 하나의 원천으로 본다."

공책에 이런 것들을 적어 내려가는 것이, 그저 얼룩덜룩한 그림으로부터 어떤 의미를 찾아낼 수 있게 해 주면서, 내게 삶을 지탱해 주는 생명선이 되어 주었다. 그림이라는 것은 그 자체가 말을 해야 하는 것이지만, 내가 미술학교를 다닐 때 주변에서 본 작품들은 대부분 말도 없었고, 뭔가 거리가 느껴졌었다. 우리는 '형태'라든가 '몸짓' 그리고 '표면' 같은 말들을 사용하지만, 사실 거기에는 어떤 의미도 내용도 없다. 내가 그린 이 그림이 가진 형태는 약했고, 어떤 면으로 보아도 '미술'이 아니었다. 하지만 이 작품들로 인해 불러일으켜진 의미가 나를, 뭔가 다른 방식으로, 겉으로 보이는 내 일상의 저변에서 소용돌이치고 있는 나의 소울이 머물고 있는 강으로 다시 한번 연결시켜 주었다. 나는 그 순간에 나의 운명을 나움버그와 미술치료에 걸었다. 그녀는 내가 미술학교에서 찾지 못한 것, 즉 미술작업을 해야 하는 이유를 찾게 해 주었다.

그 이후 여러 달 동안, 나는 나 자신을 나움버그의 방법에 맡겼다. 나는 그 소울의 강을 찾는다. 강은 소용돌이치고 격동하고 있었으며, 어두운 회색을 띠고, 용서하지 않는 모습을 지니고 있었다. 나는 강에 끌려 들어갔고, 숨을 헐떡거리며 그 구불구불한 물결을 지나면서, 강물의 끓고 있는 표면 아래에 감추어져 있던 바위들에 나의 배 부분이 걸려 버렸다. 이것은 내가 예상치 못한 일이었다. 나는 물감 작업을 하고 드로잉을 하며 나의 내면이 깨져 있음을 발견한 것이다. 내 마음속에 반복적으로 나타나는 어떤 이미지를 그린다. 나는 깨진 병들로 가득 채워져 있다. 이 상태로 한참 동안을 가만히 서 있은 후에, 이제 나는 걸어 보려고 애를 쓴다. 그러자 깨진 유리병의 날카로운 부분들이 서로 부딪치며 갈리고, 나의 내장을 찢어 놓는다. 이것이 선명하게 보는 것에 대한 그 대가이다. 내가 만든 이미지들이 그 고통을 끌어냈고, 또 더욱더 극대화해 놓았다.

나움버그는 내게 낙서화를 가르쳐 준다. 나는 커다란 종이를 벽에 테이프로 붙이고, 눈을 감는다. 아무 색이나 파스텔을 하나 꺼내어, 선들이 겹치도록 종이 위에 정처 없이 그어 댄다. 어깨를 이용하여 느슨하게 그린다. 이것은 단지 손만 이용하는 것이 아니라, 어린 시절 이후로 침묵해 왔던 우리의 몸이 말하게 하려는 것이다. 눈을 뜬다. 이미지 하나를 본다. 이제 모든 색을 다 활용하고, 그 이미지를 생생하게 해 줄 수 있고 초점도 맞추어 줄 수 있도록 추가해서 더 그려 준다. 검은색으로 시작한 낙서화가, 자기 귀를 꽉 막고 있는 고통 속에 있는 여자아이로 변신한다. 나는 이 그림에 '난 그것을 듣고 싶지 않아(I Don't Want to Hear It)'([그림 8-1] 참조)라고 제목을 붙인다. 그림에서 그녀는 손으로 귀를 꽉 막고 있지만, 나는 아버지가 내게 어머니가 아픈 것이 내 성적이 떨어지는 이유가 될 수 없다고, 논리적으로 말하는 것이 들린다. 나는 내가 학교에 지각했을 때, 어머니가 병원에서 죽어 가고 있어서 지각사유서를 써 주실 수 없었다고 말하자, 수녀님이 혀를 끌끌 차며, "너무 극적으로 굴지 마."라고 말하는 것을 듣는다.

나는 침대의 밝은 빨간색 담요 아래에서 사람 형상 하나를 그린다. 그녀는 긴 머리칼에 수척한 얼굴을 하고 있다. 그녀는 나다. 나는 어머니의 죽음으로 죽어 가고 있다. 그녀의 눈은 텅 비어 있고,

그림 8-1 낙서화: 난 그것을 듣고 싶지 않아(파스텔)

소울은 사라지고 없다. 배경의 벽에는 삶의 잔재와 조각들, 삶의 기억이 될 만한 것들, 가면, 색깔의 흔적만 하나 있다.

　나는 이 이미지들을 원하지 않는다. 이들은 나를 지치게 하고 무섭게 한다. 이런 것들을 종이 위에 끌어낸 것이 뭐가 좋단 말인가? 나는 여태까지 그저 살살 움직이기만 함으로써, 내 안에 깨진 것들이 나를 너무 심하게 다치지 않도록 하며 조심스럽게 참고 대처해 왔다. 그 깨진 유리조각은 이런 이미지들이 의식 세계로 나오지 않도록 지켜 주는 역할을 해 왔다. 마치 가시철조망 울타리 윗부분을 유리조각으로 해 놓은 것처럼 말이다. 하지만 이 울타리는 내 안에 쳐 있고, 나의 핵심 부분이며, 나로 하여금 소울이 있는 그 생명의 강에 접근하지 못하게 막고 있는 것이다.

　나는 보라색을 띤 작은 사람인데, 그 종이 아래 어딘가에서 갑자기 툭 튀어나와 솟아오른 커다란 검은 손에 꽉 잡혀 있다. 나는 버둥거리며 벗어나려고 애를 쓰고 있고, 삶과 빛을 향하여 위쪽으로 손을 뻗치고 있다. 내가 보는 더 나은 세상은 위쪽 코너에 있는데, 노란색 선으로 둘러싸여 있어서 나의 접근을 막고 있다. 그 검은 손은 매우 강력한 데다가 심지어 우아하기까지 하다. 나는 그것을 정신장애의 일종인 우울증으로 본다. 만약 내가 버둥거리는 것을 멈춘다면, 이 검은 야수에게 굴복하게 될 것이다([그림 8-2] 참조).

　그러던 중 어느 날 밤에, 덥수룩하고 전기를 맞은 듯한 모양에 밝은 노란색 눈을 가진 검은 고양이 하나가 집 앞 복도에 나타났다. 그 고양이는 내가 쫓아내려고 해도 무시하고, 무섭게 노려보며, 움직이지도 않으면서 도리어 나를 기겁하게 한다. 나는 덜덜 떨며 문을 닫고, 이 두려움을 떨쳐 버리기 위해 물감으로 이미지를 하나 그린다. 나중에 내가 복도에 다시 나가 보았을 때, 그 고양이는 사라지고 없었다. 내가 그린 이미지는 그 고양이의 노려봄과 서늘함을 포착하였다.

　또 다른 드로잉에서는 다양한 색으로 칠해진 한 인물이 어떤 이상하게 생긴 검은색 의자 위에 앉아 있다. 그녀의 몸은 우아하고 편안해 보이지만, 내 생각에 그녀는 미친 것 같다. 그녀의 과하게 편안한 모습은 마치 겉모습을 유지하기 위한 버둥거림을 포기한 사람의 모습처럼 보였다. 얼굴은 여러 가지 색으로 칠해져 있으며 웃고 있다. 그녀는 지팡이 위에 가면을 얹어서 들고 있었다. 이 그림

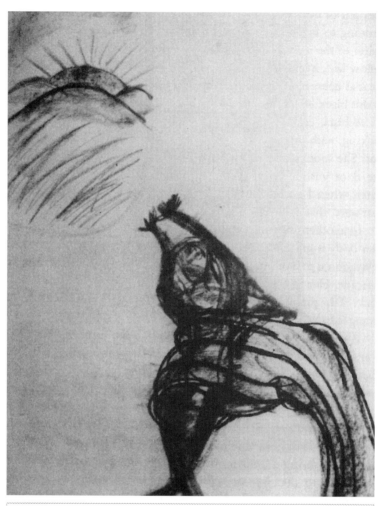

검은 손(파스텔)

은 나를 무섭게도 하지만, 그 이상함에는 뭔가 재미있는 요소가 있기도 하다.

또 다른 물감 작업은 붓질로 검은색 물감을 칠하며 시작을 했는데, 그리다 보니 알을 배고 있는 새가 되었다. 그 새의 머리는 뒤로 당겨져 있는데, 날아가려고 버둥거리지만 몸이 너무 무겁다. 새는 불 속으로 떨어지고 있다. 새는 혼란스러워하고 있으며, 죽기를 바라지 않는다. 불길은 약하며 멀리 있다. 새가 떨어지려면 아직 멀었다. 나는 그 새를 우리 어머니로 인식한다. 어머니로서의 무거운 역할 때문에 파멸로 떨어지며, 그 외에는 선택의 여지가 별로 없다. 하지만 나는 우리 어머니가 우리를 사랑했다는 것을 알고 있다. 만약 그 새가 나라면? 나는 여자라는 사실로부터 도망쳐 나가고 싶다. 내가 어머니가 된다는 것을 상상할 수조차 없다. 여자가 된다는 것은 죽음과도 같다. 우리 어머니도 죽었다. 여자들은 선택의 여지가 없다. 이 새에게는 도망칠 방도가 없다. 자기 자신의 몸무게, 그리고 자기 배 속에 있는 생명의 무게가 이 새를 불타는 죽음으로 끌어내리고 있다.

이 모든 이미지뿐만 아니라 좀 더 많은 이미지가 6개월간에 걸쳐 나타났다. 나는 이미지 제작을 통해 나의 과거로 들어갔고, 나의 어린 시절과 청소년기에 있었지만 아는 체하지 못했던 내용들을 담은 영화를 고속으로 보았다. 우리 어머니는 여러 해 동안 아팠다. 어머니는 다른 사람들에게 고통을 주지 않고자 아픈 것을 내색하지 않으며 고통을 참았다. 아버지는 어머니를 돌보는 일과 우리가 생존할 수 있도록 하는 일에 자기를 바쳤다. 나는 책임감 있고 의무를 다하는 아이였고, 그러면서도 아주 슬픈 아이이기도 했다. 그 어떤 것들도 말로 표현하지 않았다. 또 가족 중 그 어느 누구도 고통이나 두려움, 병이나 죽음 같은 것에 대해서 말을 하지 않았다. 감정들은 표현되지 않았다. 우리 식구 모두는 각자가 말로 표현하지 않음으로써 서로를 고통에서 구해 주려 하는 것 같았다.

그 결과, 나는 지금도 이 이미지들을 표현할 수 있는 말들이 없다. 나는 이 이미지들을 나움버그에게 가져갔고, 그녀가 그것을 받아들여 주었다. 그리고 그것은 내게 어떤 안도감을 주었다. 하지만 이 작품들은 나에게 수수께끼와도 같아서, 이 이미지들이 주는 메시지들을 해독하는 데 어려움을 겪었다. 표현되지 않은 모든 것은 마치 조심스럽게 모아 놓는 스크랩북처럼, 내 신체에 저장되어 있다. 마음이 부정하는 것들을 몸은 자기에게 기록해 놓는다. 나는 몸의 언어 그리고 감정과 직관의 언어를 알지 못한다. 어떻게 생각하는지에 대해서는 안다. 그러나 감각이나 느낌의 안내를 받지 않는 생각/사고는 마치 차가운 칼과도 같다. 이 이미지들에 대해 생각해 보는 것은 무서운 일이었다. 이 이미지들은 나의 학교생활과 직장생활, 자급자족력 등을 조롱하는 것 같았다. 이미지들이 사실 내가 속으로는 미쳤다고 말을 하고 있는 것 같았고, 우울증의 손아귀에서 절대로 도망칠 수 없다고 말하는 것 같았다. 또 여자가 된다는 것은 피할 수 없는 사형선고라고 말하는 것 같았다.

나움버그는 내가 미쳤다고 보지 않았다. 나는 왜냐고 묻는 것이 두려웠다. 그녀는 내가 미술치료사가 되어야 할 것 같다고 말했고, 나는 그녀의 말을 그대로 받아들였다. 내 운명에 대해 나움버그가 보여 주는 신뢰에 힘입어, 나는 다니던 미술학교의 근로학생 사무실에 가서 미술치료사로 일하기를 원한다고 말했다. 그러자 그 쾌활한 담당자가 말하기를, 마침 그날 아침에 누군가가 미술치료사를 구한다는 전화를 했다고 한다. 그곳은 어떤 교회 지하에서 운영되는 애프터케어센터였는데, 주립 정신병원에서 퇴원한 사람들에게 지원 서비스를 제공해 주는 프로그램이 있었다. 나는 그때 미술치료 일이, 나를 내 강의 소용돌이와 어둠에서 빠져나올 수 있게 해 주는 통행권처럼 느껴졌다. 아마도 나는 왜 이 사람들은 미쳤고, 나는 그렇지 않은지를 이해할 수 있게 될지도 모르겠다.

당신이 작업을 하는 중에 개인적인 내용이 처음 드러나기 시작할 때는 뭔가 낯설고 암호 같은 형태들로 나타날 수 있다. 여기에서 설명한 방법들은 당신으로 하여금 일상의 표면 그 아래로 들어가 볼 수 있게 해 줄 것이다. 당신은 이전에는 그저 희미한 느낌들만 들었던 이미지들에게서, 이제는 마음이 가지고 있는 내용들을 알아볼 수 있게 될 것이다. 꿈속에서 보았던 것들, 숨어 있는 느낌들과 두려움들 그리고 묻혀 있는 기억들이 이미지를 통해 서서히 그 모습을 갖추게 된다. 이때 중요하게 기억해야 할 것은, 이미지라는 것이 굉장히 강력하지만, 상징적으로 말을 하는 은유의 영역에서 기능한다는 것이다. 이미지가 주는 메시지를 말 그대로 이해하거나 분명히 이것이다 또는 저것이다 하며 성급하게 그 내용에 의미를 부여하는 실수를 하지 말아야 한다. 어떤 이미지가 특정하게 무엇을 뜻하는지에 대해서, 인지적 차원에서 전혀 알지 못해도 정말 괜찮다. 그럼에도 불구하고 당신은 놀랄 만한 발견을 하게 될 것이며, 어떤 것들은 당신을 신나게 할 것이고, 어떤 것들은 마음을 불안하게 만들 것이다. 각 이미지에 대해서 완벽한 결론을 내려 버린다는 것은 이미지가 가진 안내자로서 그 고유한 힘을 강탈해 버리는 것이다.

하지만 왜 굳이 이런 일들을 하는가? 왜 굳이 당신 자신이나 당신이 가진 생각들을 괴롭게 만들 수도 있는 일을 선택하는가? 우리 마음속의 여러 내용은 그것이 검토되지 않았을 때에 우리의 행동에 강한 영향을 미친다. 이 검토되지 않은 내용들로부터 나오는 저항감들이 우리로 하여금 온전하고 즐겁게 살지 못하도록 하는 그 근원인 것이다. 자신 안에서 무언가 아주 끔찍한 것을 발견할지도 모른다는 두려움이, 우리의 알고자 하는 열망을 가로막는다. 우리 각자는 어쩌면 어렵고 고통스러운 경험을 했을 수도 있고, 이미지 작업은 그러한 것들을 우리에게 비추어 줄 수 있다. 하지만 궁극적으로 이미지 작업은 우리가 가졌던 경험들―그것이 얼마나 끔찍했든지 간에―보다 더 위에는 우리의 영혼(소울), 우리의 본질, 완벽하면서도 깨뜨릴 수 없는 우리의 핵심이 있다는 것을 보여 줄 것이다. 소울은 우리가 이것을 볼 수 있기를 깊이 바라고 있으며, 또한 모든 존재에는 공통적으로 핵심적 본질이 있음을 깨닫기를 깊이 바라고 있다.

이런 깨달음들을 가지게 되면, 우리 마음속에 있는 것들이 당신을 한계 지으려고 하는 힘에서 자유로워지게 된다. 우리가 이미 내면화한 과거와 다시 친숙해지면, 우리는 폭넓은 시각을 가지게 되고, 그럼으로써 내면화했던 그 과거가 사실은 우리가 가진 인생을 단지 한쪽에서만 본 이야기에 불과하다는 것을 깨닫게 된다. 우리가 어린이로서 가졌던 두려움들은 더 이상 필요하지 않을 수 있다. 표현하기에는 안전하지 못하다고 느껴졌던 감정들이 그려지고 칠해지면서 자신과 친해질 수도 있다. 이미지는 당신의 소울이 보낸 메시지의 전달자라는 것을, 그리고 절대로 당신을 해치러 오지는 않는다는 것을 기억하라.

미술학교에서 하는 작품 비평에 대한 잘못된 인식이 있는데, 그것은 이미지란 칼 같은 비평을 통해서 나아져야 한다고 생각하는 것이다. 또 미술치료에 있어 잘못된 인식은 이미지란 반드시 해석/

분석되어야 한다고 생각하는 것이다. 이 두 가지 입장 모두 이미지를 지성으로 압도하려고 시도하는 것이다. 이미지는 알려져야 하고, 사랑이 가득한 관심으로 충분히 보여져야 하며, 말을 하도록 격려되어야 한다. 우리는 이미지를 마치 다른 나라에서 온 사절처럼 대접해 주어야 한다. 그러면 이미지는 그 자신을 스스로의 논리에 따라 발전시키고 드러낼 것이다.

나 또한 [그림 8-2]에서 보였던 어둠의 손이, 사실은 나의 소울이 나를 나 자신의 중심—즉, 새로워지기 위해 머물러 있어야 하는 어두운 장소—으로 되돌려 놓으려고 끌어당기고 있는 힘이라는 것을 깨닫는 데는 여러 해가 걸렸다. 나는 말로 설명하려고 애쓰다 보니 임상치료적 개념에 사로잡혀, 검은색과 우울함을 비옥함과 재탄생으로 보기보다는 그저 질병을 나타내는 것으로 간주한 것이었다. 소울의 강에서 받았던 그 첫 번째 세례는 나 자신에 대해 알아 가게 되는 고통스러운 시작이었다. 내가 이 책의 독자들에게 바라는 것은 자신의 몸이 주는 단서에 주의를 깊이 기울임으로써 그리고 자신 안의 저항감을 존중하고 받아들임으로써 당신에게 맞는 속도로 작업을 할 수 있게 되는 것, 참자아를 알지 못하게 방해하는 두려움이나 잘못된 인식들을 부드럽게 없앨 수 있게 되는 것이다.

비구상작업을 할 때 했던 것처럼, 종이를 적셔서 작업하는 습식 방법(122~124쪽 참조)에 쓰이는 재료들을 준비한다. 아주 두꺼운 종이를 화판에 테이프로 붙인 뒤, 붓이나 물 스프레이로 표면을 적신다. 물감도 준비해 놓는다. 그러고는 꿈에서 본 이미지 하나로 시작해 보자. 최근의 꿈일 수도 있고 오래전의 꿈일 수도 있는데, 최소한 꿈의 어떤 부분들이 아직도 꽤 생생하기만 하면 된다. 당신의 인텐션을 꿈에 대해 알게 되는 것으로 정한 후, 눈을 감고 잠시 꿈속에 빠져 본다. 어떤 색상이나 이미지 등 뭔가 시작해도 되겠다는 느낌을 주는 것이 생기면 바로 시작하라. 젖어 있는 종이는 선명도를 떨어뜨리고, 이미지를 희미하게 표현하게 해 줄 것이다. 물감과 종이가 당신과 함께 이미지를 만들어 가는 공동 창조자가 되도록 하라. 칠을 하면서 세부적인 표현이 좀 더 생겨나는지도 보고, 또는 어떤 것이 꼭 어느 부분에 그려져야 된다든지 하는 느낌들이 생기는지 알아차리자. 이 물감 작업 과정을 즐길 수 있도록 하라. 당신이 자신의 인텐션을 이미 서술하였으므로 작업 내용에는 뭔가 가장 최고의 것이 드러날 것이라는 사실을 신뢰하도록 한다.

다 된 것 같다고 느껴졌을 때 멈추라. 만약 작업 과정에서 어떤 일인지 마음이 심란해졌다면, 붓을 씻고 작업하고 있는 곳을 청소하며 안정된 마음을 되찾도록 한다. 뭐가 더 필요한지 당신의 몸에게 물어보라. 당신은 자신이 만든 이미지를 찬찬히 바라볼 준비가 되어 있는가? 어떠한 저항감이라도 떠오르는 것이 있는지 알아차리도록 한다. 조용히 앉아서 그 저항감을 하나의 느낌으로서 받아들이자. 만약 저항감이 없어지면, 제작된 이미지 앞에 조용히 앉아 이제 이미지에게 관심을 기울이도록 한다. 이미지는 다른 나라 말을 하는 낯선 손님처럼 보일 수도 있다. 또 어쩌면 당신과는 아무런 관련이 없는 것처럼 느껴질 수도 있다. 바라보는 동안에 무엇이 떠오르는지 알아차려 보자. 내가 나의 첫 번째 꿈 작업에서 경험했던 것처럼, 혹시 당신의 비평가도 말을 하기 시작하는가? 느낌들, 예를 들면 두려움, 기쁨, 호기심 같은 것들이 떠오르는가? 이 모든 것이 그저 오기도 하고 가기도 하도록 내버려 둔다.

그렇게 그림 앞에 앉아 있으면 결국 뭔가를 알게 될 것이다. 이 과정은 마치 진흙탕을 휘저었다가 진흙이 가라앉으면서 물이 깨끗하고 선명해지기를 기다리는 것과 같다. 일단 당신이 그런 선명하고 안정된 상태가 되면, 그 시간에 해야 할 일은 다 한 셈이다. 비록 이미지가 당신에게 도대체 뭘 말하고자 하는지 전혀 알 길이 없다는 것이 알게 된 전부이더라도 말이다. 이 단계가 가진 중요한 가치 중의 하나는, 마음이 동요된 이후에 진정되어 가는 자신을 보면서 배우는 것이다. 이러한 동요된 상태와 그 이후의 진정이라는 과정에 참여해 보는 것은 당신으로 하여금 무엇이 당신의 관심을 진정으로 필요로 하는지, 그리고 무엇이 자신의 주의를 산만하게 만드는지를 알게 해 준다. 당신이 진정된 후에 만약 어떤 생각이나 아이디어가 아직도 머물러 있다면, 공책/저널 위에 써 내려간다. 어떤 결론을 내야 된다는 걱정을 하지 말라. 이미지 과정은 일종의 여행으로서, 한 이미지에 한 가지 정해진 의미만 있는 것은 아니다. 당신은 이후에 제작되는 이미지들에 의해서 지금 이 이미지를 또 다르게 보게 될 것이다.

습식 작업 대신으로, 또는 만약 지금 당장 어떤 꿈도 생각나는 것이 없다면, 낙서화를 시도해 보기로 한다. 가로 18인치, 세로 24인치(*역자 주: 2절지 정도) 크기의 종이를 화판이나 벽에 붙인다. 그 앞에 서서, 어깨를 사용하여 자유롭고 느슨하게 원들을 그리며 몸을 편안하게 만든다. 그런 뒤 파스텔을 하나 고르고 눈을 감는다. 그리고는 춤을 추듯 종이 전체에 꼬부랑꼬부랑 겹쳐지는 선들을 그려 보자. 눈을 뜨고, 이 낙서화에서 어떤 이미지를 발견하겠다는 인텐션을 말하라. 종이를 어떤 방향으로든지 마음대로 돌려서 보아도 된다. 일단 이미지 하나를 발견했으면, 모든 색상을 동원해 그것에 생명을 주도록 한다.

자신의 반응을 관찰해 보라. 당신은 뭔가 바보스럽고 이상해 보이는 이미지를 보는 것에 저항감을 느끼는가? 이러한 반응들을 알아주는 것은, 당신으로 하여금 자신이 무엇을 부정하는가를 볼 수 있도록 도와준다. 만약 어떤 '바보 같은' 이미지가 나타난다면, 당신은 그에 대해 쾌활하고 재미있게 반응할 수 있는가? 당신은 '이상하게' 보이는 이미지를 교정하거나, 또는 덮어 버리고 싶은가? 이러한 것들은 그저 알아차리기만 하면 되는 것들이지, 판단하려 하거나 뭔가를 더 알아내려고 고민해야 하는 것은 아니다. 낙서화 작품 앞에 앉아 그것을 바라보도록 한다. 이러한 드로잉은 에너지를 시각화하는 작업이라는 것을 기억하자. 당신은 어떤 종류의 에너지를 표현하였는가? 색상과 선들에 잠시 먼저 집중해 보고, 그러고 나서는 이미지에게로 관심을 주도록 한다. 이 이미지를 통해 당신의 소울에게 필요한 것이 무엇이라고 표현되었는지 생각해 보라. 이야기가 나타나야 한다고 하는가? 만약 이미지가 그렇다고 하는 것 같다면 공책/저널에 써 내려가 보도록 한다. 그동안 해 보지 않았던 방식을 시도해 보자. 예를 들어, 어떤 말이나 문장들이 마음속에 떠오르면, 그저 써 내려가 보고 가지고 놀아도 보며 어디로 가는지 보라.

그 이미지가 또 다른 이미지를 불러일으키는가? 그 이미지에 대해 궁금한 것이 있는가? 대답을 받겠다는 인텐션을 세우고, 낙서화나 자유화를 또 하나 그려 본다. 이미지가 나를 이끌어 가도록 연습하라. 당신은 지금 당신의 소울과 어우러지며 춤을 추는 방법을 배우고 있는 것이다. 만약 꽉 막히고 아무것도 떠오르지 않으며 머릿속이 새하얗게 되었으면 어떻게 할 것인가? 걱정 말라. 내가 나움버그와 작업을 했을 때, 비록 나는 이미지를 찾는 데는 큰 어려움이 없었지만, 나도 내가 그린 것이나 '자유연상'에 대해서 어떻게 말로 표현할 수가 없었다. 내 생각에 이러한 현상은, 나의 소울이 나로 하여금 머릿속으로 분석해 가지 않도록 예방해 주고, 대신 감정적 경험들에 대한 설명을 해 볼 수 있도록 도와주는 방법인 것 같다. 표현할 말이 없는 상태로 있어 본다는 것은 나로서는 새로운 경험이었지만, 그다지 편하지는 않았다. 나는 이미지들에 대해서 써 보려고 노력했지만, 되돌아보면 내가 그렇게 썼던 것들은 대부분 그다지 의미를 주지 못했던 반면에, 이미지들 자체는 심지어 20여 년이 훌쩍 지난 지금까지 아직도 메시지를 주며 나를 안내해 주고 있다. 이미지들은 계속 살아 있으며, 나는 더욱더 깊게, 심지어 지금까지도 그것들에 대해 뭔가를 계속 알아 가고 있다.

나는 이 과정을 믿고 있었기 때문에 나움버그가 제안한 대로 해 보려 노력했지만, 그냥 한두 작품만 만든 후 앉아서 지켜보며 감정이 내게 밀려오도록 두는 편이 나았었을 수도 있었을 때 도리어 너무 많은 작품을 만들었다. 그리고 미술치료사가 되는 쪽으로 우회하며 내 고유의 과정으로부터 벗어났고, 그럼으로써 이 모든 것이 언제나 그랬듯 머리로 설명될 수 있기를 바랐다. 여기에서 가장 중요한 개념은, 지금 바로 이 순간 당신의 과정에서 무엇이 당신에게 맞는다고 느껴지는 것을 아는 것이다. 어떤 저항감도 인정하라. 그것을 영웅처럼 뽐내며 없애 버리려 하지 말라. 급할 것은 아무것도 없다. 소울을 신뢰하고, 이미지를 신뢰하며, 당신 자신의 직감을 신뢰하라.

09
일에 대하여 알기

　나는 일주일에 3일을 성인을 위한 집단 미술치료를 운영했는데, 이들 중 대부분은 만성 조현증이라는 꼬리표를 달고 있었다. 그들은 흥미로운 사람들이다. 짐(Jim)은 자기 자신이 음악가이자 미술가라고 자처한다. 그는 하모니카를 연주하고, 화려한 색상으로 자화상을 그리곤 한다. 짐의 얼굴은 종종 연한 홍조를 띠는데, 그의 말에 의하면, 자신의 환각을 잠재우기 위해 복용하는 소라진(Thorazine)이 얼굴을 태양빛에 민감하게 만들어서 그렇다고 했다. 그럼에도 불구하고, 이 사람이 그린 자화상에서 그의 얼굴은 흔히 노란색으로 칠해져 있다. 또 다른 구성원인 로버트(Robert)라는 사람이 그린 그림들은 성경에서 찾은 문구들로 뒤덮여 있다. 그는 우리 모두를 예수 그리스도에게 인도하고 싶어 한다. 또 그는 '굶주린 자들을 먹이기 위해' 코카콜라와 식빵을 잔뜩 가져와 함께 나누기도 한다. 그가 작업에 굉장히 몰두해 있을 때는 작업을 종이 위에서만 하지 못해서, 그가 만드는 이미지들이 테이블 위에까지 넘쳐 난다. 데이브(Dave)는 항상 두 대의 폭스바겐을 전시장의 유리창 안쪽에 배치해 놓는 그림을 그린다. 그가 화가 났을 때는 이 차의 외곽선을 반복해서 칠해서 차들이 마치 색상과 함께 진동하는 것처럼 보일 때까지 그린다. 앨리스(Alice)는 젖가슴을 드러낸 여자들이 개를 산책시키는 그림을 그리고, 누드로 춤을 추는 여자도 그리며, 아프기 전에는 유망한 배우였던 자신을 묘사하는 소녀 같은 모습의 자화상들을 그린다.

하지만 이 그룹에서 나는 내가 무엇을 하고 있는지 모르겠다. 이 사람들은 우리 미술과의 많은 동급생과 그다지 다를 바 없어 보인다. 나는 미술재료들을 제공해 주고 구성원들이 자신들의 작품에 대해 이야기하는 것을 듣는다. 이 사람들은 내가 심리학 교재에서 읽어 본 정신질환자들과 전혀 달랐다. 이 사람들은 내가 기차를 탔을 때 옆에 앉는 사람들과 하나도 다르지 않았다. 짐(Jim)의 붉은 얼굴은 과거 정신병원에서 독한 약을 복용했던 환자로도 보일 수 있지만, 보스턴 항구에서 일하는 노동자처럼 보일 수도 있다. 이 두 가지를 구별할 수 있게 해 주는 것은 그들이 가진 삶의 이야기이다. 이 사람들이 자기 삶을 이해하는 방법은 보통 사람들과는 다르다. 나로서는 이들의 이러한 점이 시적이고 감동을 준다. 나는 그들에게 자신들이 말하는 이야기를 그림으로 그려 보라고 제안한다. 마치 톰(Tom)의 이야기처럼. 톰은 금속조각이 머리에 박힌 채로 베트남전에서 돌아왔다. 그는 뉴햄프셔—한때 그곳에서 요리사로 일했었다—에 사는 한 남자가 자기의 심장을 빼내었다가 도로 넣을 때 잘못 집어넣었다고 생각한다. 그래서 자기의 뭔가가 잘못되었다고 느낀다. 톰의 그림에서 자기 머리는 없고 심장은 굉장히 크게 그려져 있다. 나는 톰의 이야기를 일종의 은유로 듣는다. 나의 심장도 역시 제자리에 있지 않다. 그리고 나도 그것을 어떻게 해야 할지 모르고 있다.

내가 하는 것이라고는 그들의 이야기를 듣는 것뿐이었고, 그 이외에 도대체 무엇을 해야 할지 몰랐다. 때로는 나도 그룹 시간에 이미지를 제작했지만, 시간이 갈수록 점점 덜 하게 되었다. 환자 중의 한 사람이 나에게 데이트를 신청했을 때, 내 슈퍼바이저는 내가 전문인으로서 좀 더 적당한 거리를 두도록 해야 한다고 말하였다. 그녀가 나는 치료사이고, 그들은 나의 환자들이라고 상기시켜 준다. 환자들은 미술치료 시간에 미술작업을 하고, 치료사는 그에 코멘트, 즉 조언을 하는 것이다. 하지만 나는 이 두 세계에서 길을 잃었다. 나의 미술학교의 많은 친구도 길을 잃은 것처럼 보였고, 갈 길을 모르는 것 같았다. 그 친구들과 이 '환자들'이 어떻게 다른가? 나는 또 어떻게 다른가? 나는 내가 하는 일을 독려해 주는, 능력 있고 실질적인 나의 슈퍼바이저들에게서 뭔가 힌트를 얻는다. 성장을 하고 있는 것 같았다.

서서히 나는 미술학교에 다니면서 입던 싸구려 상점에서 구매한 후줄근한 옷들을 입지 않고, 좀 더 전문가답게 입기 시작했다. 나는 학교도 마치고, 새로운 머리 스타일도 했다. 또한 나는 일하던 곳에서 정규직도 제안받았다. 주립 정신병원에서 퇴원한 데이브나 톰 같은 사람들을 위한 미술그룹을 운영하는 것과 동시에, 나는 '일반인들'을 대상으로 '진짜 치료' 일을 하기 시작했다. 사람들에게 개인 상담치료를 해 주며, 임상 사회복지사나 정신건강의학과 의사들로부터 임상 감독을 받았다. 나는 내가 대화치료를 꽤 잘한다는 것을 알게 되었다. 나의 슈퍼바이저들은 굉장히 많은 것을 가르쳐 주었지만, 미술에 대해서는 무슨 말을 해 주어야 할지 몰랐다. 하지만 어차피 개인상담을 원하는 사람들 중에 매우 적은 수의 내담자들만 그리거나 물감 작업을 정말로 하고 싶어 했을 뿐이었다. 나는 50분 동안 제한된 재료와 공간이 있는 상담실에서 일을 했다. 이런 제한된 환경 속에서는 대화치료가 훨씬 더 용이해 보였다. 나는 치료사로서 듣고 반영해 주는 방법, 현실 감각 테스트를 해 주며 공감해 주는 방법들을 배웠다.

나는 어린이들과 가족들을 대상으로 일을 하고 싶었다. 상담치료 소장이 말하기를, 그렇게 하려면 석사 학위가 필요하다고 했다. 모두가 말하기를, 사회복지사가 되는 것이 보다 실용적인 선택일 것이라고 했다. 하지만 나는 그러기에 뭔가 맘이 편치 않았다. 미술은 이미 내 일에서 빠져나가기 시작해서, 나 자신의 미술작업을 할 시간도 조금밖에 없었다. 그래서 나는 고민 끝에 미술치료 대학원을 가기로 결심하였다. 미술을 어떻게 하면 좀 더 효과적으로 사용할 수 있는지를 배우고 싶었던 것이다. 게다가 미술치료사로 일하는 것이 너무 바쁜 나머지, 나의 강에 대해서 완전히 잊어버렸다. 미술치료를 전문적으로 가르치는 석사 프로그램에서라면 나는 다시 미술작업도 하게 될 것이고, 미술가로서의 나를 다시 불러낼 수도 있을 것이고, 그 강에게로 다시 돌아갈 수 있게 될 것이라는 생각이 들었다. 지금 하고 있는 이 일은 그저 잠시 동안의 돌아가는 길일 뿐이다. 나는 미술치료 과정이 내가 나움버그와 함께했던 작업과 비슷할 것이라고 예상한다. 다만, 이 프로그램에서는 여러 사람이 강력한 이미지들을 만들어 내고, 자기를 좀 더 잘 이해할 수 있도록 여럿이 함께 공부하게 될 것이다. 이번에야말로 나는 모든 것을 좀 더 잘 이해할 수 있게 될 것이고, 그것이 그렇게 두려운 일은 아닐 것이다.

　미술치료 대학원에서 나는 심리치료라는 것이 뭔가 독특한 면이 있다는 것과 끔찍할 정도로 비밀스럽다는 것을 배웠다. 내가 기대했던 종류의 이미지 작업은 대학원 수업에서 하기에는 적절하지 않은 것으로 여겨졌다. 왜냐하면 그것은 너무 지저분했고, 너무 예측하기 어려웠고, 너무 감정적으로 불안정했다. 게다가 강사들 중에는 이런 종류의 작업을 직접 해 본 사람이 거의 없는 것 같았다. 미술작업 자체를 할 시간도 너무나 적었다. 대학원이라는 곳은 책을 읽고 논문을 쓰며 공부를 하는 곳이었다. 대학원은 그 강에 대해서 알게 해 주는 곳이 아니었다. 만약 그 강이 존재한다는 것을 안다고 해도, 그에 대해서는 나 스스로 알아 가야만 하는 것이었다. 그 강은 이제 기다려야만 한다.

　하지만 난 뭔가 중요한 것을 배웠다. 대학원에서 우리는 칼 융(Carl Jung)과 지크문트 프로이트(Sigmund Freud) 두 사람의 이론을 상세하게 배웠는데, 나는 두 사람 다 자신의 고유한 이미지들을 공부해 가며 그들의 이론을 개발시켰다는 것을 알게 되었다. 즉, 프로이트는 자신의 꿈을 분석하였고, 융은 자신의 꿈과 드로잉 그리고 물감 작업을 활용하였다. 그들은 자신들의 생각을 환자들을 보면서 더욱 다듬어 갔지만, 이 두 사람의 가장 강력한 생각들이 발전된 것은 자기탐험을 통해서였다. 이 두 사람이 정신적으로 미친 것은 아니었지만, 특히나 융은 이미지 작업에 어떤 위험요소가 있다는 것을 깨달은 것 같았다. 이미지 작업으로 들어가는 무의식 작업은 완전히 통제할 수 있는 과정이 아니었던 것이다. 그는 자신이 무의식의 세계로 들어갈 때에는 현실 세계에서 중심을 잡을 수 있도록 도와줄 수 있는 안정적인 지원자들이 필요했다고 말하였다. 나는 이 주제에 대해 글을 하나 썼는데, 거기서 나는 이 두 거장 사이에서의 비슷한 점을 다루면서, 마지막을 아주 설득력 없이 다음과 같은 말로 끝냈다. "누군가 이런 것들을 미술치료에서 해 보아야 한다."

대학원을 졸업하고, 나는 다시 아동과 가족들을 대상으로 하는 미술심리치료 일로 돌아갔다. 나는 이제 완전히 자격을 갖춘 미술치료사였다. 가르치기도 하고, 임상 감독도 하며, 또 학회에서 논문도 발표하였다. 하지만 나는 그 강으로부터 그 어느 때보다도 더 멀리 떠나와 있었다. 그때도 나는 아직도 로버트, 데이브, 그리고 나머지 사람들을 대상으로 그 그룹을 운영하고 있었다. 짐은 특히나 더 호전되어 보였는데, 그의 개인치료사가 그렇게 말하였다. 그는 마침내 취업도 되어서 미술그룹에 올 시간이 적어졌고, 나는 그가 보고 싶어졌다. 그는 내가 대학원을 졸업했을 때 시를 한 편 지어 주기도 하였다. 하지만 그는 새 직장에서 일을 시작한 몇 주 후에 목을 매어 자살하였다. 그의 어머니가 이를 발견했고, 그는 아무런 유언도 남기지 않았다. 환자들과 스태프들을 포함한 우리 모두는 미술그룹에 모였고, 우리가 그를 더 잘 도와줄 방법들은 없었던 것일까 하는 안타까운 마음들을 나누었다.

짐에게는 뭔가 빠진 것이 있었다. 내게도 뭔가 빠진 것이 있었다. 성공한 미술치료사였음에도 불구하고, 나는 끔찍한 허전함을 느꼈다. 나는 내게 빠진 것이 그 강이라는 것조차도 모르고 있는 상태였다. 그저 초조한 마음과 공허함을 느꼈다. 나는 직업을 바꿔야 할 것 같고 아동용 책이나 써야겠다는 생각도 해서 그에 대한 강좌를 듣는데, 강사는 나보고 그렇게 괜찮은 직업을 왜 그만두느냐고 했다. 하지만 나는 사직을 하고, 당분간 여행을 하기 위해 남편과 함께 그저 떠났다. 이 이후에는 뭐가 어떻게 될지 누가 알까?

이러한 상태는 전문적인 용어로 '소진(burn out)'된 상태, 즉 '번아 웃 증후군'이라고 한다. 나는 공허하고 텅 비었으며 모든 것이 소진 되었다. 나는 내가 가진 모든 것을 다 써 버렸다. 나를 다시 채워 줄 그 강이 없이는, 나는 더 이상 내어 줄 것이 아무것도 없었다.

우리의 직장용 자기는 바깥세상을 탐험해 가기 위해 사용하는 이미지들 중의 하나이다. 짐에게 있어서 정신병원 환자로서의 자 신의 이미지를 공장 노동자라는 직장인의 이미지로 바꾸는 것은 우리가 상상할 수 있는 것보다 훨씬 더 어려운 일이었을 수도 있다. 정신병원 환자로서의 그는 미술을 하고 시를 쓰며 하모니카를 연 주할 수 있는 등의 권리가 있었다. 나는 미술치료사로서의 직장용 이미지를 스스로 포용함으로써, 나의 내적·외적 현실이 어떤 일 치를 가지게 되었으면 하는 내 소울의 바람을 표현하고 있었던 것 이다. 또한 미술치료사라는 나의 선택은 미술가는 진짜 직업이 아 니라는 아버지의 목소리를 담고 있었다. 우리가 하는 선택들은 우 리 부모님들의 꿈, 선생님들과 그 외의 롤모델들, 우리 각자의 어린 시절의 성공과 실패 등에 의해 영향을 받는다. 교육을 중시한 우리 집의 분위기는 나로 하여금 자연스럽게 대학에서 미술치료를 가르 치는 일을 선택하도록 이끌어 주었는데, 이것은 최종 학력이 고등 학교인 나의 부모가 상상해 볼 수 있는 최고의 성공이었다.

우리는 어느 날 일어나 보았더니 어떻게 해서 그렇게 되었는지도 모르는 채, 어느새 자기 자신이 '직장용 자기'의 모습으로 아주 진화되어 있는 상태인 것을 발견할 수도 있다. 그러면서 그것이 대체 자신에게 맞는 것인가 싶을 것이다. 우리의 직장용 이미지는 다른 모든 역할과 마찬가지로 지속적으로 변하는데, 그에 대한 우리의 생각과 인식에 의거해서 지속적으로 변하고 진화하는 현실이다. 만약에 이 직장용 이미지가 우리가 누구이고 무엇을 제일 잘하는지에 대한 우리 자신의 인식과 함께 발전해 간다면 훨씬 더 즐길 만한 것이 될 수도 있고, 또는 그와는 반대로 만약 우리의 소울과 직감을 계속 확인해 가는 과정을 가지지 않고 단지 외부 세계의 강요나 힘에 대한 반응으로서 대부분 형성된 것이라면 그것은 감옥이 되어 버릴 수도 있다.

직업을 가지려고 생각하는 고등학교 학생들이 '어떻게 하면 당신은 가장 즐겁게 세상에 공헌할 수 있겠는가?'와 같은 질문을 받았다고 상상해 보자. 즐거움과 일이라는 말은 흔히 같은 문장에서 사용되지 않는다. 하지만 수지 가블릭(Suzi Gablik)은 "우리가 지속적으로 가지는 사고방식이 우리의 경험을 창조한다. 우리의 생각을 바꿈으로써 우리의 경험도 바꿀 수 있다."(1991: 23)라고 말했다. 일을 어떤 고정된 존재로 생각한다면, 항상 변화하는 존재들인 우리에게 그것이 점점 재미없어지는 것은 당연하다. 대신에, 일이라는 것이 우리를 존재하도록 해 주는 어떤 융통성 있는 매개체라고 우리 생각을 바꿀 수 있다면, 새로운 가능성들이 열리는 것이다. 이것은 당신이 하는 일이 부모로서 아이들을 키우는 일이든, 육체노동자이든, 아니면 어떤 서비스를 하는 직업이든 상관없이 똑같이 적용되는 사실이다.

당신의 직장용 자기 이미지를, 물을 건너기 위해 조종해야 하는 배라고 생각하라. 그렇다면 조종대 이외에도 당신이 알고 있어야 할 외부의 힘들이 있다. 바다의 조류와 폭풍에 의해, 당신의 배가 물 위의 어느 곳에 있게 되는가가 결정된다. 빙하가 숨어 있을 수도 있고, 해조류가 배의 방향타를 휘감으려 기다리고 있을 수도 있다. 또는 큰 배들이 지나가며 당신의 배에 물이 잔뜩 차게 할 수도 있다. 당신의 마음속에 있는 이미지와 놀아 보자. 당신은 아주 웅장하고 거대한 대형 배의 선장인가, 아니면 당신은 흰 물결을 가르며 나무 카누를 빠르게 저어 가고 있는가? 당신은 상어 떼가 가득한 곳에서 노 젓는 배를 타고 있는가, 아니면 안전한 항구에서 예인선을 조종하고 있는가? 아니면, 너무도 작은 연못 같은 물 위에 있는 배에서 열린 바다를 갈구하며 꼼짝달싹도 하지 못하고 있는가?

나는 한때 나의 직장용 이미지를, 배가 부서져 씻겨 내려가 버려서 그나마 겨우 남아 있는 썩어 가는 나무 파편들을 잡고 있으려 애쓰는 것으로 묘사했었다. 무섭게 들릴 수 있는 상황이었지만, 일단 내가 집착을 버리고 강이 나를 이끌어 가도록 한동안 두자, 그것은 들뜨는 기분이 들 정도로 신나는, 새롭게 태어나는 경험이 되었다. 나는 마침내 햇빛이 가득한 해변가로 떠내려왔고, 이제 전문인으로서 나를 재창조함으로써 새로운 배를 만들기 시작하였다. 내가 세 명의 친구들과 오픈 스튜디오 프로젝트(Open Studio Project)를 구상하면서 새로운 일을 시작했을 때 만든 작품은, 작은 배 안에 사람 하나가 정박할 육지 또는 최소한의 동료 여행자들을 찾는 모습을 나타내고 있었다. 그리고 거기에 있는 새는 나에게 노아의 홍수에 나오는 새를 연상시켰는데, 그 새는 쉴 수 있는 육지를 발견하지 못하고 다시 배로 돌아온다. 그것은 자신에게 맞는 일을 찾는 때로는 외로운 여정에서 소울이 안내자 역할을 한다는 것도 일깨워 준

배 모양의 조각 작품(점토 위에 채색)

다([그림 9-1] 참조).

　당신의 마음속에 있는 배 이미지와 함께 놀아 보자. 어떤 종류의 환경이 떠오르는지 알아채라. 이미지, 즉 그 은유와 함께하라. 당신은 새로운 터전에 도착하기를 기다리면서 노예선 안에 갇혀 답답해하고 있는가, 아니면 너무 빨리 가는 모터보트를 타고 있는가? 승무원은 있는가, 아니면 혼자 있는가? 떠오르는 어떤 저항감도 알아채라. 할 수 있다면 그것들이 떠오르고 난 후 사라지도록 두고,

계속하여 상상해 나가도록 하라. 만약 이 과정이 너무 강하다 느껴지면 잠시 쉬고, 단지 그것에 관심을 기울여 주라. 당신의 생각을 적어 나가자. '일에 대해서 생각한다는 것은 너무 무서운 일이다.' '변화하기에는 나는 너무 나이가 많고, 너무 지쳤고, 너무나 아무 기술이 없다.' '나는 직업을 바꿀 수 있을 만큼의 경제적인 여력이 없다.' '직장을 가진 것만으로도 나는 운이 좋은 거야. 뭐가 안 좋은지에 대해 너무 심각하게 생각하지 않는 것이 나아.' '나는 아무도 실망시키고 싶지 않아.' '가족을 속이지 않고서는 집 밖에서 일을 할 수가 없어.' '나는 지금 이 자리에 오기까지 열심히 일을 했어. 그런데 내가 행복하지 않으면 어떻게 되는 거지? 누가 행복한 거지?'

자신 안의 저항감을 받아들여야 한다는 것을 기억하라. 저항감은 실제 또는 상상의 위험들로부터 당신을 구하려고 하는 것이다. 비록 이것 또한 당신을 꼼짝달싹 못하게 할 수도 있지만 말이다. 만약 당신이 자신의 '직장용 자기'에 대해서 알아야겠다고 결심했다면, 넉넉하게 시간을 가지고 천천히 진행하라. 인텐션을 서술할 때 저항감을 보내 주겠다거나, 당신의 상황을 정직하게 바라볼 수 있는 용기를 가지겠다는 것들을 포함하라.

만약 배를 시각화하는 것이 재미있었고 일이라는 것이 당신이 좀 더 알고 싶어 하는 영역이라면, 당신이 현재 어디에 있고 미래에는 어디에 있고 싶은지에 집중할 수 있도록 도와주는 이미지를 어떻게 만들지 생각해 보라. 당신의 작업 공간에 조용히 앉아 인텐션을 만들어 보자. 할 수 있는 한 가장 선명하고 직접적이게 서술하라. 이것은 다음과 같이 아주 단순할 수도 있다. '나는 현재 내 일의 이미지를 선명하게 보고 싶다.'라든가, '나는 나의 이상적인 일의 이미지를 창조하고 싶다.' 등이 될 수 있다. 당신의 저항감을 인정하는 표현을 추가하는 것을 잊지 말라. 예를 들면, '나는 나의 상황을 쳐다볼 수 있는 용기를 가지고 싶다.' 또는 '나는 나의 일에 있어서 새로운 옵션들을 볼 수 있도록 그 어떤 장애물들도 떠나게 하고 싶다.'와 같이 쓸 수 있다.

일이라는 것은 우리 문화에 있어서 추가적인 의미를 가지고 그 무게가 있어서, 이미지 작업을 하기에는 조금 어려워 보일 수 있다. 하지만 바로 그 이유 때문에 일이라는 것을, 할 수 있는 한 가장 즐길 만하고 만족스러운 것으로 만드는 것이 아주 가치 있는 목표가 된다. 일에 있어서의 변화들은 내적 변화들에 비해서 사람들에게 훨씬 잘 드러나 보일 수 있다. 이것은 가족, 친구들이 우리에 대해 가지게 되는 시각, 우리 스스로에 대한 자기 인식 등에 영향을 미치기 때문에 훨씬 위험스럽게 느껴진다. 때때로 이미지 과정은 우리에게 일하는 것에 조금의 변화를 주라고 하거나, 우리의 시야를 단지 조금 바꾸는 것이 필요하다는 등의 해결 방법을 주기도 한다. 천을 가지고 작업을 많이 하는 나의 멋진 미술가 친구 하나는, 어느 날 이 세상에 하나밖에 없는 특별한 옷을 만들기로 마음먹었다. 하지만 그녀는 "내가 한 것은"이라며 말을 꺼냈다. "사실, 나 자신을 노동을 착취하는 공장 직원으로 고용한 거였어." 그녀 안에 깊이 박혀 있던 일에 대한 개념에는 즐거움이 포함되어 있지 않았던 것이다. 만약 우리가 우리 일을 선택할 때 '어떻게 하면 내가 가장 기쁜 마음으로 이 세상에 기여할 수 있을까?'와 같은 질문을 하면 이 세상은 어떻게 될까?

10
소울에 대하여 알기

　남편과 나는 이스라엘로 여행을 갔다. 나는 영적인 쇄신을 구하고 있었다. 예루살렘에서 나는 정통 유대교 학생들이 자신들이 너무나 사랑하는 토라(*역자 주: 유대교 성경)를 들고 통곡의 벽을 향해 기쁘게 행진하고 있는 것을 보았다. 나는 고난의 길/십자가의 길(Via Dolorosa)이라는 곳을 걸어, 거룩한 무덤 성당(Church of the Holy Sepulchre)의 신비로운 어둠을 향해 갔다. 그러고는 나의 어머니를 기억하며 초를 켰다. 기도를 하라고 알려 주는 기도 독려자(muezzin)의 소리를 듣고는, 바위의 돔(Dome of the Rock)에 있는 알-아크사(al-Aqsa) 사원에 기도하러 간다. 나를 둘러싼 반짝이는 모자이크는 나를 혼란스럽게 하고, 순간적으로 마치 다른 차원으로 보내 주는 듯하다. 방문한 그 모든 곳에서 나는 신성함으로 들어가는 출입구를 발견한다. 그리고 슬프게도, 그 어떤 곳도 내 것이 아님을 깨닫는다. 예루살렘은 영성으로 가득한 활기찬 곳이다. 하지만 나는 이곳의 그 어떤 신성한 장소에서도 나를 위한 강을 찾지 못하였다.

지금은 겨울인데 눈이 온다. 이곳 이스라엘에서는 아주 드문 경우이다. 우리는 예루살렘을 떠나 사막을 관통하는 버스를 타고, 먼지를 날리며 키부츠 엔 게디(Kibbutz Ein Gedi)로 돌아가고 있다. 어쩌면 키부츠(Kibbutz)에서 하는 공동체적 삶이 내게는 더 답이 될 수도 있겠다. 내가 버스 창밖을 내다보았을 때, 갑자기 언덕들이 이런저런 색깔들로 물들어 있는 것을 보았다. 굉장히 적은 양이지만 비가 내려 사막에 있는 꽃을 피게 한 것이다. 작은 꽃들이 갈색의 땅 위에 점점이 박혀, 잠자고 있던 언덕들을 살아 있는 풍경으로 변화시켜 주었다. 얼마나 오랫동안 이 씨앗들이 모래 속에서 물을 기다리며 꽃을 피울 기회를 기다리고 있었을까? 얼마나 오랫동안 나는 강을 찾고 있었고, 그 강이 주는 쇄신의 물을 기다리고 있었던 것일까? 버스는 말라 버린 강바닥을 건넌다. 이런 곳은 좀 위험한 통과지역으로 여겨진다. 왜냐하면 아무 때라도 높은 산으로부터 물이 밀려 내려와, 강바닥 위의 모든 것을 쓸어 낼 수 있는 격렬한 물결로 바뀔 수 있기 때문이다.

다행히 강바닥은 오는 길 내내 계속 말라 있어서, 우리는 키부츠 엔 게디에 안전하게 도착하였다. 우리는 이곳의 삶의 방식을 시도해 보려고 봉사자로 자원해 머물고 있다. 엔 게디(Ein Gedi)는 사해에 위치해 있다. 내게 주어진 일은 키부츠 부엌에서 수프 만드는 일이었는데, 그 일을 마치고 나면 나는 산에서 나오는 뜨거운 유황이 분출하는 온천으로 간다. 이 온천의 약효 때문에 이스라엘과 유럽 전역에서 사람들이 온다. 나는 근육통을 완화시켜 보려고 이 온천에 가는데, 그곳에 오는 여자들을 구경하기 위해서도 간다. 나는 김이 폴폴 나고 유황 냄새가 진동하는 물속에 앉아, 이곳에 온 여자들을 관찰한다. 나는 그들이 옷을 입고 벗는 것을 본다. 여자들은 대개 유럽인이고, 자신의 몸과 깊이 하나가 되어 있다.

나는 한 여자가 목욕을 마치고 옷을 입고 있는 것을 보게 되었다. 그녀는 온천에서 천천히 나온다. 그러고는 벗은 몸을 숨기려고 하거나 가리려는 노력도 하지 않고, 다른 사람을 의식하지 않으며 몸을 말리고 있다. 그녀는 이 모든 것을 자신의 속도에 맞게 느긋하게 한다. 아마도 50대인 것 같다. 그녀의 몸은 세월과 출산으로 인해 여려져 있고, 중력이 주는 영향처럼 등도 좀 굽어 있다. 그녀가 옷을 입는 방식이 내게는 자기 자신을 존중하는 일종의 성스러운 의식으로 보였다. 그녀는 강을 자기 몸에 포용하며 살고 있는 것이다. 그녀의 움직임에는 우아함과 품위가 있다. 나는 이후로도 시간을 낼 수 있을 때마다 그 온천에 갔다. 그리고 방에 돌아오면 온천에서 본 그 여자들의 이미지를 그렸다. 그 사람들은 내게 빠져 있는 그 무언가, 마치 반만 기억나는 멜로디 같은 것에게로 나를 이끌었다.

꼭 뭔가를 그려야 한다고 느껴진다는 사실이, 내가 이미지들을 통하여 강을 찾고자 하는 사람이었다는 것을 상기시켜 주었다. 내가 찾고자 하는 것은 내 안에 있다. 그러나 그곳으로 가는 나의 길을 찾을 수가 없었다. 그것은 마치 어렴풋한 꿈과도 같았다. 강을 찾아가는 내적 여정 속에서 이미지들은 나를 안내해 주는 지도가 된다. 내게 필요한 것이 그 엔 게디 온천에 있던 여자들에게 새겨져 있는 것 같았다. 나는 키부츠에서 머무르는 동안에 조지프 캠벨(Joseph Campbell)이 지은 책들을 읽고 있었는데, 그중에서도 특히 『천의 얼굴을 가진 영웅(Hero with a Thousand Faces)』을 읽고 있었다. 그러면서 나는, 내가 찾고자 하는 것이 여성성과 뭔가 관계있다는 것 그리고 내 소울은 여자의 소울이라는 것을 이해하기 시작했다.

내게 있어서 소울과 강은, 신(God)이라는 개념과 떼려야 뗄 수 없이 밀접하게 연결되어 있다. 나는 로마 가톨릭 신앙 속에서 자랐고, 창조 이야기, 예수님 이야기, 예수님의 신비롭고 초라한 탄생 등의 이야기를 참 좋아했다. 아동기에 걸쳐 나는 『Lives of the Saints for Every Day of the Year』를 읽었다. 강한 냄새가 나는 향, 십자가의 길에 대한 이미지들, 어둠에 싸여 있는 성당, 열려 있는 성금요일의 빈 성체함. 이러한 이미지들은 내게 있어 어떤 종교적 교리로서보다는 신비함으로 새겨져 있었다.

청소년기가 되었을 때의 나는, 신에게 화가 나서 저항하고 있었다. 나는 주일학교에서 제일 나이 어린 아이들을 가르치며 내가 너무나도 좋아했던 이야기들을 들려주고 또 들려주었지만, 미사에 가는 것은 거부하였다. 대체 세상의 어떤 신이 우리 어머니를 그렇게 암으로 망가뜨릴 수가 있는 거지? 대체 어떤 매정한 멍청이들이, 신부님들이, 수녀님들이 그리고 좋은 의도를 가진 고모들이 어떻게 어린아이에게 어머니가 받는 고통이 '신의 뜻'이라고 말할 수 있단 말인가? 그러나 내게 최악이었던 것은, 도대체 무슨 종교가 그런 괴로운 상황들을 그저 순한 양처럼 받아들이라고만 말해 주는 것인가였다.

나는 신에게 화내는 것이 필요했다. 그리고 그 화를 표현할 필요가 있다는 사실이 나로 하여금 유대교 전통을 찾게 했다. 나는 모세와 욥처럼 신에 대해 의심하고 고민했던 존재들이 필요했다. 결혼하기 전에 나는 유대교로 개종했는데, 남편이 종교적인 사람은 아니었지만 우리의 결혼을 담아내기 위해 나는 어떤 신성한 부분이 필요했다.

하지만 이렇게 다른 종교로 나를 던지는 것이 내 소울의 필요를 전부 다 충족시켜 주지는 못했다. 내 소울이 필요로 하는 것은 때로는 창피한 것들이었다. 이런 가운데 놀랍게도, 내가 자라면서 보아 왔던 십자가 같은 이미지가 내게 깊이 박혀 있었으며, 또한 계속하여 공명을 울리고 있음을 알게 되었다. 결국 궁극적으로 내가 깨달은 것은 우리가 이미지를 선택하기보다는 이미지들이 우리를 선택한다는 것이었다. 이 이미지들은 종교적 교리로서의 상징이라기보다는 우리 소울이 경험한 여러 측면을 전달해 주는 매개체이다. 이미지들로 하여금 그 메시지를 직접적으로 전달하도록 허용함으로써 소울이 우리에게 어떻게 해야 할지에 대한 처방을 내려 주게 되는 것이다.

우리는 자신의 소울에 관심을 줌으로써 영적/영성적 교감을 만들어 낸다. 소울이 그 자리를 마련해 주어야만 영성이 들어올 수 있다. 소울은 기본적인 것이고 매일의 삶과 관련되어 있어서, 우리의 일상생활, 즉 먹고, 자고, 사랑하고, 분투하는 이 모든 것에 관한 것이다. 우리가 자신의 소울을 잘 돌볼 때, 우리의 눈은 맑아지고 부드러워진다. 그러면서 우리는 영성을 보고 느낄 수 있게 되는데, 꼭 기도를 하는 특별한 장소에서뿐만 아니라 다른 많은 상황에서도 경외감과 존경심을 보고 느낄 수 있게 된다. 만약 우리가 소울을 잘 돌본다면, 우리는 심지어 종교적 의식이나 의례에 좀 더 완전히 참여하고 즐길 수 있을지도 모르며, 다른 여러 종교가 가지고 있는 표현의 다양성을 좀 더 존중할 수 있게 될 것이다.

영성이 들어올 수 있도록 하기 위하여 당신의 소울은 무엇을 준비해 놓아야 하는가? 그 열쇠는 우리가 경외감을 느낄 때 헉하고 숨을 쉬는 것과 같이 당신 안에 존경심을 가득 불러일으키는 어떤 것이다. 예를 들면, 아름다움은 소울로 들어갈 수 있게 해 주는 아주 좋은 문이 된다. 당신의 인텐션을 자신에게 최대한 분명하게 말하라. '영성으로 갈 수 있게 하는 나의 열쇠는 무엇인가?'라고 할 수도 있고, '나는 오늘 나 자신을 경외감을 느낄 수 있도록 열어 놓는다.'라고 할 수도 있다. 당신에게 맞는다고 느껴지는 어떤 단어를 사용해도 좋다. 일단 인텐션을 분명하게 해 놓았으면 그저 하루를 잘 지내고, 그날 마지막 일정 중에 미술작업실에서 하루를 돌아볼 시간을 가질 수 있도록 계획하라. 시간이 있다면 주위 환경을 눈으로 쉽게 즐길 수 있는 곳에서 자연과 함께 걸어 보라. 당신의 소울로 가는 열쇠를 일부러 찾으려 의식할 필요는 없다. 중요한 마감일이나 무거운 마음의 걱정이 없는 날에 시도해 보는 것이 가장 좋다.

하루를 끝내고 이미지를 만들 시간이 되었으면, 조용히 앉아 마음을 진정시키고, 당신의 하루를 되돌아보자. 기억나는 일들에 대한 어떤 미세한 반응들에도 주의를 기울여 보도록 한다. 당신이 볼 수 있는 것들은 무한대로 있겠지만, 당신의 눈은 어떤 특정한 것에 끌릴 것이다. 두 마리의 새가 전깃줄 위에 함께 앉아 있는 모습일 수도 있고, 이상한 형상의 구름이 당신에게 말을 걸 수도 있고, 혹은 아기의 미소일 수도 있다. 당신에게 맞는 그 열쇠를 알아보게 되면 흥분을 불러일으킬 것인데, 그것은 아주 미세할 수도 있고, 눈물을 흘리게 할 정도로 감동시킬 수도 있다. 그것은 영적인 것과는 아주 동떨어져 보이는 것처럼 보일 수도 있고, 또 아주 평범할 수도 있다. 또는 낯선 이의 눈을 들여다보는 것이나 친구를 안아 주는 것이 그 열쇠일 수도 있다.

만약 어떤 이미지가 떠오르면, 그것이 어떤 모습을 취하고 싶어 하는지 물어보라. 어쩌면 그것은 물기가 많은 물감으로 또는 진한 목탄으로 표현되고 싶어 할 수도 있다. 또는 주로 색으로 된 이미지가 되기를 원할 수도 있다. 그것이 단어로 표현되기를 원하는가? 아니면 지금은 그저 당신의 마음에 남아 있기를 바라는가? 이때 이미지를 창조하는 것이 당신의 인텐션을 더욱더 드러나게 하려고 행동을 취하는 것이라는 것을 기억하라. 그 이미지는 당신 안에서 공명을 점점 더 불러일으키고, 꽃이 활짝 피듯 자신을 드러내며, 자신의 의미를 당신에게 말해 줄 것이다. 자신의 내적 지혜를 믿고, 이미지로 하여금 당신을 이끌어 가도록 허락하라. 의도적으로 천천히 하고, 또한 호기심을 가지도록 하자. 결론을 내리지 않도록 노력하고, 대신 땅 위에 쭉 떨어진 빵조각을 믿고 따라가는 것처럼, 당신이 갈 수 있는 한 최대한 멀리까지 이미지를 따라가 보라. 그러고 나서는 놓아준다. 당신은 모든 것을 한꺼번에 배우게 되지는 않을 것이다. 그 이미지가 자신이 가진 의미를 내보여 주기까지는 시간이 걸릴 수도 있다. 그 이미지를 벽에 한참 동안 걸어 두라. 그리고 일상생활 중에 그것이 거기에 있다는 것을 단지 알아채기만 하라.

여러 생각과 감정 또한 떠오를 것이다. 내가 엔 게디에서 목욕하는 여인들을 관찰하기 시작했을 때, 내 안에는 신체 사이즈, 지방, 나이 드는 것 등에 관한 많은 감정이 떠올랐었다. 이러한 생각들은 여자의 몸에 대해 문화적으로 형성된 두려움들이었다. 하지만 내가 보았던 여자들은 여자의 몸을 신성하게 바라볼 수 있게 하는 새로운 옵션을 제공해 주었다. 나는 그들을 관찰하였고, 숙소에서는 기억을 더듬어 가며 물감으로 스케치를 했으며, 해변가의 여인들의 사진을 찍기도 하였다. 그러면서 서서히 나는, 내 몸이 내게 있어 소울로 향하는 핵심 열쇠가 될 수 있다는 것을 깨달았다. 소울이 우리의 삶에 있어 고통받고 무시되었던 곳으로 들어가려고 준비하는 것이다. 당신에게는 그런 힘들었던 곳이 어디인지 스스로에게 물어보라.

만약 어떤 순간에라도 자신 안에 저항감이 드는 것 같으면, 이 작업을 그저 놓아 버리고, 이 책의 다른 장으로 페이지를 넘기라. 걱정하지 말라. 그 핵심 열쇠는 당신이 준비가 되어 있을 때 다시 나타날 것이다. 영성에 관해 생각한다는 것이 당신의 마음속에서 어쩌면 논쟁을 일으킬 수도 있겠다. 그것도 존중하라. 그리고 싸우려 하지 말라. 만약에 내적 충돌이 생긴다면, 예를 들어 이 작업에 동참하고 싶어 하는 마음과 그러지 않고 싶어 하는 마음이 충돌하고 있다면, 그런 상태를 바꾸려 하는 것보다는 좀 더 잘 알고 싶다는 마음으로 당신 안의 저항감을 좀 더 자세히 들여다보는 것도 도움이 될 수 있다.

영성적인 것들에 대해 당신이 어떤 생각을 가지고 있는지에 대해 써 내려가 보라. '나는 내가 볼 수 없는 것들에 대해서는 믿지 않아.' '나는 우주 안에 사랑이 가득한 존재를 믿는다.' '신이 있다는 것은 멍청한 생각이다.'와 같은 것들일 수도 있겠다. 당신의 두려움들도 적어 내려가 보자. '내가 만약 신을 만난다면, 나는 내 인생을 포기해야만 할 것이고, 종교단체에 가입해야 할 것이다.'와 같은 것일 수도 있다. 당신이 만나 보았던 영성적 혹은 종교적 인물들에 대해 가진 긍정적이든 부정적이든 여타의 감정들을 다 나열하라. 그 중 어떤 것이라도 당신에게 강한 감정을 불러일으킨다면, 그에 대한 이미지를 만들어 보기를 바란다. 우리의 내적 비평가가 우리의 창의력을 가로막는 것처럼, 영성적 권위에 대한 내적 환영/환상이 우리가 소울과 영성으로 연결되는 것을 막을 수 있다. 그러나 꼭 그렇게 될 필요는 없다. 우리 존재의 다른 여러 측면이 그러하듯, 우리가 우리 안에 깊게 박혀 있는 신념들을 인식하지 않는 한, 우리에게 진정한 선택의 자유라는 것은 있을 수 없다. 세련되어 보이는 듯한 영성의 거부는, 사실 오랫동안 잊힌 어릴 적 종교적 인물에 대한 실망감에서 기원한 것일 수도 있다. 이미지들이 영성과 소울에 대한 우리 관계가 어떤 모습인지를 드러내 줄 것이다.

11
이야기에 대하여 알기

  슬프게도, 남편과 나는 키부츠(Kibbutz)가 우리에게 해답을 주는 곳이 아니라는 것을 깨닫게 되었다. 우리는 여행에서 돌아와 시카고에 안착하였다. 나는 아직도 어린이용 이야기책을 써 보면 어떨까 하는 생각을 이래저래 해 본다. 그러나 우리가 돌아온 지 얼마 안 되고 나서, 일요일 신문에 미술치료사를 구한다는 커다란 광고를 보았을 때, 나는 꼭 가 봐야겠다는 생각이 들었다. 나는 인터뷰 때 미술치료에 대해 내 안에 있는 분명한 생각들을 일관성 있게 제대로 표현하지 못했음에도 불구하고 고용되었다.

  나는 그 강을 적극적이고 체계적으로 찾아보겠다고 결심하였다. 이것은 나 자신만을 위한 것이 아니라, 다른 이들과 미술을 매개로 일하게 될 때에 더욱 잘하기 위해서이기도 하였다. 하지만 나는 직장에서 왠지 내가 사기꾼 같은 기분이 들었다. 미술치료에 대해서 충분한 사려기간을 가지지도 못했고, 여행하는 동안 도리어 좀 더 많은 의구심만 생겼기 때문이다. 집에서 나는 엔 게디(Ein Gedi)에서 본 여자들을 그린 조그만 수채화 작품들과 스케치들을 꺼냈다. 나는 캔버스를 만들어서 계획을 세운다. 유황 온천 바닥에서 퍼 온 특별한 진흙을 문질러 바다를 그린 위에, 그 옆에 사람들이 무리 지어 있는 것을 그리기로 마음먹었다. 나는 열성적으로 이 그림 작업을 했다. 하지만 나는 그곳에서의 경험에서 이미 너무 멀어져 있었다. 옛날의 그 내적 비평가들이 다시 나타나 나를 비판하고 도발하기 시작하였다. '나는 물감 작업을 잘 못해. 배치가 너무 나쁘게 되었어. 색깔도 아주 나빠. 인물들은 평면적이고, 움직임이 표현되지 않았어.' 나는 이내 열정을 잃고, 캔버스를 한쪽으로 치워 버렸다. 엔 게디에서 내가 느꼈던 그 작은 불꽃들은 내적 비판가들의 가혹한 돌풍에는 상대가 되지 않았다.

해야 할 일을 제대로 하지 못한 채, 나는 칼 융(Carl Jung)이 말한 적극적 상상에 대해 기억해 냈다. 그는 그것을 "깨어 있는 상태에서 꿈을 꾸어 나가기(dreaming the dream onward)"라고 불렀다. 나는 나 자신의 깊은 내면으로 들어가고 싶었지만, 요즘에는 기억나는 꿈이 없어서, 내 인텐션을 반영해 주는 이미지를 하나 선택했다. 매일 밤 잠자러 가기 전에, 나는 나 자신이 계단에서 내려가는 모습에 집중하였다. 잠들기 전까지 나는 겨우 몇 분밖에 집중할 수 없었지만, 며칠이 지나며 서서히 나는 그 장면에서 좀 더 많은 세부적인 모습을 알아차리게 되었다. 그 계단은 어떤 동굴로 향하고 있었다. 흐린 빛이 바위 표면 여러 곳을 깜빡거리며 비추고 있었다. 동굴 바닥 한쪽 끝에는 부스가 있다. 그것은 은행이나 축제 행사에서 볼 수 있는 티켓부스 같은 것으로, 은행 상담원이 들어가는 창살 있는 창구였다. 나는 잠에 빠져들기 전에, 어렴풋함 속에서 머리 숙여 인사하고 있는 인물을 한 명 만들 수 있었다. 다음 날 아침에 나는, 내가 기억할 수 있는 것들을 적어 나갔다.

나는 이렇게 전개되는 과정이 매우 흥미로웠고, 그다음 시도는 과연 어떻게 될지 기대하고 있었다. 처음 시작은 진부해 보이고 서툴렀지만 그렇게밖에는 달리 시작할 수 있는 방법이 없었고, 나름 잘되어 가는 것처럼 보였다. 그다음 시도 때 나는 계단을 좀 더 쉽게 내려갔고, 또 나 자신이 그 은행 창구 앞에 서 있는 것을 보았다. 나는 동굴의 어둠 속에서 희미하게 빛나는 창구의 창살을 보았다. 나는 어디로 갈지 방향을 물어보아야 할 것 같다는 생각이 떠올랐다. 이런 생각을 하는 중에 창구 안에 있는 생물체가 천천히 그 머리를 들었다. 나는 커다랗고 검은 짐승과 얼굴을 정면으로 대하고 있다. 그 야수는 빛나는 눈으로 나에게 인사를 한다. 그리고 나는 그 야수의 후끈한 숨결을 느낀다. 나는 너무나도 큰 두려움에 뒤돌아 도망쳤다. 나는 그제야 내가 침대 위에 누워 있었다는 것을 알아챘고, 내 심장은 심하게 뛰고 있었다.

어둠 속의 그 야수에게로 다시 돌아가는 용기가 생기기까지는 여러 주가 걸렸다. 나는 에너지가 없고 우울했는데, 마치 잠자는 것 이외에는 할 수 있는 게 없는 것처럼 느껴졌다. 나는 병원에서 알코올 중독자들, 급성 정신병자, 우울증 환자들을 다루는 미술치료사로서의 직업을 수행해 나가고 있었다. 하지만 나는 부분적으로만 기능을 하는 기분이 들었다. 마치 어떤 고뇌가 내 의식의 세계 아래에 자리하고 있어서, 내 에너지를 앗아 가는 것처럼 느껴졌다. 나는 내가 이미지 작업을 하면서 망상의 괴물을 쫓고 있는 것은 아닌가 하는 생각이 들었다. 그러던 중 나는 꿈을 하나 꾸었고, 그 속에서 누군가가 "네 안경은 더러워."라고 하는 말을 들었다.

나는 다시 시도해 보기로 결심했다. 이번에는 이미지 작업을 낮에 하면서 그 괴수를 그려 보기로 하고, 소파 위에 편안하게 누워내 마음의 눈으로 계단을 내려가며 그 은행 창구로 걸어가는 것에 집중하였다. 이 이미지는 나에게 꽤 흥미로운데, 그 이유는 그것이 은행과 부유함을 떠올리게도 하지만 은행원이 힘이 있는 위치에 있으면서도 갇혀 있는 처지라는 것 또한 보여 주기 때문이다.

금세 이미지 하나가 떠올랐다. 나는 그것을 재빨리 그린 후 이전에 나움버그와 함께 했던 것처럼 내 빨간 공책에 써 내려갔다. 이번에는 다음과 같은 이야기 하나가 등장했다. 그 야수는 검은색이고 무거운 밧줄에 묶여 있다. 그러나 나는 이미 끔찍할 정도로 혼합된 감정을 그를 위해 느끼고 있었다. 그의 등은 고통스럽게 굽어 있고, 마치 범죄를 지어 재판에 올라와 있는 것처럼 죄명을 나열한 나무 명패를 달고 있었다. 그의 거대하고 덥수룩한 머리는 결박당해숙여져 있었다. 그를 그렇게까지 묶어 놓은 것은 부당했다. 진한 분홍색이 섞인 빨간 불빛이 그를 둘러싸고 있었다. 그가 가진 불은 잘 절제되어 있음에도, 여전히 상당한 양의 따스함과 에너지를 내뿜고 있었다. 그래서 그는 묶여 있었던 것이다. 그가 미쳐 날뛰게 될까 봐 두려웠던 것이다. 그는 너무나도 슬퍼했고 피곤해했으며, 너무나도 잘못 이해되고 있었다. 그가 할 수 있는 것이라고는 그저 기다리는 것뿐이었다. 그는 자기 스스로 풀어 줄 수 없었다.

그의 옆에는 공포에 얼어붙어 있는 여자 관리자가 한 명 서 있었다. 그녀는 단호하게 정면을 노려보고 있지만, 그녀의 눈은 두려움을 감출 수 없었다. 만약 그녀가 야수의 존재를 무시해 버린다면, 그녀는 안전함을 유지할 수 있을 것이다. 그녀는 자기가 열쇠를 가지고 있다는 것을 잊으려고 노력한다. 대개 그녀는 그것을 쉽게 잊어버린다. 왜냐하면 그녀는 그 야수가 갇혀 있는 편이 가장 좋다고 믿기 때문이다. 때때로 그녀는 그 야수가 없어져 버렸거나 아예 처음부터 존재하지도 않았다고도 상상해 본다. 하지만 이것은 위험한 상상이다. 마음속 아주 깊은 곳에서 그녀는 만약 그 야수가 죽으면 자기도 죽게 된다는 것을 알고 있다. 그를 지키는 것이 그녀가 사는 이유이다. 다른 때에는, 예를 들어 그녀가 피곤하거나 지쳐 버렸을 때 그녀는 자신이 그 야수를 제대로 잘 관리하지 못하고 있다고 생각하며 자기 자신을 괴롭힌다. 하지만 그녀는 오래전에 손을 놓았기 때문에, 그녀가 할 수 있는 것이라고는 아무것도 없다.

그녀는 야수가 뿜어내는 열기를 참기가 너무 어려웠다. 야수의 뜨거운 입김이 그녀를 두려움에 가득 차게 한다. 야수의 쿵쾅거리는 심장 소리는 그녀의 귀를 멀게 하였다. 그녀는 갑자기 떠오른 생각 하나에 사로잡힌다. '이 지옥 같은 차가움 속에 사느니, 차라리 큰 화재를 당해 한 방에 터져 버려서 죽는 게 낫겠어.' 그러면서도 동시에 그녀는 그 생각을 부정할 수 있도록 자기의 귀와 눈을 가릴 수 있는 손이 있기를 바란다.

이 한순간에, 지난 수년 동안 제어되어 오던 것들이 풀어지기 시작했다. 이야기를 좋아서 나는 두 번째 이미지를 만든다. 이번 작업에서 그 관리자는 오른쪽으로 몸을 돌린다. 그녀가 그렇게 하자, 야수가 그녀의 얼굴을 맞보게 된다. 그녀는 마치 거울에 비친 모습을 보는 것이 그러한 것처럼, 그녀가 몸을 돌리지 않는 한 야수는 스스로 자기 몸을 돌릴 수 없다는 것을 깨닫는다. 하지만 여태까지 줄곧 그녀는 야수가 그 모든 힘을 전적으로 가지고 있다고 믿어 왔다.

그녀를 대면하는 그의 표정은 사랑이 가득 차 있지만 무뚝뚝하고 무서운 야수적인 거칢도 가지고 있어, 그녀는 아직도 옴짝달싹하지 못하고 있다. 야수의 두꺼운 어깨는 단단하게 조인 밧줄에서 조금이라도 벗어나기 위해 위로 올라가 있다. 그는 마치 바닥을 뚫고 올라와 있는 것처럼 보였다. 불쾌함 속에서 관리자는 그에게서 눈을 떼고 아래를 바라보았는데, 그러자 자신의 팔과 손이 정상으로 돌아와 있었다. 이 팔과 손은 그녀의 머리로부터, 그녀가 그것들에 대해 생각함으로써, 그것을 다시 가지기를 바라는 마음으로부터 다시 자라 나온 것이다. 그녀의 손은 따뜻한 보라색인데, 두려움 속에 있음에도 불구하고 쭉 뻗쳐 나와 있다. 그녀의 입은 일자로 다물어져 있고, 하체는 담청색으로 그저 대략 네모나게 그려져 있다. 그녀는 노란 안개에 둘러싸여 있는데, 이것은 이 여인의 겁쟁이 같은 두려움을 보여 주는 것인가, 아니면 생명의 빛이 그녀에게로 돌아오고 있는 것인가? 그녀의 자세는 애매함 그 자체이다. 그녀는 야수에게로 마음이 끌리기도 하지만, 그 야수 때문에 질겁하기도 한다.

나도 이러한 적극적 상상이라는 과정에 마음이 끌리기도 했지만, 또한 질겁하기도 한다. 만약 내가 감당할 수 없게 되면 어떻게 하지? 만약 내가 내 안의 뭔가 파괴적인 것들, 어떤 정신질환 같은 것들을 드러내게 되면 어떻게 하지? 나는 두려웠던 데다가, 이것을 다시 시도해 보기에는 한 1~2주 동안 너무도 바빴다. 그러다가 꿈을 하나 꾸었다. 나는 벤치 위에 앉아 있는데, 치마만 입고 아기 하나를 안고서 이 아기를 어르려고 하고 있지만, 동시에 이를 불편해하고 있었다. 이 남자 아기가 약간 짜증을 내며 꽤나 제대로 된 표현으로, 내가 자기에게 젖을 먹여야 한다고 말했다. 꿈에서 나는 상의를 입고 있지 않았기 때문에 아기의 말이 당연한 것처럼 보였지만, 나는 망설여졌다. 내가 아기와 그렇게까지 친밀해지고 싶은지는 잘 모르겠다. 그래도 나는 아기에게 젖을 먹였고, 그러자 내 안에 너무나 올바르다는 그리고 완전하다는 멋진 느낌이 들었다. 이 꿈은 적극적 상상이 가지고 있는 문제를 좀 덜 무서운 방법으로 다시 설명하고 있는 것처럼 보였다.

나는 어머니와 아기의 이미지에 의해서 다음과 같은 것을 재확인할 수 있었다. 즉, 그 야수를 포용하는 것이, 내가 두려워하는 것처럼 뭔가 괴상한 것이 되는 것이 아니라 거룩한 결합을 받아들이게 한다는 것이다. 그 아기는 내 안에 있는 지혜의 목소리로 또렷하게 말을 했다. 그 야수는 힘, 본능, 관능, 어두움 같이 내게는 낯선 부분들을 보여 주고 있는 것이다.

이러한 꿈을 통해 내 작업이 올바른 방향으로 가고 있음을 확신한 나는 적극적 상상을 다시 시작했다. 나는 소파에 누워 지금까지 펼쳐진 이야기를 되돌아본다. 그러자 다음 이미지가 바로 떠올랐고, 나는 일어나서 그것을 그리기 시작했다. 야수는 이제 밧줄에서 풀려나 있고, 관리자 여인을 향해 뭔가 신호를 보내는데, 하지만 그 관리자는 그 형태를 잃어 이제는 거의 낙서처럼 보인다. 야수는 좀 더 분명하게 그려졌는데, 검은색 긴 로브를 입고 있다. 하얀 손들은 튀어나와 있는데, 민첩해 보이지는 않으며, 아직 발달이 덜 되어 있다. 얼굴은 넓고 낮은 코를 가지고 있으며 거칠게 표현되어 있다. 그는 눈이 너무 가늘어서 앞을 잘 볼 수가 없다. 하지만 아주 잘 형성된 여러 개의 입을 가지고 있는데, 그 입들은 깜빡이며 빛을 내고 있다. 그는 공포에 휩싸여 옴짝달싹하지 못하고 있는 관리자에게 다가간다. 야수가 관리자를 곧 잡아먹을 것처럼 보인다.

그다음 드로잉에서 야수는 관리자를 삼킬 것 같은 모습을 하고 있는데, 그것은 배가 고파서가 아니라 거룩한 성찬을 이루기 위해서이다. 그는 입을 벌리고 있는데, 그 안쪽으로 검고 깊은 혼돈의 나락이 보인다. 빨간 불의 색깔은 야수를 떠나가고, 대신 그 보색인 녹색이 그 자리를 차지한다. 이 식사로 인해 그는 어떻게 변할 것인가? 야수가 풀려나는 순간, 이 관리자 또한 자유로워진다. 비록 관리자가 상상한 대로의 자유가 아니었다 하더라도 말이다. 자유란 구조와 틀을 잃어버리는 것을 의미하지, 그 형태나 정체성을 잃는 것을 의미하지는 않는다. 제약을 가하는 구조적인 것을 잃어버림으로써 에너지는 자유로워진다. 이것은 그 야수를 정면으로 보았을 때 생겨난다. 관리자와 야수는 동시에 서로와의 결속을 잃게 되는데, 그와 동시에 야수가 관리자를 먹어 합쳐짐으로써 각자의 단독성도 함께 잃어버린다.

나는 그다음 이미지를 얻기 위해 명상을 시작한다. 야수는 죽는다. 나는 그의 팔이 가슴을 가로질러 포개져, 두 손이 자신의 양 어깨를 잡도록 그려 놓는다. 그의 얼굴은 푸른빛이 도는 회색이다. 그가 입고 있던 검은 옷은 엷은 황갈색으로 바뀌어 있다. 그의 뒤로 오른쪽에는 뜨거운 색상들이, 왼쪽에는 차가운 색상들이 빛을 내고 있었다. 이렇듯 그 두 인물은 함께 죽었다. 그것은 마치 두 개의 극단적인 것들이 서로를 없애 버리는 것처럼, 여자 관리자의 얼음 같은 차가움이 야수의 불을 꺼 버린 듯하였다.

나는 이것이 무엇을 뜻하는지 모르겠다. 이렇게 이야기가 종결되는 듯한 것이 나를 당황스럽게 한다. 하지만 나는 이때 독감에 걸려서 그에 대해 생각해 보기에는 너무나도 에너지가 없었다. 감기가 나을 때쯤에는 크리스마스 연휴가 다가와 가족과 친구들을 방문해야 했다. 이후 다시 시카고 집에 돌아왔을 때, 나는 일기에 지난 연휴 동안 가족과 친지 방문을 하면서 깊은 편안함을 경험했다고 적었다. 나는 새로이 활기를 찾아 돌아왔던 것이다. 나는 이미지 작업에서 그 어떤 것이 다음에 일어나더라도 직면하겠다고 결심한다. 그 상상의 세계에서 깊이 지냈던 시간들이 나로 하여금 가족과 함께 휴일을 즐길 수 있도록 만들어 주었던 것이다. 이제 나는 과거의 그 어떤 때보다도 훨씬 더 그 연휴를 온전히 즐기며 보냈다. 대개 나는 가족 방문에서 돌아왔을 때 고갈되고 균형을 잃곤 했었다. 너무도 이상하게 보이지만, 나는 나의 이런 변화가 내적 공간에 깊이 들어가 본 시간들 덕분이라고 믿는다. 강이 내 온 인생을 풍요롭게 해 주는 것 같은 곳에서 어떤 순간적인 균형감을 강하게 경험했는데, 이는 그저 절망적으로 찾게 된 장소가 아니었다.

나는 이미지들을 다시 한번 둘러보았다. 쭉 펼쳐 놓고, 눈을 감고 기다렸다. 뭔가 더 나올 만한 이야기가 있는가? 갑자기 끔찍하게 생긴 한 생물체가 느릿느릿 시야에 떠올라서 그것을 그리기 위해 일어났다. 그 생물체는 죽은 것처럼 보이는 아주 하얀 두상을 가지고 있었는데, 아주 커다랗고 길고 넓죽한 코를 가지고 있었다. 눈이 있어야 할 곳에는 구멍만 있었고, 입은 없었다. 게다가 몸은 조화롭지 않게도 분홍색인 데다가, 가슴은 대충 흔적만 있었다. 한쪽 팔은 종이 밖으로 나가 있었는데, 전체적으로 일어서 있으려고 고군분투하고 있는 형상이었다. 석고같이 딱딱한 머리는 아직 분화되지 않은 새로움을 가지고 있는 분홍색 몸과 대조되고 있었다. 이 이미지는 계속 진화해 갔다. 그다음 페이지에서 이 형상은 가면으로 변한 그 얼굴을 그녀 자신의 머리 위쪽으로 밀어 올려 놓았다. 그 형상은 원래 양성인이었지만, 나에게는 여성으로 강하게 느껴졌다. 머리칼은 전혀 없었고, 얼굴은 평화롭고 열린 마음을 하고 있는 듯이 보였으며, 몸은 넓직한 어깨를 가지고 있었다. 나는 화학

요법 후에 이제 막 머리칼이 다시 자라기 시작한 회복기의 암 환자가 떠올랐다. 그녀는 종이 바깥쪽으로 누군가를 맞이하는 것처럼 손을 뻗치고 있다. 가면은 이제 작아 보인다. 그녀가 손을 뻗쳐 닿고자 하는 것이 무엇이든지 간에 그것은 삶과 연결되어 있다.

나는 내가 나움버그와 있을 때 그린 그림이 기억났다. 거기에서는 어떤 형상이 나무막대 위에 가면을 올려놓고 그것을 들고 서 있었다. 이 야수 그림에 있는 가면이 그것과 비슷한데, 이것이 좀 더 기괴하게 생기기는 했다. 그때 내가 가졌던 두려움은 가면을 벗으면 미친 사람으로 보일 수 있다는 위험부담이었다. 적극적 상상을 통해서 만들어진 이 시리즈가 내게 보여 주는 것은, 두려운 야수를 감시하는 관리자였던 이전의 내 이미지가, 내가 무엇을 두려워하는가를 직면하는 과정에서 이제 파괴되었다는 것이다. 하지만 그 야수와 관리자의 융합을 통해 나온 것은 뭔가 새로웠고, 아마 궁극

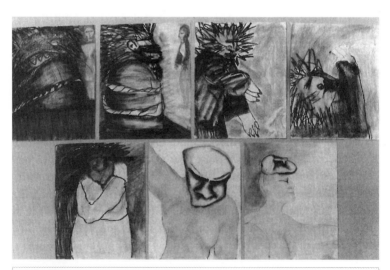

그림 11-1 야수 시리즈(적극적 상상, 파스텔)

적으로는 좀 더 온전한 것이리라 믿는다. 가면은 인공적인 것으로 여전히 존재하고 있다. 그 강이 주는 과정을 받아들이겠다는 선택이 언제나 자발적인 것은 아니다. 하지만 나는 가면이 주는 안전감이 여전히 유효하다고 믿고 싶다([그림 11-1] 참조).

시간이 훨씬 더 지난 후에 나는 그 이미지에 기초해서 또 다른 가면을 제작했는데, 그것은 딱딱하고 뼈 같은 느낌을 주었다. 이 가면은 가장 원시적인 감각기관이라 할 수 있는 코만 있었는데, 마치 내 몸의 일부가 일찌감치 발달이 정지된 것 같았다. 이 가면은 코가 있으니 숨 쉬는 것을 배워서 생존할 수는 있었지만, 보거나 말을 할 수는 없었다.

적극적 상상 시리즈는 강력한 것이다. 그것은 알아차림이라는 인식에 다다르기 위해 나는 반드시 그리고 아마도 여러 번, 깨지고 다시 만들어져야 한다는 것을 드러내 주었다. 나는 나움버그와 함께했던 최초의 고통스러운 격동의 작업을 기억한다. 거기에서 나는 처음으로 깨져 있는 내 모습과 만날 수 있었다. 나는 지금은 좀 더 단단한 바탕 위에서 이것을 더 잘 견디어 낼 수 있다고 느낀다. 이전에 가졌던 자신에 대한 개념들이나 방어의식 같은 것들은 반드시 깨져야 새로운 것이 탄생할 수 있다. 하지만 뼈 같은 가면이 등장한 것처럼 이전의 것들도 반드시 존중되어야 하고, 경멸되지 말아야 한다.

나의 한계는 나의 가능성과 함께 나의 일부로서 존재하고 있다. 그렇지만 내가 갈구하는 이 여성성의 자아―그것은 어둡고 방치되었던 것들과 융합되어야 하는데―는 도대체 무엇이란 말인가? 나중에 나는 일기에 어두운 야수의 이미지를 또 하나 그렸다. 내 일기장/저널은 주로 글쓰기를 위해 쓰이는데, 이곳에 평소에는 지저

분해질까 봐 쓰지 않는 목탄으로 이 야수를 그렸다. 이 그림에서의 나는 작고 잘 보이지 않는 모습으로 야수의 손에 감싸여 있다. 여기에서 이 야수가 내게는 신인 것 같았다. 아니면 최소한 선하고 거룩한 존재인 것 같았다. 이런 느낌은 터무니없어 보이기도 했지만, 또한 사실처럼 느껴지기도 했다.

적극적 상상, 깨어 있는 상태에서 꿈을 더 꾸어 보는 것은 당신 자신에 대한 신화, 당신의 이야기를 되찾는 한 방법이다. 소울이 당신의 가장 깊은 곳에 있는 그러한 진실을, 이미지와 은유를 통해 서술해 주게 된다. 만약 당신이 적극적 상상을 시도해 보기로 결심했으면, 그런 와중에 일상생활 속에서의 당신 자신을 잘 돌보아야 한다는 것을 명심하라. 식사하기, 잠자기, 일하기를 규칙적으로 하여서 상상 작업과의 균형을 이룰 수 있는 습관이 만들어져야 한다. 약이나 술을 사용하는 중에는 적극적 상상을 시도하지 않는다. 이것은 위험할 뿐만 아니라 적극적 상상의 과정을 폄하하는 일이다.

적극적 상상에 들어가기 위한 시간을 정해 놓는 것이 도움이 될 것이다. 나는 처음에 잠자기 전에 잠시 동안 했었는데, 그것이 안전하게 느껴졌기 때문이다. 하지만 그렇게 하는 것은 드로잉을 할 수 없다는 단점이 있었다. 당신에게 무엇이 편안하게 느껴지는지를 고려하라. 당신은 반드시 방해받지 않는 시간을 가져야 하는데, 그러기 위해서는 시작하기 전에 전화기를 꺼 놓고, 방해되는 다른 모든 것도 최소화하도록 한다.

작은 세부사항에 주의를 기울이라. 예를 들면, 매번 같은 의자에 앉거나, 매일 같은 시간에 한다는 등의 작은 부분들이 그 경험을 잘 담을 수 있게 해 줄 것이다. 당신의 경험은 여러 가지 방법으로 기록할 수 있다. 시각화한 후에 적어 볼 수도 있고, 또는 상상이 다 끝난 후에 그림으로 그려 낼 수도 있고, 또는 시각화하는 동시에 말로 표현하며 이를 녹음한 후 나중에 들어 본 뒤 그리는 방법도 있다.

내 경우에는, 나의 이야기들이 여러 부분으로 나뉘어 나타났었다. 대개 그때그때 한 장면씩 나타났었고, 그것이 나에게 맞는 속도였다. 드로잉과 시각화를 번갈아 가며 함으로써 내가 이야기들이 나타나는 것들을 늦추었을 수도 있다. 당신에게 가장 편안하게 맞는 방법이 무엇인지 찾아보도록 하라. 이미지란 도우려고 나타난다는 것, 그리고 그것은 비록 당신 안에 있었더라도 당신이 의식 세계에서는 잘 알 수 없었던 정보를 가지고 있다는 것을 기억하라.

그러므로 이미지를 그려 나갈 때, 할 수 있는 만큼 최선을 다하여 떠오르는 대로 그리라. 고치려고 하는 욕구 또는 의미를 나타내려고 하는 욕구들을 거부하라. 이야기를 해석하려고 하지 말고 그저 받아들이기만 한다. 만약 어떤 이야기가 나타나기 시작나면, 논리로 그것을 편집하려 하거나 성급하게 이야기를 끝내려고 하지 말라. 이미지를 받아 내기 위해 처음에는 단순한 재료들을 사용하도록 한다. 만약 나중에 좀 더 작업을 하고 싶어진다면, 가면을 만든다든가 책 또는 이야기 상자 등을 만듦으로써 이미지를 더욱 발전시킬 수 있다.

그 어떤 두려움이 떠오르더라도 그것을 존중해야 함을 잊지 말자. 만약 이미지들이 당신을 무섭게 한다면, 긴장을 풀고 그대로 한동안 두도록 한다. 또는 다음번에 할 때 이미지에게 다시 표현해 달라고 요청한다. 당신의 이미지들을 존중하라. 만약 다른 사람들에게 그 이미지들을 보여 주고 같이 이야기하고 싶어진다면 조심스럽게 그리고 존중감을 가지고 하되, 오로지 당신이 신뢰할 만한 사람들과 하도록 한다.

이미지 작업 중 이야기가 얽히거나 갑자기 변하더라도 계속한다. 적극적 상상의 목적은 가장 깊은 곳에 있는 자아와 항상 연결되어 있는 자신에 대한 여러 가지 것을 은유적인 방식으로 표현해 보여 주는 것이다. 이 과정에서 당신은 종종 자신이 인식하며 살고 있는 일상생활에서는 무시되어 온, 아주 중요한 무엇인가를 보게 될 것이다. 일단 당신이 자신의 내적 인물들 중에 몇몇의 형태와 모습을 인식하게 되고 나면, 그들은 당신의 내적 안내자로서 당신과 평생에 걸친 관계를 형성할 수 있게 될 것이다. 그리고 이 내적 안내자들은 당신이 그 어느 때든지 그들을 만나는 내적 여행을 하고 싶어 할 때마다 기쁜 마음으로 다가와 당신을 도와줄 것이다.

만약 적극적 상상에 대한 역사나 그 배경에 대해 좀 더 알고 싶다면, 이 책 뒤의 참고문헌 목록에 있는 몇 개의 책을 참고하기 바란다(Hannah, 1981; Jung, 1979; Watkins, 1984). 그중 특히 융의 『Word and Image』라는 책을 살펴보기를 권한다. 이 책은 적극적 상상과 관계된 융의 경험을 보여 주고 있는데, 융이 직접 제작하여 자신의 개인적 안내자로서 사용한 이미지들에 대한 설명도 보여 주고 있다. 융의 이론적 작업은 그가 적극적 상상과 이미지들을 통해 받은 지혜를 전달하기 위한 그의 평생의 노력의 결과이다.

Part 4

좀더 깊은 물결들

ART IS A WAY OF KNOWING

들어가며

　만약 당신이 미술을 앎의 한 방식으로 활용하겠다고 굳게 결심했다면, '신비'하거나 영적으로 풍부한 어떤 이미지들이 나타나는 순간이 올 것이다. 또한 다양한 형태를 띠지만 반복해서 나타나는 이미지들도 있을 것이다. 이런 현상은 바로 일어날 수도 있고, 시간이 좀 흐른 뒤에 나타날 수도 있는데, 이러한 이미지들은 당신이 자신의 깊은 곳으로 들어간다는 표시들이다. 그것들은 무엇이 가장 기본적인 당신의 이미지들인지를 보여 준다. 즉, 원형적(元型的, archetypal) 이미지들(*역자 주: 많은 사람의 작업에서 고금/민족/문화를 초월하여 보편적/공통적으로 나타나는 이미지들)이 나타나게 되는 것인데, 이는 당신의 개인적인 경험들을 전 인류가 공통으로 가지는 상상이라는 더 큰 맥락 안에서 볼 수 있도록 도와준다. 당신의 이미지들이 이끄는 대로 따라가면서 이를 신화나 문학 혹은 세계의 여러 종교나 다른 문화에 대한 글들과 함께 탐험해 보면 좋다. 이는 당신으로 하여금 자신의 작업에 있는 좀 더 깊은 의미를 알게 해 주는 데 도움이 될 수 있다. 또 이는 증폭의 효과도 줄 수 있다.

　이러한 이미지들은 보아 주는(witness) 과정이 필요하다. 당신의 이미지들을 다른 사람들과 공유할 때에는, 거기에 적합한 상황을 찾는 것이 이 과정에서 아주 중요한 부분이다. 이미지를 보아 주는 위트니스에는 여러 가지 방법이 있다. 치료적 관계 안에서의 친밀한 공유가 있을 수 있고, 다른 작가와의 협조적 관계 안에서 해 볼 수도 있으며, 이미지 제작을 하는 동료들로 그룹을 지어 할 수도 있고, 특별한 상황에서 작품을 전시하는 맥락에서 이루어질 수도 있다. 장소는 집 안의 어떤 특별한 곳이 될 수도 있고, 전시장 또는 교회나 학교, 도서관과 같이 당신이 소속되어 있는 그 어떤 기관도 될 수 있다. 이미지는 당신뿐만이 아니라 그것을 보는 모든 사람에게 어떤 안내를 해 준다. 또 하나 중요한 것은, 당신과 같이 원형적 세계를 탐험하고 있는 다른 사람들의 작품을 보아 주는 것이다. 이것은 책을 본다든가, 박물관을 관람한다든가, 멀리 떨어진 곳을 여행한다든가, 아니면 서로의 작품을 보아 주는 위트니스 관계를 통해서도 이루어질 수 있다. 이러한 이미지들은 우리 모두의 것이다. 혹은 우리가 그 이미지들에 속해 있다고 볼 수도 있다. 우리는 자신의 깊은 곳에서부터 공명을 일으키게 해 주는 다른 사람들의 이미지들을 봄으로써 풍요로워진다. 원형적 이미지들과 보아 주는 것, 즉 위트니스가 무엇인가에 대해서는 이어지는 다음 장들에서 좀 더 깊게 토론될 것이다.

12
원형들에 대하여 알기

　나는 우리 아파트의 작은 방을 이미지를 통한 여행을 할 수 있는 작업실로 꾸몄다. 작업은 어떤 때는 아주 심각했고, 또 어떤 때는 장난스럽게 진행되었다. 그러던 중, 한 남자가 동굴 앞에 서 있는 이미지가 떠올랐다. 그는 다리를 벌리고 선 채 양팔을 바깥으로 쭉 뻗치고 있었다. 나이 든 사람이었지만 그로부터 생동적인 에너지가 뿜어 나오고 있었다. 그는 나를 동굴 안으로 들어오라고 초대하며 동시에 어깨를 으쓱한다. 마치 "너도 이곳으로 와도 좋아. 조만간 오게 될 거야."라고 말하는 듯했다. 나는 이 사람이 나를 안내해 주려고 기다려 왔다는 느낌이 들었다.

　그러던 중, 나는 돈 세이든(Don Seiden)이라는 미술치료사의 강의를 듣게 되었다. 그런데 대부분의 미술치료사는 환자들의 미술작품을 슬라이드로 보여 주는데, 이 사람은 대신에 자신의 소울에서 나온 사적이면서도 직접적인 표현이 담긴 자신의 작품을 슬라이드로 보여 주었다. 그는 내가 본 미술치료사들 중에서 미술 과정을 자기 자신을 위해 스스로에게 직접 활용한 첫 번째 미술치료사였다. 나는 그의 작업에서 그가 여성성을 이해하려고 분투한 것을 보고 이에 대해 강한 동질감을 느꼈다. 자신 안의 내적 충돌을 다른 이들에게 보여 줄 수 있는 그의 용기가 나에게도 영감을 주었다. 나는 여태까지 나의 작품들을 그 누구에게도 보여 준 적이 없었다.

돈(Don)은 제대로 하는 작가이다. 그는 다양한 범주의 재료를 사용하는데, 어떤 작품들은 금속 용접 같은 복잡하고 수준 있는 재료를 쓰고, 어떤 작품들은 부엌에서도 쉽게 찾을 수 있는 알루미늄 호일과 테이프와 같은 아주 간단한 재료를 쓴다. 그는 통상적으로 작가로서 인정받기 위해서 특정한 한 가지 재료만을 써야 한다고 요구하는 세상의 평가를 초월한 것처럼 보인다. 또한 그는 '빠르게 하는' 작업만이 마음의 검열을 피할 수 있고, 진정한 내적 작업을 하게 해 준다고 믿는 미술치료의 단정적 진실주의에서 벗어나 있었다. 돈(Don)의 작업은 그 형태에 있어서 완성도가 높으며, 작품의 표면은 풍요롭고 아름답게 표현되어 있다. 그는 과정과 결과적 완성품이라는 두 가지를 통합하였는데, 그것은 작업이란 어떻게 해야 하는가에 대한 나의 제한된 인식들을 깨뜨려 버렸다. 돈(Don)의 작품을 보는 것은 나의 마음을 자유롭게 해 주며 나의 작품으로 향하게 해 준다.

그의 발표가 끝난 직후, 나는 낙서처럼 그림을 그리기 시작해서 뭔가 완전한 모습이 될 때까지 그려 나갔다. 이것은 베일을 쓴 여인의 모습이 되었다([그림 12-1] 참조). 이 여인은 화려한 장식이 있는 보라색 천을 머리에 쓰고 있는데, 그 중앙에는 보석이 달려 있고

그림 12-1 베일을 쓴 여인(낙서화, 파스텔)

장식천이 양쪽 눈 사이 아래로 드리워져 있다. 이 드리워진 천에는 다이아몬드 모양의 거울조각이 붙어 있어서, 보는 이의 얼굴이 파편처럼 조각조각 비춰지게 되어 있다. 이 거울들은 혼란을 불러일으키고 주의를 분산시키는 작용을 한다. 그녀의 이런 외적인 모습은 신비롭고 화려하며, 그녀가 위험한 존재이고 반드시 감추어져야 한다는 것을 암시하고 있다. 나는 그녀의 머리 위쪽으로 선 하나를 그려서 뱀을 그려 보려고 노력해 본다. 왜냐하면 내 생각에 그녀는 당연히 신성한 여성성을 지닌 여신이며, 뱀을 그려 줄 만한 가치가 있다고 생각했기 때문이다. 하지만 종이는 내가 칠하려고 하는 색깔을 아예 거부했다. 대신 그 선은 장미가 되었고, 머리를 감싸는 가시넝쿨이 되었다. 그러나 내가 만약에 의식적으로 장미를 그려 넣으려고 했다면, 분명히 제대로 그리지 못했을 것이다. 이것은 이미지가 스스로 그림을 그려 나가는 것을 보여 주는 아주 강한 경험이었다. 나의 안내자가 낙서 그 자체로부터 강하게 나타난 것이다.

이 여인을 바라보면서 나는 흥미로운 느낌을 받았는데, 그것은 내가 여성성을 마치 남자의 눈으로 보는 것 같은 경험을 한 것이다. 내가 개인적으로 그리고 같은 여자로서 동일시하면서 보는 것이 아닌, 뭔가 나의 바깥에서 이를 바라보는 것처럼 이상하면서도 위협적인 느낌이 들었다.

이 작품을 만든 직후에, 전에 동굴 앞에 있던 그 늙은 남자가 다른 그림에서 다시 나타났다. 그는 커다란 슬리퍼처럼 생긴 보트 안에서 평화롭게 누워 있다. 그는 다채로운 색상의 담요와 베개 위에 편안하게 누워 있는 것처럼 보인다. 보트의 앞부분은 위로 곡선을 그으며 올라가 있었는데, 그 부분에는 검은 장미 한 송이가 그려져 있다. 길고 하얀 머리카락을 가지고 있는 이 남자는 물속을 응시하며 녹색 물고기 쪽으로 손을 뻗고 있다. 나는 아주 중요한 뭔가가 표현되었다는 느낌, 그리고 내가 옳은 방향으로 잘 가고 있다는 잔잔한 느낌을 받았다.

나는 계속해서 낙서화를 그려 나갔고, 각각의 작품이 완성되고 싶어 할 때까지 작업을 했다. 그림이 스스로 그 과정을 완성시키도록 두지 않으면 뭔가 잘못되는 것 같았다. 하지만 나의 내적 비평가가 이러한 접근 방식을 너무도 불편해하는 것 같았다. 나는 낙서화를 제작해 가는 과정을 통해서 나의 내적 비평 방식이 새롭게 형성되는 것을 느꼈다. 내 개인적인 선호와는 상관없이, 과정 그 자체가 그림이 어떻게 완성되어야 하는지를 결정하게 되었다. 나의 의식적인 마음이 선택을 하는 것이 아니다. 그 대신에 이미지 자체가 무엇이 필요한지를 말하게 된다.

어쩌면 내가 좀 더 완전하게 미술가로서 훈련을 받았더라면, 나는 이미지를 기술적인 것으로 우격다짐하듯이 눌러 버렸을 것이다. 미술치료 쪽으로 전향을 하면서, 나는 미술가가 되는 교육을 중도에 하차했다. 나의 의식적 차원의 마음은 베일을 쓰고 있는 여인의 머리 위에 뱀을 그리라고 정했지만, 그것이 이미지가 가진 힘을 누를 정도로 강하지는 못했다. 나는 시각적으로 이미지가 인정하는 '맞는 것'만 신뢰하게 되었다.

다음 낙서화에서는 한 여인이 물에 비친 자신의 모습을 보며 비명을 지르는 모습이 나왔다([그림 12-2] 참조). 칠흑같이 어두운 밤에 이 여인은 웅크리고 있다. 그녀의 옆으로는 말의 다리가 하나 보인다. 이 여인이 동물로 변해 가고 있거나, 아니면 말이 그녀 위에 올라타고 있는 것이다. 이 이미지는 본능과의 일치에 대한 공포를 보여 주고 있으며, 불편하게도 예전에 그렸던 야수 그림을 떠오르

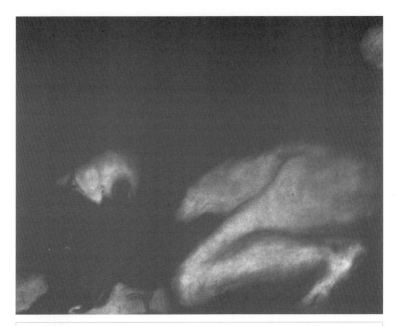

반영(낙서화. 파스텔)

게 한다.

또 다른 낙서화에서는 금발 머리의 여인이 달과 함께 놀고 있다. 그녀는 두 개의 얼굴을 보여 주며 장난스럽게 몸을 웅크리고 있는데, 얼굴 하나는 거칠고 육감적인 모습이며 다른 하나는 차가운 파란색이다. 나는 여성성에 대한 이미지들이 들어 있는 만화경을 보고 있는 것이며, 이것은 나를 두렵게 하면서도 동시에 매료시킨다. 난 이것들이 나에게 뭔가를 알려 주려 하고 있다는 것까지는 알겠지만, 이 이미지들이 무엇을 의미하는지는 아무래도 알 수가 없었다.

상반되는 것들의 연합에 대해서 말하기 위해서 또 다른 낙서화가 나타났다. 그것은 하얀 새가 중심 이미지로 나타났는데, 이 새는 입에 빨간 딸기를 물고 있고, 강한 발톱으로는 쥐를 움켜쥐는 모습을 하고 있다. 새 뒤의 배경은 왼쪽에는 태양과 아침 하늘, 오른쪽에는 밤하늘과 달로 나뉘어 있다. 새들은 대개 풀을 먹는 초식성이거나 고기를 먹는 육식성, 둘 중의 하나이기 때문에, 딸기와 쥐는 이 그림의 배경에서도 보여 주듯이 상반된 것들의 어떤 연합을 상징하고 있다.

나는 내가 이러한 그림들을 의식적으로 제작하고 있지 않다는 아주 흥미로운 느낌이 들었다. 마치 맑은 물을 떠서 그저 컵에 붓는 것만큼 쉬웠다. 하지만 이 이미지들은 나의 흥미를 끌었음에도 불구하고, 이전에 주문을 받아 했던 초상화 작업에서 느꼈던 것 같은 일종의 '내 것이다.'라는 소유 의식이나 고뇌 같은 것들은 느껴지지 않았다. 나는 이 시기에 병원의 직장 동료들이 주문한 초상화를 여러 개 그리고 있었는데, 그러한 작업은 나를 능숙한 장인처럼 느끼게 했고 즐거웠지만, 낙서화와는 전혀 다른 접근 방식이었다. 초상화를 그릴 때 나는 시각적으로 어떻게 그려야 제대로 된 초상화가 되는지에 대한 객관적 기준들을 따르지만, 그 그림을 그리면서 하는 궁극적 결정들은 '내가' 하는 것들이다. 이 초상화들은 내 앞에 실제적인 이미지들을 보여 준다. 반면, 낙서화들은 개인적으로 딱히 내 것이지는 않은, 보다 광범위한 원형적인 이미지 '파일'을 열어 드러내 보이는 것 같다.

이 원형적인 면이 나로 하여금 이미지 과정에 대한 안내를 해 줄 수 있는 융 분석가(Jung analyst)를 찾아보게 만들었다. 나는 여자 분석가가 필요하다고 확신했다. 왜냐하면 내가 그린 많은 이미지가 여성성과 관계되어 있고, 이상하게 들릴지는 모르지만, 내가 여성성에 대해서 별로 잘 알고 있지 못하다는 것을 깨달았기 때문이다. 나는 남성적인 배움과 성취들을 의식적으로 더 가치 있게 생각해 왔다. 동시에 무의식적으로는 여성들을 우습게 보거나 여자들은 변덕이 심하고 천박하고 목표 없이 살아간다고 생각하며 비판적인 태도를 보이면서, 비밀스럽게 나 자신은 다른 여자들과 다르다고 간주해 왔다.

근처 지역에 있는 융 연구소를 통해 나는 루이스 보데(Louise Bode)라는 한 여성 분석가를 만나 분석을 시작했다. 그러던 중 나는 강 하나가 예루살렘의 중심을 통과하는 꿈을 꾸었는데, 그 강은 고대 언덕들과 올리브 나무들을 지나갔다. 나는 계속해서 낙서화들을 그렸다. 낙서화 중 하나에는 마술사가 나타났는데, 이 사람은 내가 병원에서 일할 때 알았던, 똑똑했지만 거리감이 느껴졌던 한 정신건강의학과 의사하고 무척이나 닮아 있었다. 그 마술사는 진실을 보려 하고 있으며, 불이 켜져 있는 지팡이를 들고 있다. 그는 가질 수 있는 모든 권한을 갖춘 전문가이다. 나는 그에게서 나 자신을 보았다. 나는 진실을 보는 사람이 되고 싶고, 또 그렇게 보이고 싶다.

그다음 낙서화는 누가 봐도 악마의 모습이다. 악마는 돈을 내라는 듯이 손을 쭉 뻗치고 있다. 나는 이 진실을 찾는 사람의 이미지를 위해서 무엇을 지불할 용의가 있는가? 이 두 이미지가 치료사가 가진 양 측면인 것인가? 하지만 나는 루이스와 이에 대해 토론할 수가 없었다. 왜냐하면 이 작품들을 그녀에게 보여 주고 이야기를 시작하려는 순간, 내 몸 한 측면에 날카로운 통증을 느꼈기 때문이다. 그 고통이 너무나 강해서 나는 말을 할 수가 없었다. 루이스에게 이것을 말하자, 그녀는 다음 회기에 신체를 활용하여 통증에 대해 좀 더 알아보자고 제안했다. 이는 흥미로운 제안이었지만, 동시에 나를 긴장하게 만들었다. 공교롭게도 우리가 이 신체 작업을 시작하기 전에 그녀는 캘리포니아로 이사를 가게 되었다. 그녀는 내게 리 롤로프(Lee Roloff)라는 남자 분석가와 계속해서 분석해 보라고 했다. 나는 실망 속에서 도대체 남자 분석가에게서 어떻게 여성성에 대해서 배울 수 있겠는가 하고 의문스러워했다. 그래도 나는 리(Lee)를 잠깐 만났고, 우리는 둘 다 여름휴가 여행을 마친 후 9월부터 시작하기로 결정했다.

여자는 분노하고 있으며, 그녀의 검은 머리는 휘날리고 있다. 그녀는 머리숱이 적은 창백한 모습의 어린아이에게서 빠져나오고 있다. 이 두 인물은 합쳐져 있어서, 아이의 배는 여인의 가슴이기도 하다([그림 12-3] 참조). 나는 이 파스텔 그림을 같이 분석하기 위해 리 롤로프에게 가지고 갔다. 내 안의 미술치료사는 이 그림이 아주 끔찍한 분열을 보여 주는 것 같아 걱정스러워하고 있었다. 비록 이 그림은 누구라도 그 내용을 분명하게 볼 수 있었지만, 리는 그 대신 배경의 밝은 빨간색과 마젠타색 부분에 주의를 기울였다. "당신에게 저 색깔들이 무엇을 표현하는 건지 알아내 보세요."라고 그가 말했다. 나는 그에게, 내가 분석을 하려고 하는 이유에는 두 가지가 있다고 설명했다. 내 안에 있는 여성성에 대해 뭔가를 하고 싶다는 것, 그러나 동시에 어떻게 이미지 프로세스가 앎의 한 방식으로 작용하는지에 대해 직접 경험을 통해 좀 더 깊게 배우고 싶다는 것이다. 나는 내가 미술치료사로서의 나와 함께 살아가는 방법을 찾고 싶었던 것이었다.

이스라엘 여행을 하기 전의 나는 미술치료가 가진 임상적 접근

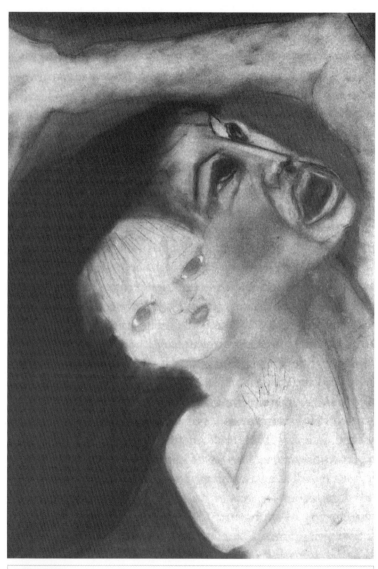

그림 12-3 여자와 아이(낙서화, 파스텔)

에 대해 불편한 마음을 지니고 있었다. 시카고의 한 병원에서 일했던 경험은 나에게 실망감만 더해 주었었다. 환자들은 짧게 병원에 머물렀고, 대개 많은 양의 약을 복용하고 있었으며, 약을 타러 오는 것 이외에는 어떤 추후 관리도 받지 못했다. 그 병원에서는 이미지를 통한 치료를 해 줄 기회가 여타 일반 지역사회 정신건강센터보다도 훨씬 더 적었다. 환자들이 제작한 이미지가 무엇을 의미하는지를 치료사가 결정하는 것이 이미지가 가지고 있는 고유의 힘을 강탈해 가는 것처럼 보였지만, 바로 그것이 의사들이나 다른 스태프들을 포함한 모두가 알고 싶어 하는 것이었다. 이것이 내가 풀어내고 싶은 수수께끼였다.

리는 그림에 담긴 내용을 보지 않았다. 그런데 이것이 나의 관심을 끌었다. 나는 그의 제안을 받아들여, 빨간색에 둘러싸여 고동치고 있는 풍부한 마젠타색으로 주의를 기울였다. 나는 그것이 무엇을 표현하고 있는 것인지는 전혀 알지 못하였다. 하지만 단지 주의를 다른 곳으로 집중하는 것 자체가 무언가를 바꾸었다. 내 안에 있는 미술치료사는 추적하는 마음을 멈추었다. 내 안의 미술치료사는 이제 이 이미지들이 무엇을 의미하는지를 알아야 하거나 연상을 하거나 해석할 필요가 없었다. 이것이 나를 기분 좋게 했다. 내 안의 무엇인가가 편안해졌고, 미지의 것이 들어올 수 있는 공간이 만들어졌다.

그날 하루 일과를 마치고 집에 왔을 때, 나는 그 그림에 대해서는 이미 잊어버리고 있었다. 리가 말했던 배경색 이야기는 몹시 흥미로웠음에도 불구하고, 나에게서 어떤 즉각적인 행동을 끌어내지는 못한 것이다. 그러다가 어디서 전화가 와서 통화를 하는 중에, 나는 내 몸 오른쪽에 아주 끔찍한 통증을 느끼기 시작했다. 나는 전화를 바로 끊고, 이전에 루이스에게 내 낙서화를 보여 주었을 때 느꼈던 측면의 통증을 기억하며, 이 통증을 그리기로 결심했다. 나는 통증이 느껴졌던 곳인 오른쪽 몸통을, 가슴과 골반만 표현하며 엷은 살구색 분필로 엷은 외곽선을 그렸다. 특별한 생각을 가지지 않은 상태에서, 나는 밝은 분홍, 마젠타, 밝은 빨간색을 여러 색조로 선택했다. 하지만 그림을 그리자 통증은 더 심해졌고, 너무나 아파서 바닥에 누워야만 했다. 그런 후 점점 통증이 가라앉았고, 나는 다시 그림을 그리기 시작했다. 하지만 곧 통증이 다시 생기기 시작했고, 점점 더 심해졌다. 나는 몸통 전체를 다 그리면서, 나 자신을 퍼져 가는 통증에 적응시켰다. 색상들이 강해졌다. 세 번째 그림에서는 거의 전신이지만 아직은 형체를 제대로 갖추지 않은 이미지를 그렸다.

이제 통증은 내 오른쪽 전부에 퍼져 갔다. 나는 내 평생 이러한 통증을 겪어 본 적이 없었다. 고통 속에 신음하며, 나는 어둠 속에 있기 위해 벽장에 들어가 그 바닥에 누웠다. 나는 이게 도대체 무슨 일이 벌어지는 것일까 생각하는 동시에 의사를 찾는 대신 통증을 그림으로 그리려고 하는 내가 너무도 우스꽝스럽지 않나 싶었다. 통증을 줄이기 위해 욕실에 가서 진통제를 찾아 먹어야겠다고 생각했지만, 이 통증이 뭔가 나에게 하려는 말이 있다고 믿었다. 게다가 어쨌거나 나는 스스로 일어날 수조차도 없었다.

나는 어둠 속에서 약 30분간 숨을 쉬며 있었는데, 그러고 나자 찰흙으로 아기를 만들어야겠다는 생각이 마음속에 떠올랐다. 통증은 나의 의식 밖으로 점점 사라져 갔다. 나는 일어나서 컴프리 (comfrey) 차를 만들어서는, 아파트 뒤쪽 베란다에 있는 유리로 둘러싸인 조그마한 내 작업실로 돌아왔다.

고통이 아직 남아 있기는 했지만 좀 덜해져서, 나는 점토 작업을 시작했다. 고통을 향해 깊이 심호흡을 하자, 이미지는 더욱 또렷해졌다. 나는 분노와 고통 속에 울고 있는 한 신생아를 신속하게 제작했다. 형체를 이루어 갈수록 통증은 점점 사그라들었다. 나는 45분을 더 작업했는데, 작업이 끝날 무렵에는 통증이 완전히 사라지고 없었다. 피곤함을 느꼈지만, 만족스러웠고 편안해졌다. 그러고는 내일 세부적인 묘사를 더 할 수 있도록 작품이 마르지 않게 비닐로 덮어 놓았다.

나는 침대 속에 들어갔는데, 의식은 유지하고 있지만 거의 수면 상태로 휴식을 취했다. 그러면서 나는 울고 있는 그 아기를 시각적으로 볼 수도 있었고, 또 동적으로 느낄 수도 있었다. 나는 특히나 조그만 손을 꽉 쥐고 눈물 없이 입을 벌리고 울부짖는 아기를 보고 느끼며, 또 나 자신이 그 아기가 되기도 하였다. 이것이 무엇일까? 이것은 기억일까? 내가 어릴 때 혹시 혼자 남겨졌었나? 나는 피가 끓고, 울부짖음에 목이 아파 오고, 근육이 경직되고, 팔다리가 떨리는 것 등의 전신 경험을 하며, 내가 일차적인 분노를 다시 경험하고 있는 것을 느꼈다. 이것은 그저 분노를 느끼는 것이 아니라 분노 그 자체가 되는 경험이었다.

휴식을 취한 후에 나는 많이 편안해졌다. 남편인 존(John)과 나는 그날 밤 외식을 하러 나갔고, 그 아기에 대해 토론했다. 나는 우리 어머니와, 어머니의 수동성에 관한 온갖 종류의 연상이 떠올랐다. 내가 기억하기로, 어머니는 엄청난 자극이 있어야 겨우 화를 내는 사람이었다. 이와 같은 '통찰들'은 뭔가 텅 비어 있고 핵심을 비껴 나가는 것 같았지만, 그래도 나는 이 아이가 어디서 왔는지 이해하려고 해야 할 것처럼 느꼈다. 나는 도예 경험을 통해서 점토를 익숙히 다룰 수 있었음에도 불구하고, 인체 조소에는 아무런 경험도 없고 훈련도 받은 적이 없다는 사실을 깨닫고 놀랐다. 그렇지만 그 이미지를 만들지 말아야 한다는 생각은 들지도 않았다. 우리의 저녁식사는 어떤 축하처럼 느껴졌다.

이후 며칠 동안 나는 그 과정을 음미하며 조소 작업을 마쳤다. 조소 작품이 마른 후, 그것을 빨간색 아크릴 물감으로 여러 겹 칠해 주었다. 완성된 아기는 미끌미끌해 보이고 신생아처럼 보였다([그림 12-4] 참조). 나는 아이를 수건으로 감싸고 빈 신발 상자에 넣어서 다음 번 분석치료 시간에 가지고 갔다.

나는 이전에 그렸던 마젠타색 낙서화와 이 화나고 혼자 내버려 진 아이의 연관성을 찾아낸다. 리는 이 아이 이미지를 너무나 좋아 하고 그것에 존경을 표한다. 하지만 어찌된 일인지 그 분석치료 시

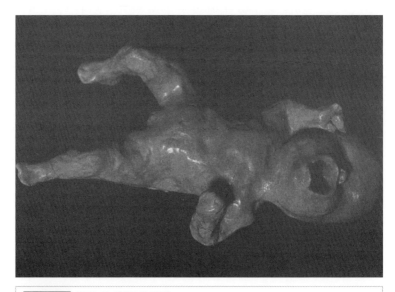

그림 12-4 빨간 아기(점토에 채색)

간은 아주 실망스러웠다. 아기 이미지는 기적적인 것처럼 느껴졌지만, 그때 리가 외부에서 오는 전화를 받았고, 그러는 와중에 치료 시간이 다 지나가 버려서 나는 화가 났지만, 도리어 그 어느 때보다도 더 나의 화를 표현할 수 없는 지경에 이르렀다. 리는 우리가 어떻게 이 아기를 분석 과정에서 공동으로 부모처럼 돌볼지에 대해서 이야기했다. 치료 세션이 끝나고 내가 그곳을 나올 때 리는 "당신 아기를 잘 돌보세요."라고 말했다. 그날 밤에 아기의 팔이 부러졌다. 나는 눈물을 흘리며 그것을 보수하였다. 나는 리의 불완전한 이해와 내 걱정을 제대로 표현하지 못하는 나의 무능력함에 대하여 화가 났다.

이 이미지가 이렇게 드러난 이유가 뭘까? 이것은 나와 치료사와의 관계를 보여 주는 별개의 과정인 것일까? 미술치료에 있어서 이미지는 치료사와 내담자가 만나는 공동의 장을 제공하게끔 되어 있다. 나는 빨간색 아이가 나의 충족되지 못한 욕구의 표현이라고 읽는다. 하지만 그래서 뭐가 어떻다는 거지?

나중에 나는 분노를 느꼈을 때 이를 당장 표현하지 못하는 나의 무능력함에 대하여 그림을 그렸다. 나는 이를 악물고 있는 턱과 푸른색의 기다란 목 쪽으로 쑤셔지고 있는 빨간색과 분홍색의 단검들을 그렸다([그림 12-5] 참조). 물감을 이용해 자유화로 몸통도 하나 그렸는데, 나중에 이 몸통은 얼굴로 변했다. 그것도 역시 빨강과 분홍의 밝은 색조로 그렸다.

이러한 다른 여러 이미지들은 현실이라는 것이 다양한 면을 동시에 보유하고 있는 홀로그램일 수도 있다고 말해 주고 있었다. 나는 나의 현실에서 소리 지르고 있는 아기인 동시에 분노를 삼키고 있는 어른으로서 존재하고, 또한 분노가 그 안에서 소용돌이치고

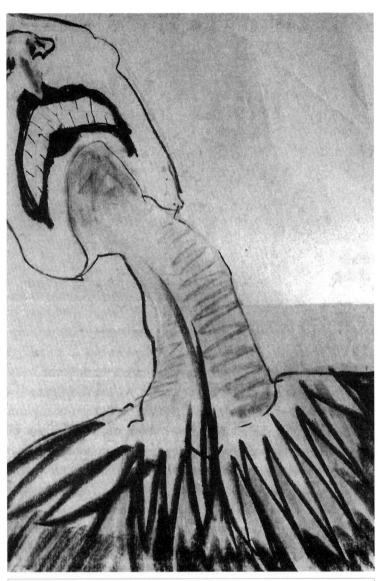

그림 12-5 갇혀 있는 분노(파스텔)

있는 복부가 있는 잘려진 몸통으로서도 존재하고 있다. 이 각각의 부분들은 생존을 위해 각자 다 따로 분리되어 있다. 이 이미지들은 제한된 분석치료 시간 내에서 얻을 수 있는 것보다 훨씬 더 충분히 나의 현실을 보여 주고 있었다. 이 강력한 이미지들 중 그 어떤 것도 나의 표면으로는 드러나지 않는다. 나는 엄청나게 평범하고 상식적이며 잘 균형 잡혀 있는 사람으로 보이고 있기 때문이다.

나는 낙서화를 그렸는데, 그것이 나의 마음을 심히 괴롭혔다. 그것은 괴기하게 과장된 왼쪽 눈으로 종이 바깥을 노려보며 인상 쓰고 있는 늙은 여인이었다. 그녀는 어깨를 위쪽으로 으쓱이고 있었고, 미미한 손짓은 절망감을 전하고 있었다. 입술은 밝은 빨간색이었고, 너풀너풀한 블라우스를 입고 있었으며, 아주 냉정한 노처녀의 전형적인 모습을 하고 있는 것 같았다. 그녀는 여성성을 상징하는 모습을 조금 보이고 있지만, 사실은 원한이 서린 모방꾼이다. 가장 심란한 부분은 그녀의 '다리'와 '신발'인데, 이것들은 꽉 조여진 원의 모습을 하고 있어서 마치 성기를 보호하려고 잠가 놓은 듯한 느낌을 들게 한다. 그녀는 자기 머리숱을 감추기 위해 검은색 가발을 쓰고 있다. 이러한 그녀의 모습은 자기 머리를 가발로 감추는 정통 유대교 여인들을 생각나게 한다(나는 정통 유대교 부인들이 자기 머리를 가리고 남편과 따로 떨어져서 기도한다는 사실이 항상 흥미로웠는데, 이들이 그렇게 하는 것은 남편을 공부와 기도로부터 산만하지 않게 하려는 것이다. 실제로는 그런 여인을 알고 있지는 않지만, 이 이미지는 여성성에 대항하는 터부들을 떠오르게 했다. 그러한 것들은 지성을 약화시키거나 지성으로부터 멀어지게 하는 모든 것을 억제하는 것으로 내 안에 내면화되어 있다).

이 여자는 사랑보다 일을 선택하는 '강한' 여자를 보여 주는 아주 끔찍한 망령이다. 그녀는 자기 안에 있는 관계를 형성할 수 있는 측면을 잠가 버렸다. 나는 여러 여성 멘토에게서 인간관계들은 결국 똑똑한 여자한테는 실망적인 것뿐이니 일에 열중하라는 충고를 받아 왔다. 이 이미지는 분개하며 "여성성 같은 것은 신경 쓰지 마. 그럴 가치가 없어."라고 말했다. 나는 내 치료사인 리가 이 그림을 빌려 달라고 해 놓고는 이내 한쪽으로 치워 버렸을 때 도리어 마음이 한결 편해지는 것을 느낄 수 있었다. 그는 그 여성성의 부정적인 측면에 대해서 나를 도와주지 않을 것이다. 그가 그렇게 말로 이야기한 것은 아니지만 우리 치료 작업은 그렇게 진행되었다.

나는 이 형태 속에서 마음이 편하지는 않지만 나 자신을 발견한다. 만약 내가 이 여성성을 완전하게 포용하려고 하는 것이라면, 나는 정말 되돌려 놓아야 할 것들이 너무 많다. 일면에 나는 '여성적'인 여자들이란 덜 잘나고, 덜 똑똑하고, 능력도 덜하다고 믿고 있었다. 지금 이 시점이 될 때까지 나는 쉴 틈 없이 나의 커리어에 굉장히 집중해 왔었고, 매우 야망적이었다. 이 형상은 그러한 방향성이 나를 어디로 이끌고 갈 것인가에 대한 것을 서늘하게 엿보게 해 주었다. 나의 '정통적' 여성이란 강하고 자급자족할 수 있는 것과 같은 뜻이었는데, 이것은 우리 어머니 세대의 '약한' 여성상에 대한 대응적인 것이었다.

셔츠 포장에 들어가는 빳빳한 사각 종이 위에, 일련의 콜라주 물감 작업으로 성녀들을 제작하였다. 이 여인들은 음식이나 청소 용구들을 마치 성당에서 성체를 모시듯 들고 있다. 나도 이 여인들이 누구인지 잘 알 수 있었다. 내 커리어에 대한 나의 포부에도 불구하고, 나 역시 여자들이 당연히 해야 하는 일들은 어떤 것인가에 대해 깊게 새겨진 고정관념들이 있었다. 요리하기, 청소하기, 다른 사람

그림 12-6 성인과 사기꾼(박스 종이 위에 과슈로 채색)

12 원형들에 대하여 알기   199

을 돌보기 등이 그것들 중의 몇 가지 예이다. 일을 잘한다는 것은 이러한 여성의 역할들 대신에 해 볼 수 있는 것이 아니라, 추가적으로 해내야 되는 것이었다. 이러한 것들은 딱히 의식적으로 기대하고 있는 것이 아니기 때문에, 이에 대해 의문을 가지는 것은 더 어렵다.

이 시리즈의 마지막 작품은 이 문제를 더 명확하게 보여 주고 있다. 성스러운 옷차림을 한 여인 한 명이 음흉한 모습을 하고 있는 커다랗고 힘이 있는 남자 '천사' 앞에 무릎을 꿇고 있다([그림 12-6] 참조). 충격과 함께 나는 이 그림을 통해 나 자신을 보았다. 내 안에서도 여성성이란 남성들의 보호해 주겠다는 약속에 굴종하는 것이었다. 나는 여성성의 가치를 희생하면서 대신 나 자신을 남성적 가치들과 동일시해 왔는데, 이러한 모습은 약하고 병적인 것처럼 보인다. 나는 실제 인간관계에 있어서는 꽤 강하게 보이고, 남성들과 동등한 권리를 가지고 있는 것처럼 보였다. 나는 다른 여자들이 남자와의 관계에서 가지게 되는 자질구레한 싸움에 말려 들어갈 일이 없다는 것을 자랑스럽게 생각하며 지내 왔다. 그래서 내 안에 있는 '상반되는 것의 결합'을 보여 주는 이 작품은 나를 놀라게 하였다. 마치 속임수에 넘어가 사기를 당한 느낌이었다. 나는 아직은 제대로 된 여성성을 되찾는다는 것이 어떤 모습으로 나타날지, 아니면 어떤 식으로 나의 인생을 바꿀 것인지 모르겠지만, 그에 대해서 알고 싶어졌다.

우리는 도시에서 빠져나와 가까운 교외로 이사했다. 스튜디오로 쓸 만한 방도 하나 있고 해서, 그곳에서 나는 할 수 있는 한 많이 빨간색으로 그림을 그렸다. 작업을 하다 보니 자궁 안에 있는 것처럼 느껴졌고, 그 안에 있는 것이 좋게 느껴졌다. 나는 근처 중고 가게에서 빨간색 안락의자도 발견했고, 내 이젤도 빨간색으로 스프레이 칠을 했다.

그런 와중에 나는 그림 작업과 분석치료 과정이 뭔가 뒤범벅된 듯한 느낌이 들었다. 난 이 둘이 함께 제대로 돌아가는지 확신이 서지 않았다. 나는 한 여자 아기가 녹색으로 그려진 야수의 무릎 위에 앉아 있는 것을 그린다. 야수는 마젠타색의 책 속에 있는 아기의 인생 이야기를 읽어 주고 있다. 나는 이 그림이 나와 내 분석가와의 감정 전이관계를 보여 주고 있다는 것을 알 수 있었다. 이는 아버지와 어린 딸의 이상적인 유대관계와 비슷한 모습을 띠고 있다. 아기의 모습을 한 나는 그 이야기책 속에서 내 여정에 대한 이미지들을 보며 안정감을 느낀다. 하지만 이 책을 읽고 있는 것은 내가 아니라 그 분석가였다. 실제 치료 세션에서 나의 분석가는 이 이미지들을 이야기책의 형태로 만들어 이 관계에 대한 나의 감정들을 알아내 보라고 제안한다. 하지만 이 그림은 뭔가 조금 맞지 않는 구석이 있다는 느낌이 든다. 이 아이는 계속 성장해 가면서 그 이미지들을 살아가야 한다. 책에 있는 이야기를 안전하게 그저 듣고 있기만 해서는 안 되는 것이다. 이 그림은 이러한 분석이 나의 내적 분열의 또 다른 양상을 보여 주는 것이라고 다시 말하고 있었다. 분석치료사의 모습은 해치지 않는 힘을 가진 남성성을 상징하고 있었고, 여성성은 더 이상 병약하고 수동적인 성인기로 들어가는 것이 아니라 여성으로서의 자신의 힘을 되찾고 다시 살아가기 위해 아이의 모습으로 다시 나타난 것이다.

나는 이 이미지들 이후에 연결되는 다음 작업은 유화로 해야 한다는 마음이 들었다. 유화는 내가 가장 많이 해 본 재료이고, 비록 완전히 숙달했다고 하기는 어렵지만, 왠지 아주 중요하고 심각한 재료로 느껴졌다. 나는 이 이야기는 아주 신뢰할 수 있게, 단단하게 표현되어야 한다는 것까지만 알 수 있었다.

오랫동안 참아 왔던 분노를 표현한 굉장한 이미지들을 제작한 후에도 나는 그때그때 생기는 분노를 즉각적으로 표현할 수 있도록 이내 변하지는 못했다. 나는 분석치료사에게 [그림 12-5]를 절대 보여 주지 않았다. 왜냐하면 그 그림은 치료 중에 실제 있었던 일—내가 빨간색 아이를 표현한 조소 작품을 꺼내 보여 주었을 때, 그가 외부에서 온 전화를 받은 사건—과 너무나 명백하게 연관되어 있었기 때문이다. 그 대신 나는 그 분석치료사가 그 아이를 존중해 주었고, 치료 시간이 방해된 것에 대해 내가 화가 났던 것은 별로 중요한 것이 아니라고 스스로 합리화했다. 이것은 전형적인 '여성적' 행동, 즉 남자의 관심이 나에게서 분산되었을 때 마음이 상하게 되는 것이었고, 이러한 것은 내가 알지도 못하는 사이에 오랫동안 내면화된 것이었다. 얼굴을 찌푸리고 있는 나이 든 여인의 이미지는 그 의미를 이해하기까지 여러 해가 걸렸고, 그녀는 아직도 나에게 말을 건네고 있다. 그녀는 관계란 별로 가치가 없고, 감정과 느낌들로 인한 그 모든 혼돈 속에서 진정한 자기 자신이 되는 것은 불가능하니, 아예 신경조차 쓰지 말 것이며, 옷을 차려입고 필요한 역할들을 해내라고 한다. 그러면서 여성이 된다는 것은 감당하기에 어려운 현실이라고 말한다.

나는 나 자신을 남성성과 동일시한 것이 허구임을 이제야 겨우 서서히 깨닫기 시작하였다. 이러한 깨어진 조각들로 이루어진 자아는 꽤 오랫동안 잘 먹혀 왔다. 하여, 이것들을 포기하는 것은 쉬운 일이 아니었다. 여성으로서 분노라는 것을 느끼고 표현할 수 있기 위해서, 그래도 된다는 모습을 보여 주는 어떤 이미지가 필요한 것도 여전한 사실이었다. 나는 아직까지는 내게 필요한 그 이미지를 찾지 못했다. 만약 우리가 변화하기를 원한다면 그런 가능성들을 보여 주는 새로운 이미지들이 필요하다. 나는 소울이라는 것이 그러한 무한한 가능성들을 보유하고 있다고 믿는다. 첫 번째로 해야 할 것은 우리가 사용하고 있는 기존의 이미지들이 무엇인지를 인식하는 것이다. 만약 그 이미지들이 더 이상 효과적이지 않다면 그것들에 충분히 애도를 표한 뒤 버려야 한다. 이것은 두렵고도 어려운 일이지만 우리 인생의 각 단계에서 맞이하게 되는 모든 변화의 순간들에서 우리가 꼭 해야만 하는 일이다.

그런 와중에 나는 이러한 이미지들에 대해 남편과 토론을 해 볼 수 있었고, 또 이 이미지들에 공감하는 학생들과 여자 친구들 몇몇과도 이야기를 나누어 볼 기회가 있었다. 이러한 기회는 나로 하여금 여자로서의 나의 이미지(self-image)에 대해서 더 폭넓은 범주를 포함시킬 수 있게 해 주었다. 나 자신에 대한 이미지를 미술치료사 그리고 교육자로서 보는 부분은 훨씬 더 힘든 일이었다. 나는 내가 가치 있게 생각해 왔던 합리성과 통제라는 것에 대해 의문을 품기 시작하였다. 나는 교육자이자 치료사일 때의 나의 모습이 종종 부족하다고 느꼈다. 나는 당시 이런 나의 상황을 솔직하게 털어놓을 만한 친한 동료가 없었다. 대신 미술작품이 나의 내적 혼란을 증폭시켜 주기도 했고 또한 이를 수용해 주었다. 나는 이 작은 아기가 아직은 야수의 포근한 무릎 위에 편히 앉아 진정한 자기 자신에 대한 이야기를 기꺼이 스스로 읽고 싶어 하고 있지만 앞으로 어떠한 심판들이 그 아이 앞에 놓여 있는지는 아직 보이지가 않았다.

어떤 이미지들은 당신만의 고유한 방식으로 표현되는 '당신만의 것'인데, 이것은 또한 좀 더 광범위한 보편적인 중요한 의미도 지니고 있다. 개인적이면서 동시에 보편적인 측면을 담는 이미지를 제작하는 것에는 연습과 지원이 필요하다. 이것은 일종의 댄스와도 같아서 광범위한 것과 작은 것의 지속적인 교대가 필요한 것이다. 그 어느 쪽이든 한쪽으로 치중을 하면 단점들이 생겨난다. 전통적인 심리치료사들, 그리고 심지어는 몇몇 미술치료사조차도 한 이미지가 있으면 그에 대해 대부분 개인적 차원의 의미에만 집중하는 경향이 있다. 융 학파들과 원형주의(archetypal) 심리학자들은 이미지들에 대한 문화적이고도 보편적인 측면들에 대한 풍부한 시각을 가지고 있지만, 때로 그들은 어떤 원형적 형상이 한 개인의 실제 삶에 주는 중요성에 대한 시각을 잃기도 한다. 이 이미지들이 자율적인 존재라는 것을, 즉 단지 당신에게뿐만이 아니라, 다른 이들에게도 전하고자 하는 메시지를 가지고 있다는 것을 기억하는 것은 중요하다.

우리가 '위대한' 예술에 반응을 보이게 될 때, 이것은 그 작가가 우리 각자가 깊은 진실이라고 느끼는 그 무엇인가를 표현해 낼 수 있었기 때문이다. 예술가들을 사회를 위해 이러한 표현적인 과제를 실행해 내는 사람들로 보는 것은, 인간으로서 우리가 계속 성장하고 있다는 어떤 영웅적 신화의 일부를 보여 주는 것이다. 조지프 캠벨(Joseph Campbell)에 따르면 미켈란젤로(Michelangelo)가 가진 천재성은 그 사회를 끌어 가던 지배적 신화를 강력하게 표현해 내었다는 데 있다. 지금의 우리는 강한 아버지상이 이끄는 이전의 신화가 변화해 가는 시기를 살아가고 있다.

지금은 전환의 시기이다. 이러한 시기에는 낡은 이미지들이 사라져 감에 따라 그것을 대체할 지침이 될 수 있는 새로운 이미지들을 우리 각자가 꺼내 놓아야 한다. 새로운 이미지들은 우리 삶의 모든 측면에서 서서히 떠오르고 있다. 과학은 우리에게 가이아(Gaia) 가설을 알려 주고 있고, 물리학은 인생을 하나의 통합된 장으로 표현하고 있으며, 의학은 우리 안의 내재하는 치유자와 심신의 연관성을 발견해 나가고 있다.

현재와 같은 전환의 시기에는 이전의 소련 같은 서로 공감할 수 있는 공공의 적들 또는 획일적으로 이상화된 신체 사이즈를 가진 여자 롤모델 같은 이미지들처럼 방향성을 잡아 주는 어떤 외적 기준들이 더 이상 존재하지 않게 된다. 그러므로 각각의 사람들은 자신의 길이 무엇인지 방향을 찾기 위해 자기의 내부를 들여다보아야만 한다. 이미지를 만드는 일은 이러한 것을 해낼 수 있는 한 방법이다.

자신도 모르게 이미 내면화한 역할들에 대해 탐험해야겠다는 인텐션을 써 보도록 하자. 아마 목록을 하나 만들어 보는 것이 도움이 될 수도 있겠다. 예를 들어, 당신이 만들고자 하는 이미지들에 제목을 붙여 보는 것이다. 좋은 어머니, 섹시한 여자, 지도자, 정복의 영웅 등 당신이 해 보았던 또는 다른 사람에게서 보아 왔던 어떤 역할들이라도 좋다.

당신의 마음을 끄는 이미지 하나에서 시작하는데, 탐험해 가기에 즐거워 보이는 것을 선택하도록 한다. 괜찮은 것 같다고 느껴지면 어떤 재료라도 사용해 보자. 책이나 잡지, 또는 기타 다른 사진 이미지들을 이용해 이 작업이 가지는 원형적 측면을 마음껏 향상시켜 보자. 사진 한 장을 시작점으로 사용해 보라. 또는 당신이 탐험해 보고자 하는 역할을 잘 보여 주고 있는 어떤 특정한 여자의 이미지 등을 사용해 보는 것도 도움이 될 수 있다. 시간을 충분히 가지고 다양한 일련의 이미지들을 창조하고 모으도록 한다.

만약에 꽤 다양한 이미지가 만들어졌으면, 이제 그것들을 재검토해 본다. 쭉 펼쳐 놓고 그중에 무엇인가 당신에게 초자연적이고 신비하게 느껴지는 이미지가 있는지 찾아보라. 한 개의 이미지 또는 몇 개의 이미지를 벽에 걸어 놓고, 개인적인 것과 원형적인 것 사이를 이미지와 함께 이리저리 댄스를 하듯 다녀보겠다는 인텐션을 만들어 이를 읽는다. 가장 마음을 끌어당기는 이미지를 선택하고, 그 인물과 함께 대화를 하기로 결정한다. 마치 적극적 상상의 과정처럼 가벼운 환상 차원의 대화가 일어날 것이다. 이미지에게 무엇을 알고 있는지 물어보라. 또 그 이미지를 여러 날 동안 볼 수 있도록 벽에 걸어 두라. 그러면서 당신이 알게 된 것들이 개인적으로 어떤 의미를 주는지 알아내 가도록 하자. 생각할 수 있는 모든 것을 적어 내려간다. 당신은 어쩌면 새로운 통찰들을 얻을 수도 있고, 이미 알고 있는 많은 것을 다시금 써 내려가고 있는 자신을 발견할 수도 있다.

이미지를 그대로 걸어 놓고 좀 보자. 개인적인 의미가 자리를 잡거나 아니면 사라지도록 내버려 두자. 그런 후, 그 이미지가 가진 원형적 차원을 탐험해 가기 위해 당신이 무엇을 해야 하는지 생각해 본다. 융은 원형들을 "내용이 없는 형태들"이라고 불렀다. 대략적인 여자 모습을 외곽선으로 그려 보고, 그 안을 당신이 겪었던 여자들—어머니, 여자 형제, 딸, 할머니, 선생님들, 친구들—로 채워 보는데, 궁극적으로는 원형적인 여성성에 대해 당신이 경험해 본 것들로 구성하도록 한다. 만약 당신의 경험이 비교적 협소하고 경직된 편이라면, 가능성들은 한정되어 있을 것이다. 이런 이미지들을 의식적 차원에서 제작해 봄으로써 이들이 전환되고 확장될 수 있게 해 준다. 이미지들이 무의식 차원에 머무르게 될 때, 우리의 행동은 보이지 않는 힘들에 의해 움직이게 되는 것이다.

우리는 원형들을 주로 꿈속이나 이미지들을 통해 만나지만, 또한 우리의 실제 인간관계들 속에서 자신이 가지고 있는 원형적 내용들을 무의식적으로 반영하며 살아가고 있다. 우리는 자신과 반대 성향을 가진 파트너를 찾고, 서로에 대한 기대가 유동적이기보다는 고정된 관계들을 맺는다. 이 원형들에 머물러 보는 이유는 자아 또는 소울이 모든 가능성을 포함하고 있기 때문이다. 탐험을 하면 할수록 우리는 존재의 다양성에 대한 이해를 더욱더 할 수 있게 된다. 또한 우리는 어떤 특정하고 제한된 하나의 역할에 갇혀 있을 수도 있는 사람들에 대해 이해할 수 있게 된다. 우리 자신들 그리고 다른 사람들에 대한 공감과 연민이 커진다. 우리가 모든 가능성—친절함, 잔인함, 성취, 권태, 관대함, 욕심—이 모두에게 존재한다는 것을 보게 될 때, 우리는 자기 자신에 대한 이미지를 완전히 긍정적으로 지키고자 다른 사람들에게 꼬리표를 붙이고 싶어 하는 마음을 버릴 수 있게 된다. 다양성을 보지 못하면 자신과 다르다는 이유로 희생양을 만들거나 박해를 하는 것으로 이끌릴 수 있다. 왜냐하면 우리에게는 우리 자신 속에 다른 것들이 있을 수 있다는 것을 두려워하며, 동시에 뭔가 다른 것처럼 보이는 다른 사람들을 파괴하고 싶어 하는 경향이 있기 때문이다.

이러한 탐험 과정이 당신의 정서를 살찌울 수 있도록, 또 좀 더 많은 이미지를 만들 수 있도록 하라. 그럼으로써 그 과정이 살아 있고 춤을 추듯 생동감 있도록 하라. 만약 이 과정이 학교 숙제 같다거나 고역처럼 느껴진다면 멈추라. 이 책에 묘사된 많은 작업이 그러하듯, 어쩌면 당신은 여러 가지 다른 선택—즉, 좀 더 깊게 들어가는 것, 그저 쉬기 위해 취미 삼아 하는 것, 또는 마음의 중심을 잡기 위해 하는 것—사이를 왔다 갔다 하는 자신을 발견할 수도 있다. 이미지 과정이 주는 놀라운 점은 우리가 의도를 가지고 집중을 하며 작업을 해 나간다면, 우리가 어떤 처지에 있든지 그 상황에 맞는 수준으로 우리에게 도움이 된다는 것이다.

13
춤에 대하여 알기

　나는 여러 가지 삶을 동시에 살아가고 있다. 이미지 작업 과정은 인생이란 서로 겹쳐지는 여러 가지 현실이 연속되는 것임을 알게 해 주는데, 이 현실들은 서로 아주 다르면서도 엉켜 있다. 의식이라는 것은 나의 인식을 제한시키는 경향이 있고, 겉으로 상관이 없어 보이는 세부사항들은 편집해 없애 버리는 경향이 있다. 하지만 모든 삶의 아래에 흐르고 있는 강은 풍부하며, 다양한 측면을 띠고 있다. 이러한 여러 가지 현실의 동시성은 쉽게 이해하기 어렵다.

　이미지들이 드러난다. 나는 예전에 그렸던 야수 시리즈에서 따온 뼈만 남은 가면을 만든다([그림 13-1] 참조). 내가 그 가면을 만들기로 결정한 것이 아니라, 사실은 그 가면이 스스로 만들어지기로 결정한 것이다. 나는 내 저널을 다시 읽어 나가면서, 그 가면이 처음 등장해서 이를 그려 본 이후 정확히 1년이 지났음을 알게 되었다. 이 이미지들의 1년이라는 배양 기간이 주는 의미는 무엇일까? 나는 분석치료 시간에 내 결혼생활, 아기를 가지고 싶어 하는 나의 소망, 임신에 대한 두려움, 어머니를 잃은 것으로 인해 여자가 된다는 것과 관계된 모든 일에 있어 일종의 영원한 불구의 신세가 된 것은 아닐까 하는 두려움 등에 대하여 이야기한다.

나는 이미지 과정에 대해서 생각한다. 이미지들은 나의 불안을 흡수해 주고, 해석하고자 하는 마음을 눌러 주며, 나를 이러저러한 곳으로 데려다준다. 처음에 나는 어떤 비유를 찾아내고자 하는 것

그림 13-1 ｜ 뼈만 남은 얼굴 가면(셀류 클레이―*역자 주: 일종의 지점토)

처럼 보였다. 그리고 일단 강한 비유/은유가 나타나면 어떤 치유가 시작되곤 하였다. 종종 비유는 단편적인데, 나의 존재 안에 있는 조그마한 형태가 시간이 지남에 따라 그 중요성이 점점 커지는 것이다. 마치 이 뼈만 남은 얼굴 가면처럼 말이다. 원래 그 가면은 그림으로 시작했다. 이제 1년이 지난 후에 이것은 입체적인 물체가 되어서, 내가 손으로 집어서 뒤집어 볼 수도 있다. 나는 그저 이러한 것이 실재할 수 있도록 만들어 주는 것뿐이다. 이 이미지가 나를 통해 나에게 온 것이고, 언젠가는 그것이 왜 왔는지 알게 될 것이라는 것을 신뢰해야 한다.

나는 이미지들이 반복적이고, 또한 내 인생에 스며드는 경향이 있다는 것을 알게 되었다. 주의할 점은, 이미지라는 것을 의식할 수 있는 정도로만 가지고 있어야 하지, 어떤 의미를 부여하거나 마무리를 하기 위해 성급하게 서두르지 말아야 한다는 것이다. 그러지 않으면 다음번에 어떤 일들 또는 이유를 알 수 없는 요인들로 인해 약간 변형된 모습으로 다시 등장할 때까지, 이미지는 점점 사라져 버리고 제대로 표현하지 못하거나 내 것이 아니게 된다. 나는 이미지 작업을 통해, 내 안에 있는 어떤 것과 나 자신보다 더 큰 그 무엇과 연결되는 어떤 중간 경로에 있는 것이다. 그 큰 무엇인가는 보편적이고 심오하며, 좀 더 진화되어 있는, 내가 이미지들과 함께 그리고 이미지들을 통해 소통하는 어떤 지성이다. 나는 또한 이런 것들이 너무 과대망상적이고 내가 지나치게 극적인 것이 아닐까도 걱정한다.

아버지가 우리와 함께 추수감사절 연휴를 보내기 위해 오셨다. 아버지와 내가 같은 지붕 아래 살았던 것은 아주 오래전 일이고, 우리는 내가 고향을 방문할 때마다 친척들 집에서 만나곤 했었다.

아침에 일어나 보니 아버지가 와인 한 잔을 아침 식사로 마시고 계셨다. 아버지는 그것이 오렌지 주스를 마시는 것과 다를 것이 하나도 없다고 하셨지만, 아버지의 그런 작은 태도 하나가 내가 평생 동안 모른 체해 왔던 것을 건드렸다. 나는 아버지의 알코올 중독을 언급하면서, 아버지가 술을 마시면 같이 지낼 수 없다고 말했다. 이런 말을 하는 것이 우리 집 식구들에게 있어서는 마치 폭탄을 터트리는 일과 마찬가지였다. 남동생은 이건 별 문젯거리도 아니고, 세상에는 아버지보다 훨씬 더 많이 마시는 사람들이 차고 넘쳤다고 말했다. 언니는 내가 한 말이 일을 좋게 만들기보다는 도리어 해를 더 끼치지 않을까 두려워했다. 아버지가 당신 집으로 돌아가신 후, 다시 삶이 진행되었다. 강은 모든 것을 씻어 주고, 또 모든 것이 강이기도 하다.

아버지가 방문하신 이후 나는 파스텔을 이용해 아버지에 대한 이미지를 세 개 제작했다. 이 작품들은 괜찮게 나왔지만, 바로 그 점 때문에 그 안의 고통이 덜 보이고 있다. 내 안의 어떤 모습은 이 작품을 보며 뒤로 물러서서, 그 선과 색상들 그리고 힘에 감탄한다. 이미지들을 통해서 그리고 눈물과 분노를 통해서, 나는 다른 세계로 이동한다. 사실, 아버지의 방문 이후 며칠간이나 나는 눈물과 분노 속에 사로잡혀 있었다. 아버지가 계시는 동안, 그가 알코올 중독자라는 현실이, 마치 이전에는 무시해 왔던 상처가 주는 고통처럼 나의 의식 속을 파고들었기 때문이다. 내가 느꼈던 분노는 표현조차 할 수 없는 것들이었다. 내가 제작한 이미지들은 쓰레기, 죽음, 헛된 것에 갇혀 있는 것, 유약함 등을 표현하고 있었다. 그리고 이 이미지들과 같이 일상을 지내는 것이 내게 도움이 되었다.

이 그림들을 내 분석치료사에게 보여 주는 것도 도움이 되었다.

눈이 없는 이 이미지가 오이디푸스가 떠오른다는 그의 해석이 도움이 되었다는 것이 아니라, 내 이미지들을 감상해 주는 그의 방식 때문이었다. 그는 우리 아버지의 어두운 면을 바라보는 나의 시각을 보아 주었다. 나는 이미지를 제작할 때 아버지의 그림자를 보았다는 것을 인정한다. 내가 만든 이미지들을 보아 줌으로써 리(Lee)도 이것을 보았던 데다가, 고개를 돌리지도 않았다. 나는 뒷걸음치지 않으면서도 이런 것을 그저 바라보아 줄 수 있는 것이 판단을 없애 버리는 일이구나 하고 생각하였다.

만약 내가 이것들을 충분히 오랫동안 바라본다면 과연 용서로까지 갈 수 있을까? 내 치료사는 굳이 나에게 아버지에게서 어떤 희망을 찾으라고 하지 않는다. 그리고 그는 어두움의 힘을 부정하지도 않는다. 우리는 원인을 파악하려고 애쓰지도 않는다. 그는 우리 아버지를 욕하지도 않고, 내 작업에 대해 칭찬도 욕도 하지 않는다. 그는 단지 어두움과 빛, 그리고 그림자에 대해서 뭔가를 알고 있는 현명한 목격자이다. 그 모든 것은 어두움과 빛 그리고 그림자에 관한 것이라는 것을 그는 알고 있었고 나 또한 이를 알게 되었다. 그 중 어느 하나라도 부정한다는 것은 아무 쓸모가 없다.

뒤돌아 생각해 보니, 아버지께 맞서면서 나 자신이 아버지에 대해 갖고 있던 이상적인 모습을 포기한 것이, 나 자신에 대한 통찰력을 주었다. 내가 제작했던 인물화들은 내가 아버지에게서 보고 싶지 않았던 모습들을 보여 주고 있었다. 오만함, 일종의 차가운 우월감, 정직하게 그리고 가슴에서 우러나오는 것이 아닌, 자기 보호와 계산에 의해 행동하는 전략을 쓰는 모습 등이다. 나는 이와 똑같은 특성들이 나의 강점과 자신감, 그리고 합리성의 근저에도 있었다는 것을 깨달았다. 나는 나 스스로 충분히 잘 해낸다는 것을 늘

높이 여겨 왔지만, 그 또한 일종의 불신과 고립의 한 형태라는 것을 알지는 못했었다. 이러한 사실들은 직면하기에 즐거운 일들이 아닐뿐더러, 당연히 나 자신 안에서 보고 싶지 않은 면들이기도 했다. 나는 나의 내적 가치들의 전환이 필요했다. 나는 이 전환을 통하여 내가 다른 사람들과의 연관성들도 포용할 수 있도록, 내 마음으로부터 행동하면서도 생존할 수 있다는 것을 믿을 수 있도록, 다른 이들이 내게 필요한 것들을 볼 수 있게 하기를 바라는 것이다. 하지만 그 인물화들을 그렸을 당시의 나는 이 이미지들에 대해 예술가로서 작품의 표현 수준에 감탄하는 데 집중했지, 이렇게 깊은 의미를 볼 수는 없었다.

나는 아버지에게서 자신의 '약점'을 인정하지 않으려 하는 모습을 볼 수 있었다. 아버지에게는 알코올 중독을 인정하는 것은 이제 자신이 약하다는 것을 받아들일 수밖에 없는 것이 된다. 나 또한 이때 여전히 내 안의 어떤 취약성도 인정할 수 없었다. 대신, 그림 이미지가 나로 하여금, 아버지에게는 자기 이미지를 유지하기 위해 고립이 필요했다는 것을 볼 수 있게 했다. 하지만 나는 아직 나 자신이 가지고 있는 고립에 대해서는 직면할 수 없었다.

깊이 들어가 작업을 할 때는, 이미지들이 당신을 여기저기로 왔다 갔다 이동시켜 줄 것이다. 이를테면, 과거와 현재 사이, 자기 자신과 타인, 개인적인 것과 원형적인 것 등과 같은 것이다. 당신은 자신의 인생에 대한 통찰력도 얻게 될 것이지만, 또한 가까이 보려고 하면 시간과 장소 그리고 정치적인 것들에 대한 보다 큰 맥락에서의 통찰력도 얻을 수 있게 될 것이다. 나의 아버지는 나의 개인적인 아버지이기도 하지만, 또한 우리 문화가 주는 아버지라는 신화를 대변해 주기도 한다. 그것은 가부장적 가치에서 남자에게 유약함이란 허용되지 않는다고 하는 것이다. 이 작업을 하는 이유는, 한 문화에 있어서 차지하고 있는 큰 가치는 조금씩 변화할 뿐이며, 이 것은 각각의 개인들이 자기 자신을 바꾸어 가는 그 어려운 일들을 해 나갈 때 이루어지기 때문이다. 수직적 사회 구조에서 평등적 구조로 이동하는 것은 법적 절차만으로는 달성될 수 없다. 변화는 각각의 개인들의 깊은 마음과 의지 안에서 일어나야만 한다.

이러한 배움을 더욱 촉진하기 위해 위트니스를 해 줄 사람들을 고려해 보자. 당신 개인의 영역과 원형적 영역 사이를 넘나들며 같이 춤을 춰 줄 수 있는 사람을 떠올려 보라. 당신이 신뢰할 수 있고, 또 탐험을 해 나가려고 하는 당신의 의지를 나눌 수 있는 사람으로 주의 깊게 선택하라. 그러고는 그 사람에게 주의 기울이기, 인텐션, 위트니스에 대한 것을 설명해 주도록 한다.

위트니스를 한다는 것은 보아 주고 확인해 주는 것이다. 이것은 특별한 기술이 필요한 일이어서, 그 어떤 개인적 의도를 배제하는 것을 필요로 한다. 위트니스를 해 주는 사람은 당신이 만든 이미지들에 대해 판단하거나 비평하거나, 칭찬하거나 거절하거나 하는 것들을 일체 하지 않는다. 위트니스를 한다는 것은 함께 있어 주는 것이다. 위트니스를 해 주는 사람은 상대와 함께 있어 줌으로써 변화하고, 친숙하지 않은 것을 보아 줌으로써 성장하고, 혹은 자기 마음을 울리는 것을 봄으로써 강해진다. 당신이 무엇을 바라는지에 대해 잘 알고 있어야 한다.

그러나 누군가 당신의 이미지들을 보아 준다는 것은 심리치료와 동일한 것이 아니다. 이것은 어떤 진단이 들어가지도 않고, 문제를 해결해 주는 과정이 들어가 있지도 않다. 또 이 위트니스 시간이 어린 시절의 잘못된 모든 일을 즉각적으로 고쳐 주거나, 결혼생활을 구제해 주거나, 또는 갑자기 사랑하는 사람을 생기게 해 주지도 않는다. 하지만 이 위트니스라는 것은 다른 사람들과 연결이 될 수 있는 강력한 방법인데, 가장 효과적일 때는 이미지를 만든 작가와 그것을 위트니스해 주는 사람들과의 역할이 명료하고, 또 그 어떤 일이 일어나든지 그것을 보아 줄 의지가 있을 때이다.

당신이 나누고 싶은 이미지를 한 개나 두 개 정도 선택하라. 위트니스 과정이 어떤 것인지 설명을 해 준 후에, 이 과정으로 당신의 위트니스들을 초대하라. 침묵 속에 함께 몇 분간 그 이미지들을 바라본다. 당신의 인텐션이 무엇인지를 그들과 나눈다. 당신은 그 이미지에게 무엇을 물어보고 싶은가? 무엇을 알고 싶은가? 그런 후 과정 자체가 이끌어 가는 대로 따른다. 당신은 이 위트니스해 주는 사람들로부터 무엇을 원하는가? 토론을 어느 정도 할지, 이미지의 어떤 측면에 대해서 이야기할지, 그리고 그와 관련된 기타 어떤 주제에 대해서 이야기할지, 또는 그저 단순한 침묵의 시간을 가지는 것이 적당한지에 대한 모든 것은 당신이 결정하기에 달려 있다. 위트니스를 해 주는 사람이 감정과 반응들을 나눠 주기를 바라는가?

당신은 이끌어 가는 사람의 역할을 하면서 언제 과정이 끝나는지를 결정하게 되는데, 만약 그렇지 않은 경우에는 참가자들이 모두 미리 동의한 시간에 끝낸다. 어쩌면 당신은 자신이 선택한 이미지에 반응해서 어떤 미술작업을 더 하자고 제안할 수도 있다. 앞으로도 이러한 방식의 관계로 계속 같이 과정을 진행할 것인지에 대해서 공동으로 결정하도록 한다. 만약 미술을 제작하거나 기타 다른 창의적 작업을 하는 사람을 위트니스를 해 주는 사람으로 선택한다면, 위트니스를 해 주는 역할과 그것을 받는 사람의 역할을 번갈아 가면서 해 볼 수 있다. 어떤 식으로 하여도 그 각각의 관계는 독특한 것이며 그 자체의 고유한 방식으로 진행되어 가야 한다.

14

반복되는 패턴들에 대하여 알기

　나는 야수의 무릎 위에 앉아 있던 어린이를 그린 스케치를 기반으로 일련의 유화 작업을 시작했다. 이 그림을 그리기로 작정할 때부터 이미 따뜻한 무릎 위에 앉아 있던 수동적인 모습의 아이의 이미지는 변화하고 있었다. 첫 번째 제작한 그림에서는 야수가 아이를 잠에서 깨운다. 독수리같이 생긴 불새가 아이의 침대 헤드보드 위에 앉아 있다. 또한 여러 영혼이 떠다니며 방 안에서 놀고 있다. 야수가 가져온 불빛이 열려 있는 문을 통해 넘쳐 난다. 아이는 야수의 눈을 똑바로 쳐다보는데, 두려워하지도 않고 도리어 기뻐하고 있었다. 야수가 이렇게 말한다. "이리 오렴. 이제 가야 할 시간이야." 어둠의 생명체가 빛을 가지고 왔다. 이 이미지는 어린아이 그림의 미스터리 시리즈의 시작이 되었다.

　이 시리즈의 그림들은 세심하게 기초 표면 작업을 한 캔버스 위에, 점성이 있으면서도 강한 광도를 만들어 낼 수 있는 유화물감을 쓰기를 요구했다. 나는 엷은 린시드유(*역자 주: 아마유)와 다마르 바니시(damar varnish)에 약간의 물감만을 섞어 엷게 여러 겹을 윤이 나게 칠했다. 이 재료는 내가 아주 좋아하는, 취할 정도로 매우 강한 냄새를 풍긴다. 겹겹이 칠함으로써 이미지는 결과적으로 여러 차원을 가진 듯한 느낌을 만든다.

두 번째 그림에서 아이는 야수의 어깨 위에 앉아 있는데, 그 작은 손가락으로 야수의 녹색 털을 꼭 움켜쥐고 있다. 나는 이 그림이 주는 이러한 동적인 즐거움에 압도되었다. 야수에 대해 알기 위해서 나는 아이의 형태로 다가가야만 한다. 불새가 이들이 그 방을 떠나 빛으로 향해 가는 길을 안내한다. 아이는 방 쪽을 향해 뒤돌아보는데, 어깨 위 야수 높이에서 볼 수 있는 새로운 전망에 기뻐하고 있다. 그 빛 저 너머에 무엇이 기다리고 있는지 아직은 알 수가 없다.

세 번째 그림에서 야수는 털이 잔뜩 난 자신의 팔로 아이를 안고 있다. 그러고는 탁 트인 광활한 공간을 가로질러, 동굴로 향해 가고 있다. 불새는 빛이 흘러나오는 그 동굴의 입구 위에 앉는다. 사이프러스 나무들이 달빛 아래 그림자를 드리운다. 다른 영혼들이 밤에 까불대며 놀고 있다.

일단 동굴 안에 들어가자, 아이는 그릇에 담겨 있는 빛을 야수가 떠 주는 대로 받아먹는다. 야수가 이 아이를 여기까지 데려왔고, 새는 이제 곧 시작할 여행에 조바심을 내고 있다. 아이는 따스하고 편안한 동굴의 분위기 속에서 그 빛을 열심히 받아먹는다. 새는 마치 서두르라는 듯이 아이의 이마를 부리로 가볍게 두드린다.

도대체 이 그림들은 무엇일까? 각각의 그림들은 연필 스케치를 할 때 나타났는데, 그다음 스케치는 이전 작품이 시작되고 나면 그려졌다. 나는 그 내용이나 또는 어떻게 이야기가 진행되어야 한다는 것 등에 어떤 의식적 선택도 하지 않는다. 내가 하는 것이라고는 오로지 그림 이미지에 있어서 뭐가 어울릴까 하는 것에만 집중하는 것이다. 이러한 측면에서 이 과정은 적극적 상상과 유사하다고 할 수 있다.

다섯 번째 그린 이미지가 나를 꽤 놀라게 했다. 처음에 나는 이것이 이전에 그린 그림들과는 일관성이 없다고 생각했다. 아이는 파란색의 커다란 어머니이자 성스러운 여인과 맞닥뜨렸다. 그녀는 아이에게 거룩함에 도달하게 해 주는 파란색의 차가운 아픔과 고통을 가르친다. 이 아이는 작고 벌거벗고 있는데, 이것은 여인이 파란색 가운을 입고 방대하고 압도적으로 표현된 것과는 대조적이다. 아이가 황홀하게 매료되어 서 있는 사이에, 죽음이 여자의 긴 옷 속의 은신처에서 빠져나오면서, 그 여자아이를 앙상한 손가락으로 움켜쥐어서 잡아가려 하고 있다. 아이를 여태 안내해 왔던 야수와 새는 그 어느 곳에서도 보이지 않는다. 아니면 그 야수와 새가 변신을 해서 이 장면을 보여 주고 있는 것일까?

그 파란색의 형상은 가면을 쓰고서 자기 손을 가리키고 있는데, 그녀의 손은 성흔으로 상처가 나 있다. 그녀의 가운은 빈 공간을 뚜렷이 보여 주고 있는데, 죽음이 그 속에서 안으로 들어오라고 유혹하고 있다. 만약 그 아이가 가운 안으로 들어간다면, 죽게 되거나 그 여자처럼 가면을 쓴 채 가운 속에 있는 뼈다귀, 즉 무의식의 꼭두각시가 될 것이다. 그 여자 형상은 아이가 자기파괴를 통해서 성인 반열에 오를 수 있는 옵션, 즉 자기부정이라는 수동적이지만 강력한 과정을 견뎌 내는 것을 표현해 주고 있다. 그 여자 형상은 여자아이에게 던져진 환상인데, 여성성이라는 맥락에서 아이를 가르치려고 나타난 것이다. 즉, 그 아이가 자신의 신화적 여행을 계속하면서 진정한 자기를 완성하기를 원한다면, 반드시 만나야 하는 대상이었다.

당시의 내 일기에는 이 그림이 만들어질 무렵에 한꺼번에 일어났던 많은 일이 기록되어 있다. 나는 절망감에 가득 차 있었고, 그이유를 찾기 위해 내 삶을 돌아보았다. 일단 나의 일에서 실마리를 찾기로 하고, 병원 일에서 불만족스러웠던 내 스케줄 문제를 해결하였다. 또 나는 내가 가르치고 있던 대학의 동료와 대화를 함으로써 그동안 서로 겪고 있었던 어려운 점들을 풀어 나갔다. 하지만 절망감은 없어지지 않았다. 그런데 날짜를 쓰다가, 나는 2월 말이 나에게는 매년 어려움을 주는 때라는 사실을 깨달았다. 왜냐하면 이때는 나의 어머니가 돌아가시기 직전의 시기이기 때문이다.

나는 그때를 기억한다. 어머니는 집에 계시는데, 어떤 치료도 듣지 않아 수술조차도 할 수 없는 악성 뇌종양으로 고통받고 있었다. 어머니는 향정신성 진통제는 거부하셨는데, 부작용으로 환각을 경험하시기 때문이었다. 어머니는 정신이 왔다 갔다 하고, 침대 위에서 편안히 누워 있지도 못하셨다. 어머니는 아버지에게 자신이 죽어 가고 있는지 물어보셨다. 아버지는 대답을 안 하시지만 눈에는 눈물이 조용히 흘러내리고 있었다. 나는 어머니의 그런 질문에 깜짝 놀랐다. 왜냐하면 내게 어머니는 암이 처음 시작되었던 8년 전부터 이미 서서히 그리고 점차로 죽어 가고 있는 것처럼 보였기 때문이다. 그 질문을 하신 지 며칠 후에 어머니는 돌아가셨다.

나는 특별한 인식 없이 그 어린아이 시리즈의 여섯 번째 그림을 그린다. 아이는 여성성을 나타내 주는 그 여자를 격렬한 소용돌이 안으로 밀어 넣고 있다. 아이는 여자 형상이 제공하는 고통과 순교를 시작하기를 거부하고 있다. 그 형상이 쓰고 있던 성스러운 가면이 벗겨지자, 거기에서 그동안 아이를 꾀어 데려가려 했던 죽음 자체가 그 본모습을 드러낸다.

이 이미지를 만든 후 나는 외로움에 휩싸였다. 나는 다음 그림 작업을 시작할 수가 없었다. 여러 주가 지나갔지만 외로움이 팽배하고 있었다. 나는 이미지 작업 과정에 대하여 더 궁금해졌다. 이미지가 해야 하는 역할이 굉장히 고통스러운 어떤 것을 통합해야 하는 것일 경우에는, 아마도 미적 만족이 가장 우선시되는 것 같다. 유화작업의 느린 속성은 이미지들과 함께하는 이 신화적 여정 중에서도 나의 외적 일상을 유지하고 해야 할 일들을 해낼 수 있도록 도와주었다. 이 어린아이 시리즈는 어려운 내용들을 포함하고 있는데, 가족과 종교를 통해 여자가 된다는 것이 무엇을 의미하는지에 대한 의식적인 혹은 무의식적인 가르침을 보여 주고 있다. 나는 이러한 여성성에 대한 그 깊이를 알려고 하지 않음으로써, 곁에서 볼 때는 그것을 견뎌 내고 있는 것처럼 보였다. 대놓고 거부하는 것은 위험 부담이 많은 것처럼 보였다. 하지만 그림들은 '효과'가 있었다. 그림들은 이미지를 통해 내 경험들을 보여 주며 어떤 통합을 이루었고, 그것이 홀로 있는 슬픈 시간 중에 나를 지탱해 주었다.

그러고 나서는 가면이 나타났다. 나는 플라스티신(*역자 주: 유성점토의 일종)을 가지고 여자 가면 형상 틀을 만드는 데 꽤 많은 시간을 보냈다. 그녀는 나이 든 어떤 익숙한 인물로서 못됐고, 또 진실을 말한다고 하면서 말을 날카롭게 하는 사람인데, 그것도 가장 잔인한 방법으로 하곤 했다. 이 여인은 이전에는 얼굴이 전혀 없었다. 나는 여성성이 가진 부드러운 부분을 거부하는 다른 여인들을 통해 이 여자를 만나곤 하는데, 또한 나 자신 안에서도 너무나 자주 그녀를 보아 왔다. 이 가면 작업은 시간이 지나치게 많이 걸리는 일이었다. 얼굴의 특징적인 부분들을 제작한 후에는, 물에 적신 신문지들을 풀로 여러 겹 붙이는 작업을 했는데, 그것이 건조되면서 가면 모양이 갖추어져 갔다([그림 14-1] 참조). 뼈만 남은 얼굴 가면이 그랬던 것처럼, 이 파란 여자도 강물로 씻겨진 후 입체의 모습으로 드러난 구조물이다. 이 여인은 내 의식 속에 그다지 존재하고 있지 않았었다. 나는 나의 냉소적인 모습과 날카로운 혀를 조절하려고 노력한다. 하지만 나의 분노는 나의 경건하고 착한 여자 가면 아래에서 새어 나온다. 이 형태를 제작하는 중에 나는 화가 잔뜩 난 어떤 동료에게서 전화를 받았는데, 그녀는 자신이 나에게 무시를 당했다는 생각에 거의 미친 상태였다. 그녀의 극한 분노가 나의 분노에 불을 붙였다. 나는 그녀와 거칠지만 솔직한 대화를 하고 나서 속이 다 시원해졌다.

여러 달이 지나면서 내 분석치료 시간은 꿈과 기타 다른 이슈들로 채워졌다. 어린아이 시리즈의 마지막 작업이자 일곱 번째인 작품은 미완성인 채 빨간 이젤 위에 놓여 있었다. 나는 느리게 물결처럼 왔다 갔다 하는 용춤에 참가하는 꿈을 꾸었다. 나는 꿈속에서 임신을 해 조산사의 집에 있는 한 무리의 여자들 속에서 아이를 낳기도 했다. 곧 어머니가 될 여자들 중 한 명의 친척인 듯한 나이 든 여자 두 명이 돌아다니다가, 카펫 위에 있는 핏자국을 보더니 마땅치 않다는 듯이 혀를 찬다.

나는 마지막 그림을 완성할 준비가 되었다고 느껴졌다. 그 그림이 무엇을 더 필요로 하는지 알 것 같았다. 현재까지 이 아이는 피처럼 빨간 수영장 옆에 무릎을 꿇고 있다. 아이는 이 세상이 파괴된 후에 혼자가 되었다. 이 파괴의 죽음은 수년간 이어진다. 나는 이

그림 14-1 파란 가면(종이반죽)

피처럼 빨간 수영장에서 하얀 꽃이 피어나리라고 믿는다. 나는 이 죽음으로부터 생명이 태어나기를 원하고 있다. 하지만 나는 우울해져 있고, 가슴에는 심한 압박감을 느끼고 있다. 내 심장이 감싸고 있는 고통은 극심했다. 심장에게는 남아 있는 시간이 없었다. 새로운 상처들이 생겨났고, 흘리지 않은 눈물은 소리치지 않은 외침과 함께 쌓여 있었다. 그리고 분노는 마치 죽일 듯이 날카로운 개의 이빨처럼 공격적이었다. 어떻게 하면 이 모든 것의 속박을 풀어 줄 수 있을까? 그저 종이와 물감으로 이루어진 이미지들이 이것을 정말로 포용하고 가라앉혀 줄 수 있다는 말인가?

나는 꿈을 또 하나 꾸었다. 꿈에서 나는 정확히 오후 5시에 미술치료 관련 책자를 한 권 사러 가게에 갔다. '좀 늦기는 했지만, 나한테 책을 팔겠지.'라고 생각하며 문을 열고 안으로 들어갔는데, 가게 문을 닫으려고 준비하던 여자들이 나를 무시하며 모른 체하였고, 그중 한 명이 문을 잠갔다. 나는 책을 찾아 집어 들고 문 밖으로 나갈 수 있게 해 달라고 부탁했지만, 그들은 안 된다고 하였다. "나가고 싶으시면 뒷문으로 가셔야 합니다." 그들은 나에게 뒷문이 어디에 있는지 보여 주었는데, 그곳은 물건이 가득 차고 어둡고 복잡한 지하로 가는 길이었다. 입구는 막혀 있었고 아무 문도 보이지 않았다. 나는 화가 나서 그 여자에게 말했다. "난 그쪽으로 가고 싶지 않아요." 그녀는 어깨를 으쓱할 뿐이었다. 나는 그쪽으로 갈 수도 있겠다고 깨달았지만 꽤나 힘들 것 같았다. 미술치료를 향한 나의 여정 또한 어둡고 복잡한 지하를 통과해야 할 것이다.

나는 미술치료학회지에 낼 글을 준비해 오고 있었다. 날카롭게 말하기로 유명한 존경받는 동료 하나가 내 글을 봐 주었다. 그가 말하기를, 내 글은 '독설스럽다'고 했다. 나는 내 안의 그 파란 여자가

이 글을 썼다는 것을 깨닫는다. 자신의 앙심과 독기를 뿜어내며, 나 자신 또한 가지고 있는 미술치료사들의 실수들을 비난하면서 그 글을 썼다는 것을 깨달았다. 파란 여자의 분노에 찬 단어들은 상처를 주는 말이었는데, 그 어떤 건설적인 대안도 내놓지 않고 있었다.

나는 건망증으로부터 회복하는 꿈을 꾼다. 꿈속에서 나는 중심을 잡기 위해 검은 아스팔트가 깔린 집 앞의 차 진입로 위에 무릎을 꿇고, 색분필로 여자 형상을 그린다. 내 분석가의 제안대로, 나는 검은색의 차 진입로 위에 그렸던 것과 같은 그림을 검은색 종이 위에 그려 보았다. 달 모양의 얼굴을 한 금발의 인물이 샛노란 머리를 하고 팔을 양옆으로 쭉 뻗은 채로 희미하게 드러나고 있었다. 이 여인은 종이에 비해 너무 커서, 나는 여자의 다리 아래쪽과 발을 종이 안에 그려 낼 수 없었다. 나는 달의 얼굴을 한 이 인물을 그리지 않겠다고 거부한다. 그리고 이 거부감에 반응하는 자유화를 그리려고 시도하였다. 춤을 추고 있는 관능적인 금발 여자와 금 항아리에서 나오고 있는 혀를 내민 괴물 사이에 있는 벽에, 작은 형상 하나가 기대고 있다. 나는 나 자신을 그 작은 형상과 동일시하였는데, 이 형상은 꽤나 힘들어하고 있는 듯했다. 나는 본능적 여성성이 가진 힘을 두려워하고 있다. 나는 그게 어떤 결과를 가져올지도 모르면서 내 인생에 들어오도록 초대한 것이다.

이후 한 이틀 동안 나는 또 다른 드로잉을 시작하였는데, 그것은 낙서화로 시작해서 또 다른 금발머리 여자가 아기에게 젖을 먹이고 있는 그림이 되었다. 이 인물은 꿈과 자유화에서 나타난 여인이 조금 더 형태를 갖춘 모습이었다. 이전의 야수 시리즈에서처럼, 혀를 내밀던 괴물은 어린아이로 대체되어 그 여인의 소담한 젖가슴을 행복하게 빨고 있었다. 이것은 아이가 그 여성성에게 가지는 굉장히 다른 형태의 관계였다. 그 파란 여자 형상이 주던 무서운 가르침이 아니었다. 그녀가 핏빛의 수영장 옆에 무릎을 꿇고 있는 슬픈 아이를 기다리고 있는 사람인 것일까? 이 금발의 인물은 나와는 너무나 다른 외모를 가지고 있는데, 이 사람은 밝은 피부에 풍만한 모습을 지닌 반면에 나는 어둡고 마른 편이다. 그래서 그녀가 내 안에 있는 어떤 원형적 모습, 즉 내가 지녀야만 하는 어떤 신성한 모습을 나타내 주고 있는 것이 분명해 보였다. 심술궂고, 남자인 척하며, 괴로워하고, 잔인한 모습을 가진 그 나이 든 내적 여인을 만남으로써, 돌보는 능력이 부름 받을 수 있는 공간이 생성된 것이다.

하지만 여전히 이 아이가 알고 있었던 모든 것, 즉 이 아이가 해 온 업적은 사라지고 없다. 그녀는 여전히 피의 수영장 옆에 무릎을 꿇고, 그녀가 잃은 것에 대하여 슬퍼하고 있다. 그림은 굉장히 깊은 빨간색이었는데, 피, 분노, 슬픔 그리고 고통을 표현하는 빨간색이었다. 그림은 더욱더 어두워져서 절망이 가득한 풍경 속의 이 아이 주위를 그저 약간의 황금색 빛이 감싸고 있을 정도가 되었다. 어슴푸레하게 그려진 가면이 수영장 속으로 가라앉고 있었고, 아이는 가면이 사라지는 것을 지켜보고 있다.

나는 꽤 여러 해가 지나면서 상당한 양의 샤머니즘에 대한 책을 읽고 난 후에야, 그 수수께끼 같은 시리즈에 대해 뭔가 해 볼 만한 은유가 떠오르기 시작하였다. 약물 흡입과 그에 따르는 공포스러운 환영들은 샤머니즘이나 신비주의 세계로 들어가는 데 있어 초반기의 일반적인 요소들 중 하나이다. 이 신비주의 세계는 모든 이에게 존재하나, 대개는 그것에 접근하지 못한다. 내가 물감 작업으로 그림을 그려 냈을 때 나는 그것들이 주는 메시지를 명확하게 알 수 없었다. 대신, 나는 그 모든 시리즈를 '이야기가 없는 그림들'이라고 제목을 붙여서, 박사과정의 일환으로 일리노이주 에번스턴에 있는 칼 구스타프 융 센터에 전시했었다. 나는 전시회에 온 사람들에게 그들이 본 내 작품에 대해 각자의 버전으로 이야기를 써 달라고 요청하였다. 이것은 위트니스의 한 형식이라고 할 수 있는데, 사실 그 당시에 나는 위트니스라는 단어 자체를 사용하지도 않았고, 위트니스를 한다는 생각조차 하지 않고 있었다. 어떤 내용들은 도움이 되었지만, 이야기가 의식 세계 속에 스스로 자리 잡기 전에 나 자신의 고유한 인식이 먼저 생겨나기를 기다려야만 했다.

이 알 수 없는 그림들은 내 이야기를 어떤 한 버전으로 보여 주었다. 이 그림 속에서 나는 빛과 함께 시작될 수 있도록 어둠으로 이끌렸고, 잊어버린 느낌들에 대한 그 원천을 찾았다. 분노의 바탕이 되었던 것은 상실과 그에 대한 슬픔이었다. 이 이미지들을 받아들인다는 것은, 비록 온전히 이해하지 못하더라도, 여성성의 다음 측면이 떠오르도록 해 주는 것이었다. 즉, 관능적이고, 풍만하며, 돌볼 줄 아는 모습이다. 이 여성성은 실제 생활에서의 내 모습에서는 절대 볼 수 없는 약하고 여린 모습을 보여 주고 있었다. 그녀가 뿜어내고 있는 연민의 정은 오로지 그녀의 앙심과 분노가 나타나도록 허용되었을 때 드러날 수 있는 것이었다.

마침내 나는 분노가 내 안에서 인식되지는 못한 채 줄곧 존재해 왔다는 것과, 경건한 수녀님들의 모습과, 심지어 성스러운 나의 어머니의 모습 속에서도 존재해 왔다는 것을 볼 수 있게 되었다. 파란 여인 그림 속에 있던 가면은 그림 속에서 뛰쳐나와 입체 가면으로 제작되었다. 그녀는 날카로운 혀를 수단으로 하는 것을 나타내며, 나의 분노와 다른 많은 여성들이 가지고 있는 분노가 직접적으로는 나오지 못하고, 가십이나 불친절함 그리고 비꼬는 것 등을 통해 새어 나오게 되는 것을 말해 준다.

그림들은 유화물감과 캔버스 같은 특정한 재료를 요구했다. 이러한 점은 이 이미지들이 얼마나 중요한 것인가에 대해 말해 주었는데, 나의 소울이 나의 관심을 요구하며 이것은 굉장히 중요한 작업이니 주의를 충분히 기울이라고 말하고 있었다. 동시에 그 형태와 모양 때문에 그것들을 공공 포럼에서 보여 주기 쉬웠는데, 이것들은 나의 작업과 연관되어 나의 진정한 본연의 모습의 리허설 역할을 해 주었다. 위트니스가 필요하다는 것에 대한 이해가 시작되는 시점이었다.

그림들이 완성된 지 5년이 지난 어느 날, 마사지를 받고 있을 때였다. 일련의 마사지를 받는 동안, 나는 마음의 눈을 통해 붉은 수영장 옆에 무릎을 꿇고 있는 아이가 그려진 마지막 그림을 보았다. 그러고는 나는 그 아이가 천천히 일어나 걸어 나가는 것을 보았다. 나는 이것을 내가 어머니에 대해 깊은 차원에서 계속 슬퍼하고 있었다는 것을 알려 주는 메시지로 받아들였다. 나는 나의 오래된 슬픔을 뭔가 다른 것으로 대체할 수 있도록 허락하면서 안도감을 느꼈다. 나는 이 경험을 나의 영적 발달에 한 획을 그은 단계로 간주한다.

이 그림들은 지금은 지하실에 있는 내 스튜디오로 가는 계단 옆에 걸려 있다. 이 스튜디오에서 나는 나의 그림 이미지들뿐만 아니라 다른 이들의 작업과 그들이 만든 이미지들에 대해서 계속하여 탐험해 가고 있다.

우리 각자에게는 그렇다 하고 믿는 개인적 신화가 꽤 깊이 뿌리

박혀 있는데, 잘 인식하고 있지는 않지만 일상을 그 믿음에 의거해서 살아가고 있다. 우리가 그렇다 하고 믿는 것들은 우리의 행동 패턴들을 만들어 내고, 우리가 다른 이들에게 어떻게 반응하는가를, 그리고 우리가 인생에 있어 어떤 기대를 하는가를 만들어 낸다. 우리의 패턴들은 우리가 존재하는 내내, 작거나 큰 여러 방식으로 지속적으로 반복된다. 우리가 가지고 있는 패턴들을 판단하거나 바꾸려고 애쓰지 않으면서 그저 알아차리는 것이 이미지 작업의 한 부분이다. 자신이 그렇다 하고 믿는 버전 한 가지—여기에는 여러 버전이 있을 수 있다는 것도 알아야 한다—에 대해서 알게 해 달라는 인텐션을 만들어 보자. 아이로서의 시각으로 바라본 어떤 원형적 옛날이야기처럼 머릿속에 그려 보라. 자신이 가진 최초의 기억이나 단편적인 기억들을 회상해 보는 것으로 시작해 보자. 그 어떤 재료를 사용해서든지 그것을 이미지로 만들어 보도록 한다. 당신은 그것을 그 이후에 나오는 이야기로 가게 되는 열쇠나 어떤 상징적 표식으로 간주해도 된다.

그리고 나서는 적극적 상상을 이용하여 한 캐릭터 또는 이야기 줄거리가 시작되도록 해 보는데, 그 이미지가 당신을 이야기 쪽으로 이끌어 가게 하라. 지금 단계에서는 그 이야기가 당신의 인생에 실제 일어났던 '사실'들과 맞든 아니든 등에 대해 염려하지 않도록 한다. 실제 사람들, 실제 이름, 실제 일어났던 일들에 대해 신경을 쓰지 말라. 이미지와 그 패턴들의 영역으로 들어가, 어떤 한 설화가 나타나도록 허용한다. 당신의 이야기가 끝나는 시점에 도달하면, 그 이미지들을 담아낼 수 있는 어떤 형태를 떠올릴 수 있는지 보자. 그것은 당신이 만드는 책이 될 수도 있고, 일련의 드로잉들이 될 수도 있고, 이야기가 담긴 상자들이 될 수도 있다. 이 이야기는 당신의 서사시여서, 어쩌면 완성하기에 꽤 오랜 시간이 걸릴지도 모른다. 또 이 이야기는 단어들이나 음악을 필요로 할 수도 있고, 드라마 형식이 되어서 공연을 해야만 할 수도 있다. 이미지들이 당신에게 필요한 방법으로 이끌어 준다는 것을 믿으라. 당신은 어쩌면 이미지를 만드는 특별한 방법이나 테크닉을 배워야 할 필요를 느낄 수도 있다. 이 단계는 설화 속의 주인공들이 해 나가야 하는 어떤 신화적 과제를 준비하는 과정과 비슷한 것이다. 스승 또는 멘토가 어쩌면 당신의 인생에 등장할 수도 있다. 모든 가능성에 대해서 열린 마음을 지니고 있도록 하자.

이 과정을 그 이미지 상태로서 존중하도록 하자. 그러면 그것이 당신을 새로운 이해의 단계로 이끌어 갈 것이다. 이러한 일련의 과정에서 어떤 종류의 위트니스가 필요한지 생각해 보도록 한다. 원래 이전부터 한 공동체의 구성원들은 기본적인 신화를 공유하며, 정기적인 의식의 형태를 통해 위트니스를 해 왔다. 당신도 이야기들이 또다시 신성하게 여겨지게 되는 새로운 의식들과 새로운 공동체들을 창조할 수 있다. 서두르거나 밀어붙이지 말라. 이것은 당신의 인생이 펼쳐지는 일이다. 당신이 해야 할 일들은 그 이미지 과정을, 심지어 어려운 감정이 들 때에도 알아차리고 즐기는 것이다. 그것들을 바라보라. 그러나 또한 그것들을 놓아주라. 이 과정에 들어가 있는 동안, 당신을 잘 돌보는 데 필요한 모든 것을 하기를 바란다.

15
삶에 대하여 알기

　나는 숲에 있는 소년을 한 명 그렸는데, 이 아이는 어떤 소리에 놀라 위쪽을 쳐다보고 있다. 아이는 마치 먼 과거에서 들려오는 어떤 소리에 의해 환영을 받으려는 것처럼 멈춰 선다. 나는 커다란 메이소나이트 압연 패널 네 개를 준비하고 그 위에 새로운 유화 시리즈를 시작하였다. 여기에 나는 도마뱀 머리를 가진 한 생명체를 그렸는데, 거칠게 그려진 정장을 입은 남자가 그것을 지켜보고 있다. 계단 하나가 이 둘 사이를 구분해 놓고 있었다. 장미꽃 한 송이가 계단 위에 놓여 있었다. 나는 초반기에 시도해 보았던 적극적 상상이 생각났는데, 그것은 깊은 곳을 향해 계단을 내려가고 있는 모습이었다. 나는 여기서 그림을 더 그리기를 거부했다. 이것들을 가지고 내가 무엇을 하고 있는지 알 수가 없었다. 그림 세 개는 이미 만들어져 있었다. 그중 하나에는 사람들이 공원 벤치에서 이야기를 나누고 있는 모습이 그려져 있다. 세 번째 그림에서 이들은 결혼을 하고 있거나 그런 것처럼 보인다. 나는 이 작업을 여러 주 동안 했다. 하지만 나는 남자의 얼굴을 끌어낼 수가 없었다. 그래서 결국에는 테레빈유로 얼굴 부분을 씻어 내 버리고는, 그림을 끝내지 않은 채 한쪽에 치워 버렸다. 나는 네 번째 패널은 아예 사용하지도 않았다.

어쨌든 간에 나는 그 나무 압연 패널을 그다지 좋아하지 않는다. 패널의 겉은 딱딱하고 유연하지 않다. 물감은 그 위를 침투하는 듯하지만, 실제로는 표면에 흡착하지 않으면서 마치 캔버스 위에서처럼 변해 버린다. 이 패널은 내 노력을 거부하며, 타협하지도 않는다. 물감은 여기저기 빠져나가면서, 내가 테레빈유를 섞어 엷게 해 주었을 때만 흘러 다닌다. 여기에는 그 어떤 은근함도, 애매함도 없다. 어째서 나는 다른 보통 화가처럼 될 수가 없을까? 나는 주제도 정하기 어렵고, 정하더라도 그 주제에 맞게 열심히 그려서 갤러리에 걸어도 될 정도의 작품을 그려 내지도 못한다. 내가 할 수 있는 것이라고는 이미지에 의해 멈추어질 때까지 기다리고, 이미지가 내게 말을 그만할 때까지 그것과 뒤죽박죽 해 봐야 하는 것이다. 나는 무능력하고 절망적인 느낌을 받으며 기다린다. 비록 내가 과거의 이미지들에서 경험했던 기다림과 혼란이 어떤 순간에는 항상 어떤 의미를 알려 주어 왔지만, 지금 이 순간 겪고 있는 절망감에는 그 어떤 위안도 소용이 없었다.

나는 영적 에너지로 온통 휩싸여 있는 어떤 형상이 우주의 한 귀퉁이 밑에 웅크리고 앉아 있는 것을 그렸는데, 그곳은 생명력이 존재하지 않는 어떤 사막이었다. 그러다가 나는 점술가를 찾아갔는데, 올해는 신과 씨름하는 한 해가 될 것이라 하였다.

나는 아름다운 아기에 대한 꿈도 꾼다. 그러고는 내가 임신했다는 것을 알게 되었다. 그때는 가을이었는데, 임신은 남편과 내가 계획해 왔던 것이고, 시기가 마침 잘 맞아서 가르치는 일이 끝난 후 5월에 아이를 낳고 여름 동안은 쉬고 9월에 다시 일을 시작하게 될 것이다. 나는 부드러운 입체작품을 만들고 싶다는 생각이 들었는데, 그럼에도 불구하고 스튜디오에 가는 것에 아주 강한 거부감이 생겼다. 나는 또한 분석치료 작업을 계속하는 것에도 거부감을 느꼈다. 분석치료를 하러 가는 길의 긴 운전은 나를 지치게 하였다. 하지만 나는 결론이 난 것 같지 않았고, 뭔가 끝나지 않은 느낌이었다.

임신을 하게 되자 나는 감각과 몸이 갑작스럽게 아주 예민해졌다. 기분이 좋은 감각들, 예를 들어 남편과의 잠자리라든가 먹는 일이 늘었다. 심지어는 입고 벗을 때 느끼는 옷의 질감에 대한 느낌조차도 훨씬 중강되었다. 남편 존(John)은 마치 내가 특별히 더 소중한 사람인 것처럼 대해 주었다. 쉽게 피로해졌고, 잠에도 쉽게 빠지곤 했다. 나는 내가 내 몸의 변화, 즉 무겁고 고요해지는 것에 편안해한다는 것에 놀랐다. 나는 좀 더 사려 깊어졌고, 내 이성적인 생각이나 야망 같은 것들은 사라져 가는 것을 느꼈다. 이전에 나는 이러한 증대된 감각들을 일부러 찾아다녔다. 이전에는 이미지 제작을 하면서 느꼈던 이런 생생하고 살아 있는 듯한 느낌과 강에 머무르던 느낌 같은 좀 더 예민한 감각들을 일부러 찾아다녔다. 지금의 나는 아예 더 고조된 상태에서 살고 있어서 이미지 작업을 해야 한다는 것이 이전처럼 그리 다급하게 느껴지지 않았다.

계단 아래로 깊게 향했던 나의 에너지는 빛을 향해 계단 위쪽으로 이끌려 가면서, 태어날 아이를 위한 재봉틀질과 이것저것을 만드는 것으로 향했다. 나는 그림을 그리지 않았다. 대신 나는 드레스와 퀼트, 목욕가운을 만들었다. 이미지를 제작했던 작업실은 왠지 크고, 차갑고, 낯설게만 느껴졌다.

나는 '심리치료사의 임신'이라는 워크숍에 참석했는데, 워크숍 미술작업 중에 나는 머리가 없는 둥글둥글하고 꽉 찬 형태의 몸체만을 그렸다. 미혼인 친구에게 이 그림을 보여 주었더니 깜짝 놀라며, "머리를 잃어버리지 마. 정신을 놓치면 안 돼!"라며 주의를 주었다. 마치 나의 모든 것이 어떤 협상 매장에 놓여 있는 듯 느껴졌다. 아이를 얻음으로써 자신의 지적 능력은 빼앗기는 자인 룸펠슈틸츠헨(Rumpelstiltskin; *역자 주: 독일 민화의 난쟁이로, 황금을 주는 대가로 왕비에게서 아이를 뺏어 가려 하나, 그럼으로써 도리어 힘을 빼앗김)처럼 느껴졌던 것이다. 나는 일을 할 수 있는 에너지가 충분히 있었기 때문에 큰 걱정은 하지 않았고, 친구가 염려하는 것을 대수롭지 않게 여겼다. 임신을 함에 따라 스스로가 더욱더 성장해 감을 느꼈다. 나는 여신의 총애를 받는 느낌이 들었고, 그녀의 신비 속으로 들어가 드디어 여성이 되었다. 무척 힘 있게 느껴졌고, 나의 의심들이 쫓아오지 못할 정도의 경지로 뛰어넘었다고 확신했다.

해산달이 되었을 때, 나는 산만해졌고 불안정했으며 내면의 세계로 들어가고 싶은 욕구가 생겼다. 내 앞에 박사과정, 연구, 집필, 내가 선택한 학자로서 요구되는 일들 같은 다음 단계의 커리어가 어렴풋이 펼쳐져 있었다. 동료 한 명과 함께 쓴 논문도 국제저널에 실리게 되었다. 아이를 낳게 되면 이 모든 일이 뒤엎어져 버리게 되는 것일까? 나는 그런 일들이 일어나는 것을 상상할 수 없었다. 나는 항상 계획을 세워 살아왔고, 이것이 나의 계획인 것이다. 하지만 나는 강한 에너지를 느끼다가도 곧 피곤함을 느끼는 상황을 반복적으로 경험하였다. 내가 여기서 더 할 수 있을까? 어쩌면 내 친구가 맞는지도 모르겠다. 어쩌면 나는 결국 집에서 입는 옷을 입고, 슬리퍼를 끌며, 청소기로 집안 구석구석을 청소하고 있을지도 모르겠다. 나의 책들이나 물감들은 잊힌 채 말이다. 나는 공원에서 자기 아이들이 뛰어놀고 있는 곳 근처에 앉아 허공을 응시하고 있는 여자들을 보아 왔다. 이 생각이 내게 끔찍한 느낌이 들게 하였다. 문득 나는, 마치 용기 있는 척하는 아이가 롤러코스터 맨 앞자리에 앉아서, 롤러코스터가 첫 번째 굴곡의 정점에 닿으려 할 때의 그 끔찍한 느낌의 순간에 있는 것처럼 느껴졌다. 내 미스터리 그림에서 신나게 빛을 먹고 나서는 요청하지도 않은 계시들을 받게 된 그 아이처럼 말이다. 곧 있으면 태어날 이 작은 존재가 과연 어떻게 나의 계획들과 인생을 바꾸게 될 것인가?

출산 예정일보다 이틀이나 지난 후 꿈을 하나 꾸었는데, 내 배가 투명해져서 아이의 손과 발이 좁은 공간을 밀어내고 있는 것을 볼 수 있었다. 나는 이 마술과도 같은 상태에 대해 여러 개의 그림을 그렸다([그림 15-1] 참조). 나는 또 내 상체를 석고로 떴다. 이 작품들은 모두 머리가 없었다. 나는 그 학기의 마지막 수업을 가르치고, 학생들의 성적을 매겨 제출했다. 모든 것이 내가 계획한 대로 진행되고 있었다. 나는 이제 다 준비되었다. 나는 시내로 가는 기차를 탄다. 걷는 것이 출산에 도움이 된다고 들었는데.

임신은 바로 그 강이다. 나는 이전에는 전혀 해 보지 못한 식으로 삶에 깊이 빠져 있다. 그리고 생각을 할 수조차 없게 만드는 신체의 변화 속에 있다. 나는 사고의 존재에서 느끼는(sensing) 존재로 전환되었다. 이것은 강력한 상태였는데, 이로 인하여 나는 세상을 향해 좀 더 열리게 되고, 내 주변에 보이는 것들과 들리는 것들이 주

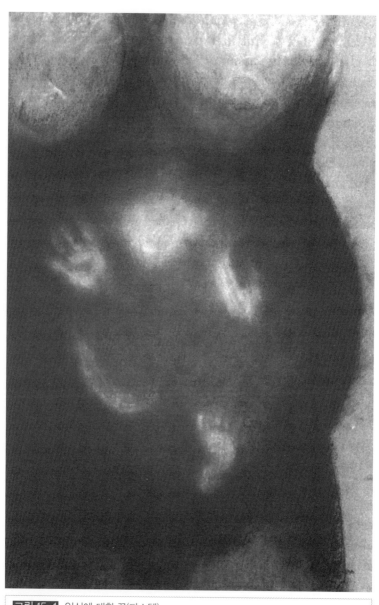

그림 15-1 임신에 대한 꿈(파스텔)

는 기쁨을 느끼게 되었다. 참을성을 잃은 나는 아디나(Adina)가 태어나기 하루 전에 뭔가 마술과 같은 일이 생기기를 바라며 아이를 낳는 내 모습을 그렸다.

출산은 강하고도 빨랐다. 남편 존이 옆에 있었고, 그는 아디나가 태어나자마자 곧 목욕시켜 주었다. 그는 경외와 신기함을 나에게 알려 준다. 나 이전에 수많은 여성이 그래 왔던 것처럼, 나는 아름다운 나의 아이를 품에 안고, 내가 겪은 고통은 잊어버렸다. 나는 우승자처럼 느껴졌고, 완전함이 느껴졌으며, 자랑스러웠다. 헝클어지고 짙은 색의 머리카락을 가지고 있는 아디나는 내가 그린 출산 그림과 닮아 있었다.

아이를 낳고 몇 달이 지난 후에야 나는 저널과 작업실을 다시 찾았다. 출산과 그 이후의 경험은 엄청난 것이었다. 나는 내가 어릴 적에 꾸었던 파도에 휩쓸려 있는 꿈이 생각난다. 나움버그(Naumburg)의 지도 아래 제작했던 쉬지 않는 바다 그림도 생각났다. 그러자 실제로 내가 여덟 살이나 아홉 살 때 여름에 저시(Jersey) 해변에서 놀다가 파도 밑으로 끌려갔던 일이 생각났다. 내 기억으로 그때 나는 파도와 지치도록 싸우고 또 싸웠고, 마침내 너무 힘이 들어 싸우기를 멈췄을 때 파도가 나를 해변으로 데려다주었다. 지칠 대로 지쳤으나 몸은 온전했다.

임신, 특히 진통 과정과 출산이 이와 비슷했다. 내가 대항할 수 없는 힘들이었다. 나는 또다시 해변으로 데려다 놓인 셈이었고, 지칠 대로 지쳤지만 온전했으며, 그러면서도 완전히 다른 어떤 것이었다. 독립된 자기라는 그런 느낌을 두 번 다시 느낄 수 있게 될까? 내가 드디어 내 것이라고 느꼈었던 나의 이 몸이, 과연 다시 나의 것이 될 날이 올까? 과연 나는, 나의 길을 엮어 가는 데 있어서 이전에 해 왔던 것처럼 엄청난 양의 어머니 이미지를 통해 미술작업을 하게 될까? 나 자신이 누군지를 알게 해 주는 방법으로서의 미술작업에 다시 기대어 볼 수 있는 것일까?

나는 계획했던 대로 9월에 다시 가르치는 일을 시작했다. 딸 아디나와 떨어지는 것은 정말로 고통스러웠다. 처음 한두 주 동안은 일하러 갈 때 내내 울며 갔다. 그나마 학교를 일주일에 두 번만 가서 좀 참을 만했다. 나는 전문 학회를 계획하고 조직하는 일을 했고, 그러면서 어떤 박사과정을 할지에 대해서도 생각해 보고 있었다. 박사학위는 내가 학교에 남아 일하려면 필요한 것이었다. 나는 행복하면서도 바빴다. 미술과 집필은 좀 대강대강이었을 수는 있지만, 나의 하루하루는 풍부하고도 충만하였다. 존은 우리 아기를 돌보는 어머니로서의 나의 능력을 존경해 마지않았고, 내가 뭔가를 잘하고 있다는 느낌을 재확인시켜 주었다.

나의 삶의 초점은 외부로 향하기 시작했다. 이는 내게 들어오는 여러 요구에 적응하기 위해 필요한 것이었다. 어머니라는 역할은 거의 천국에서 사는 것처럼 편안하고 신이 나는 일이었다. 내가 그동안 해 왔던 이미지 작업들이, 나로 하여금 우리가 새로 만든 가족인 내 딸과 남편을 더욱 포용하고 즐길 수 있게 해 주었다. 나는 내게 있어 고통스러운 이미지 작업은 이제 다 끝났고, 남아 있던 문제들은 다 해결하였다고 생각했다. 하지만 나는 이때, 내가 처음으로 미술치료 일을 하게 되었을 때 그랬던 것처럼, 소울이 가진 내적인 삶 그리고 강과 지속적으로 만나야 한다는 것을 또다시 잊어버렸다. 나는 그때 힘과 능력이 있다고 느꼈고, 그 이외의 다른 식의 느낌은 상상할 수조차 없었다. 나에게는 어머니가 되는 것을 지원해 주는 사람들도 있었는데, 그들은 같은 나이의 아기를 가진 어머니 그룹이었다. 우리는 매주 만나 이야기도 하고, 서로 정보도 나누고, 아이들이 서로 같이 놀도록 해 주었다. 하지만 6개월 후에 그 강이 다시 둑 위로 넘쳤을 때, 나는 다시 이미지 작업과 내게 필요한 다음 단계의 배움으로 이끌렸다. 도마뱀 머리를 한 여자 그림 석 점은 아직도 완성되지 않은 채 수수께끼로 남아 한쪽에 치워져 있다.

심한 육체적 경험들은 이미지 프로세스로 들어가는 또 다른 입구이다. 나에게 임신의 경험은 특별히 강력했고, 내 안에 이미지들을 불러일으키는 역할을 하였지만, 다른 여러 가지 육체적 경험들이 똑같은 역할을 해 줄 수 있다. 중요한 것은 항상 의식이 깨어 있고, 알아채 가며, 우리가 경험하는 현상들에 주의를 기울여야 하는 것이다. 우리는 우리의 육체를 통해서 삶을 알게 되는데, 그렇기 때문에 육체적 감각들이 우리 관심을 끌어당기면 다른 방식의 경험들은 쉽게 사라져 버릴 수 있다. 육체는 우리에게 소울로 가는 입구를 제공해 주기도 하지만, 그로부터 떨어지게 방해하기도 한다.

여자들에게 있어 월경(月經, menstruation) 주기는 어떤 큰 변환과 마치 윤회와도 같은 탄생과 재탄생에 대한 강력한 이미지들을 제공해 준다. 월경 주기에 관하여 고대의 어떤 때에는 여자들이 함께 모여서 초자연적인 신비한 의식들을 거행하기도 했지만, 현대의 우리에게는 많은 이미지의 풍부한 원천인 월경 주기를 무시하는 것이 문화의 일부가 되었다. 월경에 대해 터부시하는 이러한 문화는 피가 주는 상징적인 힘에 기인한다. 우리는 바쁘게 사느라 이

렁듯 달(月)마다 돌아오는 삶의 순환에 대해 명상해 볼 수 있는 기회를 등한시한다. 우리의 육체적 감각에 대해 무시하거나 경멸함으로써, 우리는 지혜를 줄 수 있는 원천을 거부하게 되는 것이다.

남자든 여자든 격심한 육체적 경험, 예를 들어 달리기나 장거리 사이클링, 다이빙, 암벽 등반 같은 경험들은 이미지들을 불러일으킬 수 있다. 그리고 육체적 고통, 질병, 부상도 의식에 어떤 전환을 주어 이미지를 불러일으켜 준다. 이러한 육체적 신호들은 우리에게 종종 그 육체적 고통이 없었으면 받을 수 없었던 메시지를 주곤 한다. 육체적 고통이라는 것을 몸을 통해 어떤 이미지가 생겨나는 것이라고 생각할 수 있다면, 우리는 그냥 단순히 진통제를 먹는 것 이외에도 고통을 해결하는 데에 다른 방법을 찾아볼 수 있다. 예를 들어, 고통을 단순히 피하려 하지 말고 그것을 경험해 보는 것, 즉 육체적 고통에 집중해 보는 것이 그 고통을 없애는 데 더 성공적인 방법이 되곤 한다.

몇 년 전에, 스키를 타다가 생긴 무릎 부상으로 나는 여러 주를 소파에 앉아 지내야만 했다. 억지로 가지게 된 혼자만의 고요한 시간들에서 겪은 나의 답답함과 무력함이 취약함/상처받기 쉬움을 나타내는 이미지로 나타났는데, 열려 있는 심장 모양을 한 작은 조각으로 표현되었다. 처음에 나는 내가 넘어진 것과 주의 깊지 못하고 서툴렀던 것에 대해서 스스로를 경멸하기만 했다. 하지만 아주 서서히, 다리가 '부러진' 경험이 새로운 깨달음을 주었는데, 우리의 부러진/깨져 있는 곳이 다른 사람들로 하여금 우리의 삶에 들어올 수 있도록 해 준다는 것을 알게 되었다.

어린 시절부터 지금까지 몸에 관계된 기억들을 불러일으켜 보라. 어떤 것이 기억나는지 알아채 보자. 아팠던 일, 다쳤던 일, 또는 사춘기 같이 신체적 변화가 컸던 일들이 어떻게 다루어졌는가? 여기서 당신의 의도는 몸이 겪은 경험들을 자신을 알기 위한 하나의 방법으로 활용하는 것이다. 어떤 특정한 기억이 불러일으켜질 때까지 인내심을 가지고 기다리자. 쉽게 생각하면, 현재 경험하고 있는 것들, 예를 들면 두통이나 생리통, 또는 수술이나 뼈가 부러지는 것처럼 큰일들일 수도 있다. 그와 더불어 떠오르는 모든 기억, 예를 들어 장소, 상황, 또는 주변 사람들의 반응 같은 것들도 알아채 보자. 이제 당신의 마음을 이미지 모드로 전환하라. 어떤 이미지들이 떠오르는가? 일단 한 이미지가 선명하게 떠오르면 그것을 어떤 재료든 적절하다고 느껴지는 것으로 제작해 보자. 이렇게 함으로써 당신은 이미지 작업을 몸이 가졌던 경험들을 명료하게 하고 증폭시키는 데 활용하는 것이다.

다 되었으면 그 이미지를 벽에 걸도록 한다. 당신의 몸이 고통이나 불편함을 통해 뭔가 이야기하고자 한다고 생각하라. 이것은 단순히 당신에게 좀 더 쉬라고 하는 것일 수도 있고, 또는 좀 더 어렵거나 새로운 삶을 살아 보라고 제안하는 것일 수도 있다. 당신의 몸에게 그 이미지를 위트니스하도록 부탁하라. 그리고 이미지를 집중하여 보았을 때 당신의 몸이 어떻게 반응하는지 잘 관찰하라. 혹시 어떤 치료 중에 있다면, 이 경험을 담당의와 함께 나누어 보라. 종종 이런 작업들은 당신으로 하여금 육체적 질병이나 부상들을 새로운 시각에서 바라보게 해 주고, 그럼으로써 새로운 가능성들이 나타나게 해 준다.

만약 당신이 자신의 몸에 거의 주의를 기울이지 않는 사람이라면, 일주일 동안 신체경험에 대한 이미지 일기를 제작해 보는 것을 고려하라. 매일 똑같은 시간에 미술재료를 이용해서, 당신이 그때 느끼는 육체적 느낌을 이미지로 제작해 보라. 만약 당신이 이야기를 하는 것을 아주 즐기는 타입이라면, 이미지 일기 대신 떠오르는 이미지에 대해 녹음을 해 보라. 일주일째 되는 날, 무엇이 다르게 느껴지는지 살펴보라. 그림 속에서 어떤 주제들이 나타나는지 알아채 보라. 시간이 지나면서 이미지나 주제가 변해 갔는가?

16
상실의 슬픔에 대하여 알기

　그때는 1983년 11월이었다. 나는 많이 아프셨던 아버지를 뵈러 뉴저지로 가고 있었다. 사실, 나는 가기가 싫었다. 나는 내 인생만으로도 아주 바빴었다. 미술치료 대학원생들을 가르치고 있었던 데다가, 신생아인 우리 아기를 돌보고 있었고, 또 아주 바쁜 명절 연휴가 다가오고 있었다. 어쨌든 간에, 아버지와 나는 사이도 그다지 좋지 않았다. 아버지의 알코올 중독에 대해 내가 처음으로 대놓고 이야기한 지 대략 1년이 되어 가던 때였다. 나는 그때 '알코올 중독'이라는 그 단어를 아버지에게 크게 말했었다. 오랫동안 술을 지나치게 마신 결과로 변해 버린 아버지의 모습을 조목조목 짚어 가며 대항했다. 그때의 아버지는 주변 사람들로부터 연락도 끊기고, 같은 이야기를 끊임없이 반복하며, 세상에 대한 원망과 비판만 가득한 상태였다. 아버지는 원래 명석하고, 재미있으며, 사랑이 많았지만, 오랫동안 진(gin)이라는 술의 바다에 빠져들어 그러한 모습들은 점차 자취를 감추었다. 결국 아버지의 상태는 점점 더 나빠졌고, 나로서는 아버지가 알코올 중독이라는 것을 더 이상 부정할 수 없는 지점까지 다다랐던 것이었다.

아버지와 맞섰던 것은 도움이 되지 않았다. 나는 아버지에게 '알코올 중독'이라는 말을 했지만, 아버지는 그 말을 '부랑자'라는 말로 들었다. 마음이 너무나 아팠던 팽팽한 교착 상태였다. 그해 언니 집에서 보낸 함께 보낸 크리스마스에는 사태가 정말 심각했었다. 언니가 애매모호한 태도로 술을 내주지 않으려 하자, 아버지는 혼란스러워했고 상처를 받았다. 언니가 그렇게 한 것은 내 말을 따르려고 한 것이었는데, 우리는 이런 우리의 행동이 아버지로 하여금 전문가의 도움을 받아야겠다는 생각을 하게 했으면 했던 것이다. 나는 그다지 희망적으로 보지 않았다. 나는 더 이상 아버지와 대화하는 척하며 두꺼운 회색 안개 속에 그냥 앉아 있을 수 없었던 것이다.

나는 어떤 환상에 사로잡힌 채 뉴저지에 도착하였다. 내 환상은 아디나(Adina), 즉 내 아기가 마치 마술처럼 아버지를 내가 어릴 때의 그 모습으로 되돌려 놓을 거라는 것이다. 어릴 적 우리 아버지는 재미있는 이야기와 유쾌한 유머가 가득하신 분이었다. 이 소중한 아기를 안으시면 아마 그때의 모습을 되찾으시겠지.

나는 아버지가 계신 입원실로 들어갔는데, 그곳은 블라인드로 오후의 찬란한 햇빛이 가려진 채 어둡고 서늘하기만 했다. 아버지는 약하고 작아 보였지만, 정신은 맑으신 것 같았고, 적갈색 눈은 빛나고 있었다. 나는 아버지께 아디나를 보고 싶으신지 여쭈어 보았다. 간호사에게 부탁하면 아기를 데려올 수 있도록 허락해 주겠지만, 만약 안 된다고 말해도 나는 내 옷 속에 숨겨서라도 아기를 데려올 양이었다. 하지만 아버지는 '아니다'라고 대답하셨다. 어떻게 당신 손녀를 안 보고 싶어 할 수 있지? 나는 마음을 다쳤고, 화가 났다. 아버지는 여전히 고집불통인 것이다.

"아기가 보고 싶지 않다구요?"

"보고 싶지 않아."

하지만 그 이후 며칠 동안 아버지 옆에 앉아 있으면서, 내게 천천히 아버지의 현실이 다가오기 시작했다. 나는 자신의 죽음을 직면하고 있는 한 남자를 보고 있었다. 그에게 모든 안개—그런 척했던 것들, 층층이 쌓인 실망감들과 자기에 대한 의심들—는 사라졌다. 나의 아버지는 자신의 죽음을 경험하고 있었다. 아버지의 무력하고 열린 모습이 아디나를 생각나게 한다. 아버지는 마치 죽음이라는 것이 어떤 것인지 원래 알았던 사람처럼 전혀 두려워하지 않았다. 농담도 하지 않았고, 비꼬는 말도, 불평도 하지 않았다. 우리는 더 이상 다른 선택의 여지가 없을 때에야 비로소 솔직할 수 있는 것인가? 그렇지 않다. 우리는 항상 선택할 수 있다.

이 방에는 뭔가 나를 끌어당기는 고요함이 존재했다. 나는 병원에 오는 시간을 고대하게 되었다. 아버지와 나는 아버지의 어린 시절, 자라신 집, 내가 태어나기 전에 돌아가셨던 할머니, 즉 아버지의 어머니에 대해 조금 이야기했다. 하지만 그의 이야기에는 그 어떤 것도 나에 대한 것이 없다는 것을 알았다. 과거의 아버지가 어땠는가 하는 이야기에는 나도, 우리 식구들에 관한 것도 전혀 없었다. 아버지는 다른 모든 사람이 그러하듯, 그 자신만의 고유한 어린 시절로부터 형성되었던 것이다.

나는 어머니가 암으로 돌아가시기 여러 해 전에 내내 하시던 말씀이 생각났다. "죽는다는 것이 보이는 것처럼 그렇게 쉬운 일이 아니야." 내가 이 말을 아버지께 그대로 하자, 아버지는 미소를 짓는다. 아버지께 나는, 어머니를 만나면 아디나에 대해 이야기해 달라고 말씀드렸는데, 그런 말을 하면서 내가 미쳤나 싶기도 했고, 동시에 뭔가 마음에 위안도 받았다. 아버지는 고개를 끄덕이셨다.

나는 아버지를 만나는 동안 아버지를 향한 나의 마음이 부드러워지는 것을 느꼈다. 그리고 아버지도 자신과 앞에 놓여 있는 상황에 대해서 좀 더 부드러워지셨다. 나는 아버지와 있을 때 느낀 그 솔직함을 계속 간직하고 싶어졌다. 아버지께 알코올 중독이라는 임상적 진단을 잘난 척 설명해 가던 나의 오만한 태도에 창피함이 느껴졌다.

나는 뭔가 어떤 동시성 같은 것을 경험한다. 아버지는 아버지 그대로였다. 갑자기 훌륭한 성인이 되신 것은 아니었다. 아버지가 자신과 타인들에게 야기한 고통들은 실제로 일어난 일들이다. 내 생각에 그러한 일들은 용서가 된 것 같다. 그러나 그런 일들 자체가 없어지는 것은 아니다. 이 용서라는 것은 내가 했는지 안 했는지와 같은 것과는 상관이 없다. 이곳에서 나는 시간이 멈춘 이 순간에 위트니스를 하고 있을 뿐이다.

내가 어릴 때 아버지는, 일요일 아침에 교회를 다녀온 후 나와 남자 형제들을 집 가까이에 있는 숲에 데리고 가서 함께 놀기도 하시고 탐험도 같이 하셨었다. 이제 아버지는 그 숲에 혼자 가 계신다. 나는 숲의 이쪽 끝에 서서, 아버지가 현재 향해 가고 있는 것이 완성되는 것을 기다리고 있다. 나는 아버지가 왜 아디나를 안을 수 없는지 조금씩 이해하기 시작했다. 아디나는 생이라는 것에 열정적으로 연결되어 있는 존재인 반면, 아버지는 이 생에 있는 그의 끈을 풀어 버리고 있는 중인 것이다. 아다나는 나로 하여금 이 숲의 한쪽 끝에서 머무르게 하는 존재이고, 그럼으로써 나로 하여금 일상의 충돌과 기쁨으로 돌아갈 수 있게 해 주는 존재였다. 아버지는 숲속으로 걸어 들어가야만 한다. 나는 언니 집으로 다시 가서 아다나에게 젖을 먹인다. 아다나는 행복한 배고픔과 함께, 생을 받아들이며 소리 내어 젖을 빨았다. 그러고는 저녁 준비에 바쁜 복작거리는 부엌에서 내 무릎 위에서 잠이 들었다. 여기서 그저 이렇게, 생의 중심인 이곳에서 이 아이를 안고 있다는 것. 정말 구원된 것은 나였다.

아버지는 12월 초에 돌아가셨다. 나는 장례식에서 슬픔보다는 기쁜 경험이 더 많았다. 내가 수년간 피해 왔던 친척들이 아다나를 안고서는 내가 이 아이만 했을 때를 이야기해 주었다. 나는 친척들과 함께 다시, 최소한 아주 잠깐 동안은 커다란 가족의 구성원이 되었고, 내 인생이 나의 어릴 적 그 시절로 되돌아가는 듯한 느낌을 받았다. 내가 성장한 이 작고 고리타분한 집에서 먹고, 웃고, 또 옛 기억들을 서로 나누었다. 내게 있는 가장 좋은 기억들과 비슷한 장면들이었다. 아버지는 이런 파티를 즐기셨을 것이다.

같은 해 크리스마스에 다시 만났을 때, 나는 우리 가족과 좀 더 가까워진 느낌을 받았다. 마음 깊이 평화로운 기분이었다. 아버지의 죽음과 또 어떻게 돌아가셨는지가 그러한 것들을 주었다. 많은 종류의 고통들이 그러하듯이, 이제 끝나고 난 뒤에야 나는 아버지의 생전 몇 년간의 고통을 좀 더 선명하게 본다. 아버지는 당신 스스로의 미로에 갇히셨던 나머지, 내 인생에서는 오랫동안 유령 같은 존재이셨다. 뭔가 잃어버렸던 것이 아버지의 죽음을 통해서 다시 회복되었다.

크리스마스 연휴가 끝난 후에, 나는 강의를 다시 시작하기 위해 아직도 칙칙한 겨울의 회색빛에서 벗어나지 못한 시카고에 있는 집으로 돌아왔다. 집과 일이라는 일상으로 돌아온 것이다. 나는 아버지의 침대 옆을 지키며 배운 교훈들이 마치 피부에 문신처럼 새겨져서 아주 명백하게 남아 있기를 기대하며, 내가 아는 것들을 박사과정 지원서에 연결시켜 통합해 보려고 한다. 박사과정에서는 내가 배우고 연구해야 할 것을 고안해야 한다. 나는 어떻게 미술이라는 것이 탄생과 죽음이라는 심오한 인생의 여정들을 반추하고 중재하는지를 박사과정 공부에서 들여다볼 것이다. 나는 인턴십을 할 수 있는 곳으로 지역의 호스피스 프로그램에 연락해 보았다. 담당 간호사는 회의적이었지만 그래도 나와 만나기로 했다. 평상시에는 나처럼 근래에 자신과 가까운 누군가가 죽은 사람은 자원봉사자로 받지 않는다고 했다. 나는 그녀에게 나 같은 경우는 좀 예외적인 죽음이었고, 충분히 상실 과정을 겪어 냈다고 말하며 그녀를 안심시켰다.

바쁜 일정들 중에서 나는 약간 우울해졌는데, 감기까지 와서 목소리를 잃었다. 이것은 정상이라고 나 자신에게 말했다. 겨울인 데다가 바빴던 명절 연휴 후유증일 것이다. 나는 스케줄들을 다 소화해 냈지만 무력감이 나를 엄습하였고, 내가 느꼈던 차분한 확신감과 평화로움을 잃어버렸다. 아디나를 돌보는 것은 노력이 필요한 일이 되었고, 가르치는 일은 너무 힘이 들었다. 혹시 감기 이상의 다른 것이 아닐까? 나는 어쩌면 어딘가 실제로 아픈 것일지도 모른다는 생각에 의사를 만나 보기로 했다.

내 담당의 옆에는 밝은 눈을 가진, 누가 봐도 임신을 한 의대생이 함께 따라다녔다. 난 내 담당의에게 증상들을 말해 주었다. 자주 피곤하고, 부부관계에도 관심이 없어졌으며, 아무것도 즐겁지 않다고 이야기해 주었다. 그녀는 삶에 뭔가 변화가 있느냐고 물었다. 나는 여섯 달이 된 아디나에 대해서 그리고 아버지가 돌아가셨다는 것에 대해서 언급을 했는데, 갑자기 눈물이 북받쳐 나왔다. 의사는 이런 내게 공감을 해 주며 티슈상자를 건네주었다. 그녀의 말들이 내게 있던 그리고 나의 바쁨으로 인해 부정되어 왔던 슬픔이라는 것이 터져 나오도록 해 주었다. 울고 나니 마음이 좀 시원해졌다. 나는 장례식 전 고인에게 마지막 인사를 하던 때도, 또 장례식 때도 그다지 울지 않았다. 도리어 그때 나는 굉장히 평화롭다고 느꼈었다.

하지만 눈물이 멈출 기미를 보이지 않자, 의사가 나를 걱정스러운 눈길로 바라보았다. "아버지와 함께 있었으면 하는 생각이 드나요?" 그녀는 엄숙하게 물어보았고, 그러고 나서 그 의대생에게 몸을 돌려 말을 하였다. "지금 나는 이분이 자살 충동이 있는지를 진단하고 있는 중이야." 감히, 어떻게, 저럴 수가? 나는 자살 성향이 있는 우울 증상에 대해서 누구보다도 잘 알고 있다. 내 모든 눈물은 멈췄고, 내 온몸이 분노로 인해 뻣뻣해짐을 느꼈다. 눈물을 닦아 냈다. "나는 심리치료사예요." 나는 마음의 균형을 잃지 않고 말했다. "그리고 나는 자살할 마음도 없어요." 나는 내 감정을 드러냈다는 것에 대해 스스로에게 화가 났고, 그저 일상적인 검진 속에서 나를 자기 학생을 가르치는 한 수단으로 만들어 버린 의사에 대해서도 분노했다. 환자를 대하는 태도가 너무나 서툰 이 의사의 행동을 고발하고 싶었지만, 나는 나 자신의 상실감에 대해 그리고 눈물을 쏟았다는 것에 대해 창피해졌다. 마치 심리치료사로서의 나는 이런 것쯤은 잘 알아서 달리 처리했어야 하는 것처럼 말이다. 의사는 나에게 심리학자에게 가 보라고 권유했지만, 나는 차갑게 거절했다. 그 의사의 너무나 불완전한 공감 능력에 몸을 떨면서 나 자신의 지치고 방어적인 반응에 고갈된 채로 나는 그곳을 빠져나왔다.

이런 일들이 생기리라는 것을 어떻게 보지 못했을까? 어떻게 나는 아버지와 연결되었다는 그 기쁨이, 누가 보아도 이해할 만한, 죽음으로 인한 상실감을 대체할 거라고 생각할 수 있었단 말인가? 누군가에게 전화를 하고 싶었지만 도대체 누구에게 해야 할지 아무런 생각이 나지 않았다. 그리고 어쨌거나 나는 이러한 감정들이 나를 어디로 이끌고 갈지 도무지 알 수가 없었다. 또한 이렇게 모른다는 것에 대한 끔찍함을 표현할 만한 어떤 말도 딱히 떠오르지 않았다.

죽음으로 인한 상실감이 주는 슬픔이라는 것은 달리 방도가 없다. 기다린다고 뭐가 되는 것도 아니고, 저절로 사라지는 것도 아니며, 시간이 지난다고 그저 없어지는 것도 아니다. 하지만 나는 슬픔 그 안으로 그저 들어가 보아야 한다는 것은 알고 있다. 그리고 내가 아는 유일한 방법은 미술작업을 통해서 가 볼 수 있다는 것이다. 나로 하여금 마침내 다시 이미지 작업으로 돌아가도록 이끌어 준 것이 바로 슬픔인 것이다.

또다시 내게 이미지 작업이라는 것은 내가 열망하는 어떤 것일 뿐만 아니라 내게 아주 절실히 필요한 것이 되었다. 미술작업은 내가 사람들과 좀처럼 나누지 않는 거친 감정의 모습들을 지켜 주고 담아낸다. 그 의사에 대한 나의 분노는 나의 기대치들을 확인시켜 줄 뿐이었고, 오랫동안 지녀 온 아픈 부분들을 또다시 보여 주는 것이었다. 나는 오해받거나 잘못 해석되거나 잘못 받아들여지는 것을 두려워한다. 하지만 나는 미술작업 과정은 신뢰한다. 나는 미술작업이 주는 포용성에 줄곧 두려워해 왔지만, 절대로 안 하겠다고 포기한 적은 없었다. 미술도구들이나 재료들은 성실하게 그 고유의 속성들을 유지하고 있으며, 절대로 약속을 깨지도, 또 나를 배반하지도 않는다.

하지만 나는 사람과의 접촉이 절실히 필요한 상태였다. 아마도 그 때문에 이 시점에서 나는 가면을 만들고 싶어 했던 것 같다. 아버지를 기리는 가면이었다. 그 의사와의 만남은 내가 그동안 피해 왔던 것들, 그리고 마음의 중심을 잃도록 했던 것들을 볼 수 있도록 도와주었다. 가면을 만든다는 생각은, 나로 하여금 감정이 드러나 버렸고 취약해져 있다는 느낌을 견디어 낼 수 있게 해 주었다. 미술작업은 나에게 어떤 목적의식을 되찾게 해 주었고, 내 인생의 흐름 속으로 나를 다시 복귀시켜 주었으며, 강에게 신호를 보내 주었다.

집에서 나는 아버지가 찍혀 있는 사진들을 꺼냈다. 어떤 것은 내가 태어났을 때의 사진인데, 우리 고모와 삼촌들과 함께 있는 아버지는 몸이 날씬하고 행복해 보였다. 또 어떤 사진들은 비교적 최근의 것들인데, 아버지는 비대해 보이고 피곤해 보였다. 아버지가 자신의 죽음에 점점 가까워지는 순간일수록 아버지의 모습은 젊었을 때 모습과 좀 더 비슷해 보였다. 난 이전에 이러한 가면 작업을 여러 번 했었는데, 화가 난 파란색 여자가 그중 하나였고, 또 나의 내담자들에게 상담치료 중 치료과정의 하나로 제작하라고 지도하기도 했었다. 가면을 만드는 과정은 여러 단계를 거쳐야 한다. 느린 과정이며 때로는 지루하기도 하다. 그러나 나는 이러한 느린 과정이 필요했다. 그렇게 함으로써 그 감정에 충실할 수 있어야 했다. 그렇지 않으면, 아주 조금이라도 고통이 줄어들자마자 바쁜 일상으로 도망갈 것이 뻔했기 때문이다.

나는 가면의 기초를 잡기 위해 그릇 하나와 좀 단단한 회색 플라스티신 점토를 꺼내 놓았다. 오래돼서 잘 안 쓰는 파이 틀에 점토를 넣고, 오븐에 넣어 낮은 온도로 처리해서 부드럽게 만들었다. 지하 작업실에서 일을 하기에는 너무 추워서, 부엌에서 작업을 해야만 했다. 아디나는 유아용 의자에 앉아 놀면서 옹알이를 하고 있다. 따뜻해진 플라스티신 점토는 약간 미끈거리는데, 이것이 기분을 좋게도 하고 그릇 위에 형태를 잡기 쉽게도 해 주었다. 이 가면 제작 과정은 카리 헌트(Kari Hunt)라는 작가가 개발한 방법인데(Hunt & Carlson, 1961), 점토로 형상 틀을 먼저 만든 후에, 그 위에 종이반죽을 얹어 가면의 형태를 만드는 것이다. 초반기 단계들은 특히 느린데, 이것이 좋은 점이다. 이로 인해 나는 여러 기억을 떠올릴 수 있고, 여러 감정이 불러일으켜지는 곳으로 쉽게 들어갈 수가 있다. 아버지는 여러 사진 속에서 장난기 있는 모습을 하고 있는데, 그런 와중에 거의 항상 누군가를 만지고 있거나 잡고 있다. 나는 아버지와 내가 언제 서로를 포옹하는 것을 잃어버렸는지 잘 기억나지는 않는다. 하지만 어떤 순간인가부터 우리는 각자의 세계로 너무 멀리 들어가 버렸고, 너무나 많은 잘못된 말을 서로에게 쏟아부어서, 심지어 작은 몸짓 하나로도 가까이 다가갈 수 없게 되었다.

나는 사진들에서 눈을 돌려, 현재 하고 있는 작업에 집중했다. 아디나가 배가 고파져서 짜증을 내기 전에, 거칠고 기본적인 얼굴 모습을 제작해 낼 수 있었다. 피곤했지만 중심이 잡힌 기분이었다. 소파에서 젖을 먹이면서 아이와 나는 동시에 잠이 들어 버렸다.

다음 날 나는 학교에서 학생들을 가르쳐야 했고, 가면 만들 짬을 낼 수 없었다. 이후에 작업을 다시 시작하게 되었을 때, 나는 사진들을 좀 더 면밀히 관찰했고, 또 아버지 모습이 들어 있는 이미지들도 모아 오랫동안 뚫어지게 쳐다보았다. 그 이미지 중에는 내가 미술학교에 다닐 때 고통과 증오로 가득 찬 아버지를 그린 강한 연필 드로잉도 포함되어 있었다. 어머니가 돌아가신 후에 아버지는 자기 자신의 고통 속에서 헤어나지를 못하고, 그 고통을 술 마시는 것으로 무감각해지게 했다. 나는 아버지를 독으로 인해 인사불성인 채로 TV 앞에 있는 모습으로 그렸는데, 당시 내가 그것을 그렸을 때는 그것을 독이라고 인식하지도 못했었다. 방학이 되어 가르치는 일이 끝나고 집에 있게 되면서 나는 종이에 우리 모두가 부인한, 우리의 삶을 가려 버린 그 상실에 대해 적어 내려갔다. 내가 아버지를 도대체 언제부터 잃어버린 것일까? 내가 그렸던 그 그림은 느낌들을 볼 수 있도록 해 주었지만, 그 느낌들을 해결해 주기에는 전혀 충분하지 못했다.

나는 가면에 여러 특성을 살려 내기 시작했고, 그러자 얼굴이 하나 만들어지기 시작했다. 아버지 얼굴이었다. 나는 이 작업을 해 나가면서 울고 있었다. 내 눈물이 플라스티신의 기름진 표면에 구슬처럼 굴러떨어져 갔다. 갑자기 나는 아기가 되어서, 아기의 조그만 손가락들로 아버지의 얼굴을 탐험해 나가고 있었다. 아버지는 부엌에서 나를 안고 춤을 추며 나를 웃게 하려고 엉뚱한 곡조로 노래를 불러 주고 있다. 그때의 완전한 신뢰의 순간을 내 몸이 기억하고 있었던 것이다. 나는 아버지를 갓난아이의 눈으로 보며 벅찬 사랑을 느낀다. 아버지는 이런 것을 의식하고 있었을까? 아버지는 당신에 대한 나의 사랑이 얼마나 무조건적이고 전부였었는지에 대해 한 번이라도 아신 적이 있었을까? 나는 이러한 것을 아버지 모습의 점토 가면 위에 손을 얹어 재발견하는 순간 이전까지는 모르고 있었다. 나는 아다나를 쳐다보았고, 그러자 아기 얼굴에 미소가 피어났다. 나는 아기와 나 사이의 사랑의 힘에 대해 늘 깨어 있기로 맹세한다. 나는 한 아기가 자기의 부모에게 가지고 있는 신뢰가 얼마나 멋진 것인지에 대해 기억하겠다고 맹세한다.

나는 완전히 점토 작업에 빠져들어 갔고, 나의 느낌들의 세계로 너무도 깊이 들어간 나머지 과거와 현재가 합쳐졌다. 나는 몹시 아픈 상실감을 느꼈다. 이 순간 이후로 내가 새롭게 만나는 사람들은 내 아버지에 대해서 절대로 알 수 없을 것이고, 아디나도 할아버지를 절대로 만날 수도, 그에 대해 제대로 알 수도 없을 것이다. 나 또한 내가 앞으로 성취하게 되는 그 어떤 것들도 아버지와 나눌 수가 없게 될 것이다. 내 대학원 졸업식 때 아버지는 존(John)과 함께 차로 운전해서 와 주셨다. 아버지는 내 친구들과 함께 이야기하고 술을 마시면서, 라운지에서 한밤이 지나도록 계셨다. 다른 학생들의 부모들은 눈치껏 근처 호텔로 자러 갔다. 나도 잠을 자러 갔고, 친구들이 아버지와 있는 것을 즐거워하는 것 같아 기뻤지만, 한편으로는 아버지가 술이 안 깨서 다음 날 내 졸업식에서 나를 창피하게 하는 일이 없기를 바랐다. 다행히 아버지는 그러지 않으셨다.

나는 아버지에 대한 나의 사랑을 다시 경험했고, 또한 사랑을 받는 느낌도 다시 경험했다. 이 모든 것이 점토 작업을 함으로써 불러일으켜졌다. 나는 내 손 아래에서 모습이 잡혀 가는 가면을 만드는 이 경험 속에서 마음의 중심이 잡혀 갔다. 고통과 즐거움 두 가지 모두를 품어 안고, 또 기리며 말이다. 아디나가 곁에 있고 뭔가를 계속 필요로 하는 것 덕분에, 나는 현재 속에 발을 딛고 있을 수 있었다. 아디나는 젖도 주어야 하고, 기저귀도 갈아 주어야 하며, 안아 주기도 해야 한다. 나는 오늘 작업 때문에 피곤해졌고, 진이 다 빠졌다. 하지만 나는 슬픔 속에서 황금 같은 아름다운 마음을 찾았다. 어린 시절의 기억을 되돌아보는 것이 나를 좀 더 확장시켜 주었고, 나 자신뿐만이 아니라 아디나와 연결해 주었다. 강은 엄청난 격동 후에 천천히 평화롭게 흘러가게 되었다.

가면을 만드는 일을 직접 할 수 없을 때에도, 그 작업을 하는 중이라는 사실 자체가 나에게 위안이 되었다. 나는 운전을 한다든지 하는 엉뚱한 시간에 가면 생각이 나곤 했는데, 그러면서 더욱더 많은 기억이 생각났다. 그 이후 며칠간, 가면 만드는 일은 좀 더 쉽게 느껴졌다. 나는 가면의 특성을 더욱더 살리는 일에 하루를 온전히 보냈는데, 손가락과 점토 도구들 그리고 심지어는 부엌에서 쓰는 바비큐 꼬챙이 같은 것들도 사용하였다.

나는 점토 가면을 이용해 실제 가면을 만들 수 있도록 재료를 더 준비하였다. 오래된 신문들을 잘게 찢어서 물 양동이 두 개에 집어넣었는데, 하나는 일반 신문지를 찢은 것을 넣었고, 또 하나는 일요일판 신문에 나오는 만화 부분을 찢은 것을 넣었다. 종이의 섬유질이 물속에서 부드러워지도록 하루나 이틀을 꼬박 담가 두어야 한다. 나는 신문지와 도배용 풀만 있으면 되는, 재료의 평범함이 주는 종이반죽의 단순성을 좋아한다. 아버지는 신문을 날마다 읽곤 하셨다. 나 또한 그러한데, 이제 나는 내가 신문을 읽을 때 아버지를 떠올리곤 한다. 아버지와의 조그마한 연결고리 같은 것이다. 이 가면 작품은 흔히 말하는 '순수' 미술은 아니지만 여전히 미술작품이다.

오늘은 점토로 만들어진 가면 위에 그 종이들을 얹으려고 앉았는데, 부엌마저도 추웠다. 양동이 안에 있는 물은 얼음장처럼 차가웠고, 작업을 계속하기 위해서는 따뜻한 물에 손을 계속 헹구어야만 했다. 첫 번째 겹으로, 나는 일반 신문지를 자른 것을 깔아 얹었는데, 그러면서 내가 찢은 종이들이 부고와 광고 면이었다는 것을 알게 되었다. 그 위에 걸쭉한 벽지용 풀을 바르고 나서 일요 만화 신문지를 찢은 것을 깔아서, 두 번째 겹을 제대로 발랐다는 것을 알 수 있게 한다. 풀을 더 칠하고 일반 신문지를 얹어서 마지막 겹을 완성하였다. 표면의 인쇄된 것들로 인해 이 가면이 어떤 사람이라는 느낌을 그리 주지는 않았다. 가면의 표면은 지나치게 부드러워 보였고, 나는 좀 더 주름이 잡힌, 나이 든 모습을 원했다. 나는 딱 맞는 효과를 내기 위해 화선지와 키친타월, 얼굴용 화장지를 활용해 본다. 이 얼굴은 이상적인 상태를 만든 것이 아니라, 아버지의 나이가 드셨을 시기의 얼굴이다. 두 눈은 가면 안쪽으로 향하고 있고, 나를 쳐다보고 있지는 않다. 아버지가 돌아가셨을 때는 그 시선이 참으로 안정되어 있고 분명했지만, 나의 기억들 대부분에는 아버지가 나를 보고 있지 않은 모습이다. 아버지는 자기의 아픔을 향해 안쪽으로만 시선을 돌렸거나, 아니면 나 이외의 다른 것들을 봄으로써 위안을 얻으려고 했을 수도 있다. 이제 이것이 마르려면 최소 2~3일은 걸려야 한다. 나는 한 일주일 동안 가면 작업을 하지 않았다.

플라스티신 점토에서 이 종이반죽 가면을 떼어 내는 것은 쉽지 않은 일이다. 이 전환의 단계에서 종이 형태는 부서지기 쉽고, 나는 이것이 안 되는 것은 아닐까, 내가 원하는 모양으로 나오지 않으면 어쩌나, 혹은 아무것도 아닌 것이 되지는 않을까 겁이 났다. 하지만 나는 내가 이 작업을 포기하지 않는 한, 이러한 두려움은 결국 지나가 버릴 것이라는 것을 안다. 이것은 불완전함이라는 것을 받아들이는 순간이다. 나는 이 순간에서 빨리 벗어나고 싶었다. 작업을 포기하고자 하는 충동이 확 일고, 그러고는 지나간다. 하지만 나는 이러한 느낌들을 잘 진정시켜야 한다. 이 꽉 막힌 순간들을 돌보아서 눈물이 흐르지 않도록 해야 한다.

플라스티신 점토에서 종이 가면을 뗀 후에, 나는 혹시 얇은 부분이 있지는 않은지 보기 위해 가면을 들어서 빛에 대고 살펴보았다. 그러자 돌아가시기 직전의 여름에 보았던 아버지의 손이 생각났다. 아버지는 속상한 감정들을 부정했지만, 그의 두 손은 나이 때문에 검버섯도 피었고 힘이 하나도 없어서 마치 말라빠진 종이처럼 느껴졌었다. 나는 가면을 약간 손을 본 후, 가장자리 부분을 단정하게 만들지 않고 그냥 내버려 두기로 했다. 거친 가장자리는 꿈으로부터 나타나는 느낌 또는 안개 속으로 사라져 가는 느낌의 이미지를 주었다. 나는 나중에 색칠작업을 할 수 있도록 흰색 젯소를 두 겹 발랐다. 그러자 이제 이것은 유령 같은 데드 마스크가 되었다. 어두워지고 있는 부엌 속의 그림자들이 가면 표면의 윤곽 위에서 제각각 노는 듯이 드리워지고 있다. 나는 차고 문소리에 깜짝 놀랄 때까지 그곳에 그렇게 앉아 있었다. 존이 부엌에 들어왔고, 그제야 나는 현실로 돌아오며 몸을 떨었다. 그는 부엌으로 쭉 들어오면서 내가 만든 가면에 감탄했다. 나는 가면이 의미하는 그 모든 것을 말로 어떻게 표현해 낼 수조차 없었다.

좀 더 건조시키려면 좀 더 기다려야만 한다. 나는 가면 작업이 주는 장인 같은 단계들이 좋았다. 여기서 나는 여러 기억과 감정으로부터 약간의 휴식을 얻는다. 이제는 괜찮은 작품으로 만들기로 결심했고, 마지막 단계의 작업을 준비하는 것이 마음을 편안하고 부드럽게 해 줌을 느꼈다. 에너지가 내 삶에 다시 돌아온다는 것도 느끼기 시작하고 있었다. 나는 어쩌면 슬픔의 단계를 마무리하고 있는지도 모르겠다.

마침내 가면이 색칠을 해도 될 만큼 건조되었다. 각각의 단계는 그 고유의 시작과 끝이 있어서 그것들이 모여 이 마지막 과정으로 이끌어 준다. 수채화 물감과 유리로 된 팔레트, 물통, 키친타월, 붓들을 꺼내 늘어놓았다. 나는 작품을 끝내기를 주저한다. 그러나 매혹적인 물감의 색상들이 이러한 주저를 극복하게 해 준다. 가면에 색칠하는 것은 섬세한 작업이다. 나는 한동안 집중해서 채색을 하고, 그러고 나서는 잠시 떨어져서 본다. 표현이 좀 지나치게 화려하게 된 것처럼 보인다. 거의 모든 색상이 너무 과하게 느껴졌다.

세탁기 옆에 있는 다리미판에 붙여 놓았던 거의 쓰지 않았던 물 스프레이 통을 가져왔다. 젖은 물감 위에 스프레이로 물을 곱게 뿌렸다. 그러고는 그것이 틈새와 주름진 곳으로 흘러 내려가며, 그곳을 선명하게 만들어 주는 것을 지켜보았다. 여러 번 칠하고 그것을 지우고 하는 과정을 거쳐 딱 적당한 만큼의 빨간색이 가면의 입술 위에 엷게 물들었다. 프러시안 블루와 페인스 그레이(Payne's gray)가 그림자들을 만들어 주었다.

미술작업 과정이 작동을 하고 있다. 나를 치유해 주고 있고, 그 어떤 의식적 사고와 판단으로부터 나를 떼어 놓아 주고 있다. 작업 과정에 몰입하는 것이 치유를 해 주는 것이라는 사실을 나는 확신했다. 잠시 동안 나는 작업하던 대상이 무엇인지 완전히 잊어버리고 강과 하나가 된다. 나는 이 가면을 특정한 감정의 개입 없이 작가로서 우러러보며, 또한 만족해한다. 그러고는 다시 그것을 아이의 눈으로 바라보며 마지막으로 사랑과 존경의 증표를 드린다. 그러고 나서 나는 아버지에게 존경을 드리고 기릴 수 있었다는 것에 만족감을 느낀다([그림 16-1] 참조).

나는 새로 태어난 것 같았고 신선한 기분을 느꼈다. 나는 상실의

그림 16-1 아버지 모습의 가면(종이반죽)

슬픔을 주제로 할 수도 있는 미술치료 프레젠테이션에 대해 생각해 본다. 또 나는 호스피스 프로그램의 자원봉사자가 되기 위한 연수에 참가한다. 그곳에서의 일이 나의 박사과정 인턴십이 될 것이다. 나는 죽어 가고 있는 사람들을 위해 일하게 될 것이라고 기대했지만, 내가 받은 명단들은 전부 다 엄마나 아빠를 잃은 어린아이들뿐이었다.

그러던 어느 날, 상실에서 오는 슬픔이 표면으로 다시 드러났을 때, 나는 허를 찔린 듯한 기분이었다. 그때는 1984년 6월에 있던 아버지의 날이었다. 나는 이날이 내게 미치는 영향에 대해서 전혀 준비되어 있지 않은 가운데 멍한 상태가 되어 버렸다. 존은 그날 타지에 가고 없었다. 나는 무의미한 느낌 속에 너무도 가득 차 있었는데, 이것은 죽고 싶다는 칙칙한 마음으로 쉽게 이어졌다. 겨우겨우 그림을 그리러 작업실로 나를 끌고 갔다. 워밍업으로 그린 빨간색과 회색의 그림은 폭발적이었고 과격했다. 회색은 차분했지만 빨간색을 완화시키기에는 역부족이었다. 이성적인 마음을 없애 버리고 강력한 망치처럼 나를 타격하는 감정들의 원천이 대체 무엇인지를 알아내고자 하는 바람으로, 나는 잘 안 쓰는 왼손으로 낙서화를 하듯 그림을 그렸다. 그러자 잠자는 천사가 그려졌다. 또 다른 낙서화는 아기와 함께 있는 천사였다. 또 하나를 해 보았다. 아버지 천사가 딸을 환영하는 모습이 나왔다. 감정들이 차올랐다. 그래, 죽자. 그리고 아버지에게 가자. 아버지는 이제 너무도 부드러워졌고, 이전의 모든 끔찍한 모습은 없어졌으니까. 내가 깊이 사랑한 이 사람은 이제는 더 이상 술과 속임수로 숨겨져 있지도 않고, 그렇게 퉁명스럽지도, 그리 멀게 느껴지지도 않는 사람이다. 아버지는 그 좋은 모습으로 즉각 되돌아와 주셨었다. 나는 그런 아버지가 내게 다시 돌아오기를 바란다.

나는 지쳐 떨어져서 그림을 한쪽으로 치워 버렸다. 낙서화는 뭔가를 찾아보고자 할 때 좋고, 특히 내가 직면하기 너무 어려워하는 그런 감정들에 휩싸여 있을 때 해 보면 가장 효과적이다. 나는 이젤 위 화판에 종이 한 장을 붙이고 눈을 감는다. 그리고 파스텔이 겹쳐지도록 내버려 두며, 그 위에 손이 가는 대로 선을 긋는다. 그리고 나서는 어떤 이미지나 형태를 찾아보고, 그 모습을 더욱 만들어 주도록 하라. 다 된 뒤에는 뒤로 물러서서 바라보며, 그 이미지가 말을 하도록 둔다.

낙서화는 뭔가 문제를 찾아내고자 할 때 해 볼 수 있는 좋은 수단이지만, 그 자체가 뭔가를 해결해 주지는 않는다. 그저 방향만 보여 주고, 어떤 때는 막혀 있던 감정의 속박을 풀어 준다. 다음 날 나는 같은 장면을 물감으로 그렸는데, 패널 위에 아크릴로 좀 더 풍부하게 그렸다. 나는 어떤 대화가 발전되어 나오도록 허용하면서, 아버지 천사와 딸의 그림 앞에서 명상을 했다. 딸은 더 이상 날개를 가지고 있는 것 같지 않다. 아버지는 부드럽게 작별 인사를 하고 있었는데, 딸아이의 마음을 위로해 주면서도 그 아이를 자신의 삶 속으로 돌아가도록 보내 주고 있었다. 우리 어머니가 말했듯이, 죽는 것은 보이는 것처럼 그리 쉬운 일이 아니다. 하지만 그렇다면, 산다는 것도 마찬가지로 그리 쉬운 일은 아니다.

나는 이 작업 때문에 화가 났고 고갈되었다. 하지만 바깥에서 벌어지는 내 삶에서 필요한 요구들이 많고 시간을 낼 수 없었지만, 슬픔의 원천을 찾는 일을 지속해 나가야만 했다. 나는 이러한 것이 균형이 전혀 맞지 않고 강과도 멀어져 있다는 것도 안다. 또한 이 감정들이 표현되지 않으면, 그것들이 내 근육에 머무르게 될 것을 알고 있었다. 하지만 나는 지쳤다. 화를 덜어 보기 위해 점토를 좀 써 보았다. 그 작업을 하는 중에 나는 울고 있었다. 내가 화가 난 것은 신에 대해서였다. 왜 하필 나인 거야? 왜 내 인생에 있어서 상실의 슬픔이 핵심적인 힘인 거야? 내가 점토를 내려다보았을 때, 나는 '왜 하필 저인가요?'라고 물어보며 하늘을 쳐다보고 있는 패배자의 형상이 웅크리고 있는 모습을 보게 되었다. 이 형상의 내부는 긁어내서 비어 있었다. 나는 이러한 감정을 어머니가 돌아가신 열다섯 살 때 똑같이 느꼈었다. '왜 하필 저인가요?' 내가 만든 형상은 눈이 없었다. 나는 고통이 주는 의미를 볼 수가 없었다.

　나는 앞의 그림들에 대해서는 이 책을 쓰기 전까지 그 누구와도 이야기하지 않았다. 가면은 뭔가 완성된 것 같고, 미적 측면도 갖추고 있으며, 감정을 담아내는 구실을 하는 반면에, 낙서화는 감정을 여과 없이 보여 준다. 낙서화들은 직접적으로 전달을 하며, 그래서 나를 두렵게 했다. 결국 그 의사의 말이 맞는 것이었을까? 내가 자살 충동이 있었던 것일까? 병원에 입원해서 약을 먹었어야 했던 것일까? 만약 내가 그런 도움들을 받았다면, 나의 이 상실의 고통은 덜어졌을까, 아니면 그저 미루어졌을까? 내가 만약 이 그림들을 누군가에게, 예를 들어 심리치료사 또는 미술심리치료사에게 보여 주었으면 어떻게 되었을까? 만약 그 치료사가 상실의 슬픔을 스스로 느껴 보지 못했다면, 이 이미지들이 나로 하여금 의사소통을 하도록 도와주었을까, 아니면 두려움을 불러일으켰을까? 미술로서 충분한 것일까?

　미술은 나로 하여금 감정들을 풀어내도록 충분히 도와주었기 때문에 나의 인생은 좀 더 참을 만해졌고, 미술작품들, 특히 가면은 내가 뭐라 할 말을 찾을 수 없을 때 보여 줄 수 있는 작품이 되었다. 나는 다른 사람들이 나의 그 가면을 볼 때 그 사람들도 공감하는 것을 느꼈다. 미술은 나로 하여금 내 감정을 스스로 소유할 수 있도록 해 주었고, 결과적으로 나의 경험 속에 어떤 보편성이 있는 것을 보게 해 주었다. 낙서화들은 내가 얼마나 혼란 속에 빠져 있었는지, 그리고 내가 얼마나 깊이 그 상실 속에서 슬퍼한 나머지, 실제로 아버지와 함께 있고 싶어 했음을 보여 주었다. 자살은 자기 자신을 신체적으로 잃어버리는 것이다. 하지만 죽고 싶다는 이러한 생각들도, 신체적으로 자신을 잃게 되는 것은 아니지만, 어떤 존재의 의미를 잃는다는 면에서 자기 자신을 상징적으로 잃는 것이다.

나는 내가 했던 미술작업이 얼마나 많이 사람들과의 만남을 대체했는지를 알아차리고 놀랐다. 아버지가 돌아가셨을 때, 나는 슬픔을 나누거나 또는 도움을 얻기 위해서 친구들을 찾지 않았다. 나는 상실의 슬픔을 극복하는 과정에서 미술을 활용한 경우를 발표하는 여러 프레젠테이션에서 나의 가면을 보여 주곤 했다. 이것은 고통이 있을 때 그것을 다른 사람과 나누는 것과는 매우 다른 것이다. 뒤돌아보니, 내가 고통을 극복하는 방법은 우리 어머니의 병과 죽음에 대한 경험으로부터 형성되었음을 알 수 있었다. 우리 가족들은 사람들 앞에서 감정을 표현하지 않아야 한다고 믿고 있어서, 심지어 혼자 있을 때조차도 무너지는 모습을 거의 보이지 않는다.

미술작업은 굉장히 많은 치유의 가능성을 가지고 있는데, 그중에 가장 좋은 것은 관계가 발전되도록 해 주는 것이다. 첫 번째로 자기 자신과의 관계가 이미지를 만들면서 시작된다. 나는 내가 아버지의 모습을 닮은 가면을 만들었을 때 나의 감정을 느낄 수 있었다. 그 단계가 나로 하여금 나의 감정들에 대해 좀 더 충실할 수 있게 해 주었고, 그럼으로써 내 남편이나 여자 형제 같이 나와 가까운 사람들의 위로를 받아들일 수 있도록 도와주었다.

프레젠테이션을 하면서 내 미술작품을 보여 주는 것은 지나치게 압도당하지 않으면서 안전하게 다른 사람들의 동정심을 경험할 수 있도록 도와주었다. 내가 프레젠테이션을 끝낸 다음에, 한 나이 든 여성이 가면을 어떻게 만들었는지에 대해 그 방법을 물어보았다. 그녀가 말하기를, 심장마비로 급작스럽게 남편을 잃은 것에 대한 슬픔을 자신이 한 번도 제대로 애도해 보지도 못했다는 것을 그제야 알았다고 했다. 그녀는 남편이 죽은 후 그가 하던 사업의 위기를 막기 위해 급히 뛰어드느라, 그런 슬픈 감정들을 수년간 자신 안에 간직하고만 있었다.

점토 조각상은 내 안의 예민하고 약한 부분을 볼 수 있게 해 주었고, 다른 사람들을 필요로 하는 것이 유대감이 형성되는 방법이라는 것을 서서히 알게 해 주었다. 그 점토상은 내 안에 있었지만 충분히 표현하지 못했던 슬픔을 이끌어 냈고, 어머니의 죽음에 대해서는 별로 충분히 표현해 주지 않았다. 어머니가 돌아가신 것이 아주 오래전이기 때문에 나는 아직도 어머니의 죽음을 좀 더 충분히 애도했어야 하지 않았을까 하고 생각한다. 서서히, 소울의 시간에 맞추어 나는 가장 심오한 상실의 슬픔을 표현하는 이미지가 떠오르도록 허용할 수 있었다. 미술작품을 만들지 않았더라면 나는 어떻게 다른 사람들을 내 경험 속에 들어올 수 있게 하는지, 어떻게 사람들 속의 한 부분이라는 것을 느낄 수 있는지를 배우지 못했을 것이다.

충분히 슬퍼하지 못한 상실들은 깊은 고통의 근원들이어서, 우리의 가장 깊은 곳에 있는 자아에 패턴들을 새기게 된다. 이렇게 새겨진 패턴들은 그다음에 오는 상실에서 다시 불러일으켜지고 반복된다. 미술작업은 상실감을 돌보는 방법이다. 심리치료사들은 해마다 돌아오는 상실의 기일이 얼마나 놀라울 정도로 예전의 그 슬픔을 생생하고도 가깝게 느껴지게 하는지를 익히 잘 알고 있다.

상실의 슬픔이라는 것은 줄어들거나 다른 형태로 변화할 수는 있어도, 그것이 절대로 완전하게 없어지지는 않는다. 당신 인생에 있어서 상실이라는 것이 어떤 의미가 있는가를 살펴보려면, 우선 그 사람에 대한 사진들이나 관련된 물건들을 모아 보도록 한다. 한동안 그저 같이 앉아 있거나 간단한 워밍업 드로잉을 해 보도록 한다. 만약에 그 사람이 좋아하던 음악이 있었다면, 그리고 만약 당신이 그렇게 할 수 있다면, 작업을 하는 동안에 그 음악을 틀어 놓도록 한다. 여기서 당신의 의도는 상실의 슬픔을 풀어 나가는 과정에 들어가는 것이다. 당신은 울게 될 정도로 그리고 슬퍼질 정도로 강한 감정을 느끼게 될 것이다. 이 과정에 들어가기 전에, 과정 후의 회복시간을 반드시 미리 확보해 놓도록 한다. 당신은 어쩌면 피로해지고 잠을 더 자야 할 필요가 생길 수도 있다. 만약 이런 과정에 들어가기가 힘들거나 그 상실이 오랫동안 지속된 것이라면, 기일 근처나 당일, 생일, 또는 그 사람과 나누었던 특별한 때 즈음에 이 작업을 해 볼 것을 권한다.

가면을 만들기 위해서는 사진을 쉽게 볼 수 있도록 늘어놓고, 얼굴 크기의 그릇을 랩으로 우선 싼 뒤, 그 위를 플라스티신 점토로 덮는다. 플라스티신은 유성 점토인데, 유치원 다닐 때 써 보았을 수도 있다. 미술용품 가게나 카탈로그에서는 이 점토를 조각가의 점토라고 부르기도 하고, 대개 회색이나 녹색이다. 만약 점토가 너무 딱딱하면 파이를 굽는 판에 놓고 은근한 온열기 위나 햇볕에 내놓아 부드럽게 만든다.

가면에 천천히 특성들을 살려 나가는데, 자신의 기억과 또 주변에 놓아둔 사진들을 참고하도록 한다. 점토용 도구를 사용해도 좋지만, 당신의 손가락과 바비큐를 꽂는 것 같은 부엌용품들만으로도 잘된다. 시간을 두고 천천히 작업을 하도록 한다. 가면 만들기 같이 손이 많이 가는 작업을 하는 이유는, 그 사람에 대한 기억들 속에 젖어 들게 하기 위해서이다. 이러한 것은 의식적으로 그리고 무의식적으로 일어나게 될 것이다. 만약에 감당하기 어려울 정도의 감정이 느껴지기 시작한다면, 가면을 한동안 그대로 두고 계속할 수 있는 마음의 준비가 될 때까지 그대로 두는데, 대신 그것을 자주 볼 수 있는 곳에 두도록 한다. 그러면서 이 과정은 내적으로 계속 지속될 것이다. 그 사람에 대한 기억이나 감정들이 불러일으켜지거나 없어지는 것을 알아채도록 한다. 이 사람에 대한 당신의 관계는 당신 안에서 계속되고 있다는 것과 앞으로도 그럴 것이라는 것을 깨닫도록 한다.

틀에서 형상의 특성을 표현할 때는 좀 과장하는 것이 도움이 되는데, 그것은 나중에 종이반죽을 올리게 되면 세부묘사가 좀 둔해지기 때문이다. 일단 완전하게 형상을 만들었다고 생각되면, 나중에 가면을 제거할 때 도움이 되도록 식용유나 페트로리움 젤리(*역자 주: 바셀린 크림)를 점토 위에 얇게 한 번 바른다. 그러고 나서 물통을 두 개 준비한 후, 한쪽에는 흑백의 신문지 글씨 부분을 찢어서 넣고, 다른 한쪽에는 컬러 만화가 있는 쪽을 찢어서 넣는다. 광택이 있는 부분은 잘 붙지 않으므로 사용하지 않도록 한다. 물에 불은 종이는 세 겹으로 붙이도록 한다. 흑백의 종이를 얹은 후에 색상이 있는 만화 부분 종이를 얹음으로써 각 층을 완성했는지 안 했는지 볼수 있다. 각 겹이 완성될 때마다 벽지용 풀로 한 번 더 고르게 발라준다. 벽지용 풀은 물과 섞어 쓸 수 있는 가루로 된 것도 있고, 아예 물에 섞여 나온 것도 살 수 있다. 두 가지 다 철물점(*역자 주: 한국에서는 벽지 붙여 주는 곳 또는 미술용품 가게) 같은 곳에서 살 수 있다.

가면을 플라스티신 점토 틀에서 떼어 내기 전에, 종이가 완전히 마른 것을 확인하도록 한다. 가면을 제거하면서 찢어지는 부분들은 종이와 풀을 이용해 언제든지 보수할 수 있다. 가장자리를 주의 깊게 잘라 내고, 그곳을 풀을 묻힌 종이로 한 겹을 덮어 마무리한다. 가면 안쪽과 바깥쪽을 젯소나 집에서 흔히 쓰는 흰색 페인트로 칠한다. 만약 여러 개를 만들고 싶으면 플라스티신 점토 틀을 다시 사용하면 된다. 또는 점토로 만든 이 틀을 새로운 이미지로 재창조할 수도 있다.

특징을 살리는 색칠을 하기 전에 가면을 한동안 두고 바라보는 시간을 가지는 것도 좋다. 또 언제든지 그 위에 젯소를 발라 다시 시작할 수 있다는 것을 기억하면서, 그 위에 물감의 여러 효과를 마음껏 실험해 보라. 사실적인 얼굴로 묘사를 할 경우에는 다음과 같은 색을 선택하면 도움이 된다. 백인의 피부색 톤을 만들려면 빨간색, 노란색, 파란색과 같은 원색을 흰색과 함께 사용해서 표현할 수 있다. 흰색의 양을 많이 하고 다른 색은 약간만 사용한다. 올리브 톤의 피부를 표현하려면 짙은 갈색 계열의 원색을 사용한다. 예를 들어, 레드 옥사이드(red oxide)나 베네시안 레드(venetian red), 황토색(yellow ocher) 또는 프러시안 블루(prussian blue) 같은 짙은 파란색 등이 그것이다. 아프리카인의 피부색 톤으로 만들려면 레드 옥사이드와 프러시안 블루를 많이 사용하거나 이미 혼합되어 있는 바이올렛 계열의 색을 약간 사용하라. 마음에 드는 톤이 될 때까지 다양하게 시도해 보라. 가면이 다 완성되었으면 실이나 철사 등을 달아서 걸 수 있게 한다. 낚싯줄은 튼튼하면서도 투명해서 여기에 사용하기 좋다.

가면 제작이 끝났으면 시간을 두고 작품을 관조해 본다. 자신의 느낌들을 알아채 보며, 그 감정들이 작업을 시작할 때와 달라졌는지를 보자. 어쩌면 당신은 그 가면에 나타난 사람에 대해 뭔가 적어 보고 싶거나 추가적으로 이미지들을 만들고 싶은 충동을 느낄 수도 있다. 상실의 슬픔은 깊은 물과도 같아서 제작한 이미지 하나가 슬픔을 감당하도록 도와줄 수는 있지만, 그 슬픔을 사라지게 하지는 못한다. 심지어 처음에는 가면이 당신의 슬픔을 더욱 깊게 하는 것처럼 보일 수도 있다. 특히 당신이 슬픔을 표면 위로 나오게 한 적이 전혀 없었다면 더욱더 그러할 것이다. 슬픔과 눈물은 우리가 사랑하는 그 사람들을 기리는 방법 중의 하나라는 것을 기억하도록 하자. 그런 감정들은 의미가 있는 것이고 인간으로서 가져야 할 부분들인 것이다.

당신이 제작한 이미지를 어떻게 위트니스할 것인지에 대해서 생각해 보라. 친구들이나 가족들이 참여할 수도 있겠다. 당신이 많은 공을 들인 이런 이미지가 시간이 갈수록 위로감을 주도록, 또 그렇게 되리라고 기대하라. 그 이미지를 전시할 만한 딱 맞는 공간이 있는지 찾아보도록 하자. 만약 전시하는 것이 마음에 들지 않는다면 이 작품을 담아 둘 수 있는 적합한 상자를 찾아보도록 하자. 이미지 앞에 꽃을 놓는다든가, 초 또는 향을 피우는 등 당신에게 맞는 의식을 만들어 보자. 이것은 명절 같은 중요한 날들이나 기일 등을 존경하고 기억하기 위한 행동이다.

17
과거에 대하여 알기

감기가 들어 '목소리가 나오지 않아' 학생들을 가르칠 수가 없어서 집으로 돌아왔다. 나는 꿈을 꾸었는데, 언니와 나의 남편과 함께 아버지 소유의 부동산을 어떻게 처리할지에 대한 세부사항들을 결정하고 있었다. 처리해야 할 빚 증서가 하나 있었다. 동시에 아버지가 와 계셨다. 물론 꿈속에서도 돌아가신 것으로 나오지만, 영혼이 함께하고 있었다는 것이다. 이 말은 아버지가 이전의 신체적 형태를 다시 가질 수 있었지만 꽤 어린애 같은 모습이었다는 것을 의미한다. 꿈에서 나는 이러한 상황이 죽은 뒤에 일어나는 일들이라고 알고 있고, 잠시 동안 아버지가 이 세상에 돌아와 세상을 마치 처음 보는 것처럼 보지만 뭔가 더 큰 이해를 가지고 보는 것이라는 것을 알고 있다. 아버지는 내가 사는 집에 있는 가구들에 아주 관심 있어 했지만, 사람들과 소통하는 것에는 별로 관심이 없다.

꿈에서 우리는 이 처리해야 할 일을 해결하기 위해 언니의 빨간 스테이션왜건을 타고 어딘가로 떠났다. 내가 운전하고 있었지만, 나는 내가 온전히 제대로 통제하고 있다고 느껴지지 않았다. 차는 지나치게 컸고, 나는 좀 빠르게 운전하고 있었다. 우리는 농장 지역을 가로질러 지나가고 있었다. 갑자기 나는 왜 내 마음이 불편한지 알아차렸다. 내가 아디나(Adina)를 아버지에게 맡기고 온 것이다. 이것을 알아챈 것은 굉장히 충격적이었다. 내가 도대체 어떻게 그럴 수 있었을까? 아버지는 현재 어린애 같은 영혼의 상태로 돌아와 있기 때문에, 아기를 돌볼 수 있는 상태가 아니었다.

끔찍한 생각에 울면서 나는 방향을 되돌렸다. 우리가 되돌아가는 곳은 언니의 집이다. 지금은 따뜻한 여름 저녁이라 사람들이 거리에 나와 있고, 분위기는 안정되어 있다. 나는 집으로 허겁지겁 뛰어 들어가 아기와 아버지가 지하에 있는 것을 찾았다. 아버지는 종이 박스들과 옛날 가구들이 있는 바닥에 누워 있었는데, 양손은 시체처럼 포개져 있었다. 사실상, 아버지는 다시 '돌아가신' 것이다. 아기는 아버지 머리 쪽의 바닥에서 아무 일도 없이 자고 있었다. 나의 어린 조카 프레디(Freddy)가 자기 손을 아기의 다리에 얹어 놓고 이 아기를 해가 될 만한 것으로부터 보호해 주며 자고 있었다. 나는 안도의 한숨을 쉬었다.

나는 이 꿈을 그림으로 그렸는데, 이것은 마치 '외부 세상의 일들'에 대한 관심에서 지하 또는 무의식 속에 존재하고 있는 어떤 관계의 주기로 관심을 전환하는 것 같이 보였다. 나의 여러 부분이 좀 더 큰 관계가 되어 가고 있었다. 예전의 낡은 내적 권위가 사라져 가고, 그러면서 새로운 여성성의 의식과 새로운 버전의 내적 남성성이 불러일으켜지고 있었다. 나는 어떤 집단에 속하고 싶은, 공동체에 대한 깊은 갈망을 느꼈다.

나는 나의 조상들에 대한 일련의 콜라주 작품을 시작한다. 아버지를 표현한 가면 제작에 필요한 사진들을 들추어 보며, 나는 내 관심을 끄는 다른 사진들도 발견했었다. 나의 어린 시절의 사진들과 어머니 사진 몇 개, 또 어머니와 삼촌들이 어렸을 때의 사진들도 찾았다. 나는 사진 위에 마음대로 그리거나 사진을 마구 잘라서 사용할 수 있도록 원본들을 복사했다. 어떤 사진 하나에는 내가 첫 영성체를 하기 위해 하얀 옷을 입고 있었다. 나는 이 이미지 왼쪽에는 창백한 모습의 천사, 오른쪽에는 어떤 부족의 어린 소녀가 성인식을 올리기 위한 복장을 하고 있는 모습으로 합쳐 놓았다. 서로 반대되는 것들이 포용될 수 있는 것일까? 천사는 걱정을 하고 있는 듯이 보인다.

나는 어머니의 유아기 때의 사진을 그녀의 이탈리아 조부모들 사이에 배치시켜서, 수입 토마토캔 상표 가운데로 아래로부터 끼워 소중히 모셨다([그림 17-1] 참조). 음식이라는 것은 나의 이탈리아계 가족을 표현하는 어떤 우선적인 상징이다. 나의 부모님은 두 분 다 그 어떤 사람도 우리 집에서 배고픈 채로 나가게 하지 않는 것을 원칙으로 삼으셨다. 식사하는 시간은 대화와 웃음의 시간이었다. 사진에는 삼촌들 중 한 분이 어머니 뒤에 찍혀 있는데, 그분 얼굴은 벌에 쏘여 부어 있었다. 나는 삼촌을 별생각 없이 그냥 잘라 내 버렸다.

또 다른 콜라주 작품에서는, 아버지의 노동조합 회비 납부 장부에 찍혀 있는 컬러 도장을 이용해 행복을 약속하는 무지개를 만들고, 그 아래에 나의 아버지의 아버지가, 즉 나의 할아버지가 의자 위에서 코를 골고 있는 모습을 만들었다. 자유의 여신상은 횃불을

그림 17-1 가족 콜라주(사진 복사, 오일 스틱)

높이 들고서는, 우리 할아버지 같이 자신의 나라에서 기근이나 다른 어려움으로부터 탈출한 사람들을 오라고 부르고 있다. 나는 이렇게 노동자들 그리고 이민자들의 후손이다.

초점이 제대로 잡히지 않아 몽환적인 스냅사진 속에 찍혀 있는 두세 살 정도였을 때의 나를, 신기한 동굴에서 별들을 바라보는 모습으로 배치하였다. 이 이미지는 신성한 신비감 속에 살았던 나의 가장 어릴 때의 기억을 표현해 주고 있다. 우리 가족사에 있어서 삼 대에 걸친 남자들과 나, 가부장제 아래의 딸. 이 이미지에서는 우리 양옆에 미국 국기가 있고, 뒤에는 산업주의가 낳은 무시무시한 고층 빌딩들이 드리워져 있는데, 그것은 풍요로운 땅의 어두운 면이자 너무 많은 사람을 미국으로 끌어들인 것의 대가이기도 하다.

이 작품들은 나를 내 뿌리로 결속시켜 주었다. 즉, 열심히 일하면 잘 살 수 있다고 믿던 이민자들의 자손인 것이다. 신에 대한 믿음이나 조국, 문화, 가치, 의미들을 이루어 가는 예식 속에서 자라난 자손. 나의 조상들은 자신들이 태어난 조국을 떠나 미국으로 이주해 오는 여정을 택했다. 이와 달리 나의 여정은 내적으로 가는 여행인데, 내가 조상들에게서 가지고 태어난 믿음들로부터 시작해서 아직 드러나지 않은 신비의 세계를 향해 가는 것이다. 앞에 선택한 이미지들로 작업을 하는 일은 나를 안정되게 중심을 잡아 주고, 내가 가진 풍요로운 유산을 다시 기억하게 해 준다. 나라는 사람은 내가 알고 있는 사람들로부터 형성되었지만, 또한 내가 오직 이야기로만 들어 보았던 사람들로부터도 형성되었다. 나는 앞으로 이미지 작업을 통해서 나 이전에 있었던 사람들에 대해 알고 싶다는 것을 느낀다.

나는 큰 오일 스틱으로 여러 색을 겹치고 겹쳐 정열적으로 바탕을 그리면서 각각의 콜라주 작품을 시작했다. 이렇게 만들어진 여러 색깔로 이루어진 바탕은 그 위에 붙여질 이미지들에게 어떤 감정적인 공간을 만들어 준다. 바탕작업 중에 어떤 색들은 완전히 소멸되어 버리는데, 그런 것을 통해서 나는 내가 절대 알지 못할 사람들이지만 어떤 식으로든 내가 그들의 특성을 계속 지니고 가게 될 내 이전의 사람들의 인생이나 감정도 느낀다. 그 사람들은 나에게 생명을 준 실제의 사람들이다. 작업을 하는 순간에 내적 삶과 외적 삶이 섞인다. 그리고 이러한 것이 나를 치유해 준다. 이런 순간들은 내가 종종 바보 같은 생각을 하게 하는데, 그것은 바로, 나는 이제 모든 것을 다 이해했고, 내 인생과 나의 예술은 이제부터 아주 순탄하게 항해해 나갈 것이라는 생각이다.

우리의 과거와 가족사를 탐험해 가 보도록 하는 계기가 되는 순간들이 많이 있을 것이다. 결혼식, 장례식, 아기의 탄생, 종교 생활 속의 의식들이 종종 그 결정체가 되어 주곤 한다. 이런 많은 순간이 사진으로 찍혀 있곤 하는데, 이것이 이미지 작업의 시작점이 될 수 있도록 해 준다. 가족사진첩은 우리 인생에 대한 하나의 버전을 제공해 준다. 이 이미지들을 가지고 작업을 하는 것은 우리로 하여금 각각의 이야기들 뒤에 있는 또 다른 이야기로 깊이 침투할 수 있도록 도와주는데, 이것은 우리 개인의 신화를 알아볼 수 있는 또 다른 방법이며, 가족 내 신화뿐만 아니라 전체 문화적 측면의 신화도 내포하고 있다.

나는 특히 원래의 사진을 흑백으로 복사해서 사용하는 것을 좋아하는데, 그럼으로써 이미 한 종류의 변환이 일어나기 때문이다. 복사를 하면 사진 속에 원래 있던 색깔들이 흰색과 검은색으로 단순화된다. 색연필이나 색색의 마커들을 사용해서 그 이미지들을 원하는 색으로 칠하거나 하여 재탄생시킬 수도 있다. 나는 컬러 사진이 주는 정해진 감정들을 제거하고, 나의 고유한 경험에 좀 더 가까운 색깔들로 채우게 된다.

가족사진첩을 훑어보며, 당신의 흥미를 끄는 이미지들을 찾아보도록 하자. 그 사진들을 여러 장 복사해 둔다. 확대하거나 축소도 해 보라. 부분들만 복사할 수도 있다. 문서나 지도, 신문, 잡지 이미지 등을 복사해서 추가시키면서 시작해 보자. 만약 내가 해 본 방식대로 따라 해 보는 것이 괜찮다고 생각되면, 오일 파스텔이나 오일 스틱을 이용해서 바탕색을 칠하고, 그 위에 복사한 이미지들을 배치해 본다. 만약 오일 스틱을 사용하게 된다면, 가능한 한 가장 두꺼운 종이를 사용하거나 박스 종이 위에 젯소를 발라 사용하는 방법도 있다.

사진이 찍힌 시기도 고려해 보자. 세상에서 일어난 어떤 일들이 당신의 가족에게 어떻게 영향을 미쳤는가? 과거의 일들에 대한 어떤 가족사가 있는가? 도서관에 가서 현재 작업하고 있는 시기에 연관된 사진 이미지들을 찾아보라. 어떤 때는 문화적 또는 상업적 이미지들을 가족사진들과 나란히 배열해 놓는 것이 새로운 해석이나 통찰력을 주기도 한다.

우리는 때로 친척들이 우리와는 다른 해석을 가지고 산다는 것을 잊기도 한다. 이러한 것들을 포함하고 있는 세세한 부분을 사진에서 찾아보는 것이 도움이 되기도 한다. 할아버지의 사진에 나와 있는 침 뱉는 통(*역자 주: 타구) 하나가 할아버지 냄새, 담배, 양모(울)에 대한 기억을 내게 불러일으켰다. 냄새라는 것은 감정을 불러일으키는 아주 강력한 자극제이다. 만약 당신의 친척들이 좋아했던 특별한 향수나 음식, 또는 술 등을 알고 있다면, 그것들을 당신이 직접 경험해 보는 것이 당신으로 하여금 과거를 기억하는 데 도움을 줄 것이다.

　당신보다 먼저 살았던 모든 가족을 포함시켜 보라. 이런 방식으로 이미지를 사용함으로써 당신은 과거를 새롭게 구성해 볼 수 있고, 또한 멋지게 포즈를 취한 공식적인 가족사진들 속에서 때때로 잃어버리기도 하는 여러 다른 이야기를 탐험해 볼 수 있다. 자신의 과거를 알고 받아들이는 것은 당신의 삶을 풍요롭게 해 준다. 무엇이 당신에게 주어져 왔는지를 알아채기만 하면 된다.

Part 5

계속 나아가기

ART IS A WAY OF KNOWING

18
깊이에 대하여 알기

　나는 학생들에게 적극적 상상 과정을 가르친다. 나도 그들과 함께 참여하기로 결심하고 이미지 하나를 만들었다. 내가 만든 이미지는 지혜롭고 장난기 있어 보이는 물개인데, 바다에 있는 바위 위에서 일광욕을 하고 있다. 시각화 단계에서 물개는 무거운 몸을 이끌고 물속으로 뛰어든다. 나는 물개가 동굴을 향해 헤엄쳐 가기를 기대하고 있다. 하지만 그와는 달리 물개는 옆에 있는 커다란 바위로 헤엄쳐 갔는데, 그 바위는 위로 떠오르면서 방향을 틀었다. 그 바위는 아주 커다란 생명체의 뒷머리였다. 머리의 방향을 틀면서 그 생명체가 자기 손을 든다. 그것은 짐승 사람이거나 짐승 옷을 입고 있는 사람이었다. 그는 우스꽝스럽게 보였는데, 나는 그가 너무나 싫었다. 그는 죽은 뒤 변환되지 않았나? 여기서 지금 대체 뭘 하고 있는 거지? 그의 외모는 너무나 징그럽고 과장되어 있었다.

그럼에도 며칠 동안 나는 이 이미지 작업 과정에 진심을 다하려고 노력을 다하였다. 나는 불쾌한 그의 얼굴을 조각해 보았고, 또 종이반죽으로 가면도 만들었다. 그 가면은 씌워져야 할 것만 같았다. 가면 뒤에 고무줄을 껴서 대충만 써 보았다. 나는 강으로부터 나를 밀어내는 다른 일들이 많다. 나는 기쁜 마음으로 그를 떠난다.

나는 박사학위를 시작했는데, 부분적으로는 교수직을 유지하기 위한 것이었지만, 좀 더 깊은 마음으로는 이러한 이미지 프로세스를 잘 이해하고 싶은 마음이 컸다. 이 이미지 프로세스를 이해함으로써 나는 '미술치료'라는 것을 시도해 보려고 할 때, 종종 무작위로 마치 어둠 속에서 붓을 가지고 이것저것 그냥 시도해 보는 것처럼 보이기 십상인 상태로부터 뭔가 안내해 줄 만한 어떤 '이론'을 만들어 내고 싶었기 때문이었다.

미술치료의 근간으로 미술을 심리치료에 결합시킨다는 것에 대해 나는 점점 더 불편해하고 있었다. 가르치는 일은 너무나 고된 일이 되어 가고 있었다. 나는 다른 것들을 주장하는 목소리들 사이에 끼어 있는 것처럼 느껴졌다. 비교적 냉정함을 유지해야 하는 전문가로서의 역할이 더 이상 이전처럼 편안하게 느껴지지 않았다.

나는 내가 만든 미술 이미지들과 미술치료에 대한 나의 느낌들을 다른 이들과 공유하고 싶어졌다. 하지만 내가 겪는 분투들을 학생들과 나눌 수는 없었다. 왜냐하면 나는 학생들에게 확신을 주어야 하는 존재이기 때문이다. 내가 아는 몇몇 전문가가 이를 이해할 수 있을 것이라고도 생각되지 않는다. 미술치료는 상대적으로 새로운 분야인 데다가, 미술치료사들은 우리가 모두 다 밝고 항상 긍정적이지 않는 한, 이 분야가 아주 쉽게 사라질 거라고 우려하고 있는 것 같아 보였다.

나는 이제 좀 더 규칙적으로 스튜디오에 나오고 있는데, 그동안 아디나(Adina)는 자거나 보행기에 앉아 자기 발가락을 가지고 놀곤 했다. 스튜디오에서 나는 낙서화를 제작했는데, 코끼리 모양을 한 여자가 백조 같기도 하고 뱀 같기도 한 십자가 같이 생긴 그림자를 뚫어지게 보고 있다. 그러고 나서 나는 아주 커다란 한 쌍의 발과 다리 옆에 조그마한 형상을 하나 그려 넣었다. 그것은 수치심을 느끼고 있는 아이를 나타내는 이미지로서, 커다란 권위자의 형상 아래에서 눈을 내리뜨고 있는 모습이다. 나보다 더 먼저 살아온 사람들이 가진 지혜에 대해 의심을 품다니, 얼마나 불손한 일인가? 미술치료 교수로서 내 모습이 만약 이러한 의문을 품는다면, 내가 저 커다란 권위자의 모습이라기보다는 불확실해하고 있는 아이의 모습에 좀 더 가깝다는 것을 인정할 수밖에 없다. 그토록 도달하려 노력해 왔던 이 역할을, 과연 내가 포기할 수 있을 것인가? 어떠한 결과가 나올 것인가? 그리고 나는 나로 하여금 미술치료의 세계로 들어오게 해 준 마가렛 나움버그(Margaret Naumberg)의 발을 밟고 오르는 것을 두려워하고 있는 것인가? 마치 그녀가 내가 가려 하는 방향을 인정하지 않으면서 내 어깨 위로 아직도 나를 지켜보고 있는 듯 말이다.

나는 내 박사과정 공부에 대해 스스로가 어떤 배신자가 된 듯한 느낌이 들었다. 프로이트(Freud)의 심리학과 심리치료의 방법들을 밀어내려고 하면서, 동시에 거기에 매달리는 모습을 하고 있었던 것이다. 나는 오래전 나에게 그토록 영감을 주었던 나움버그의 책들을 다시 읽어 보려 시도하였다. 하지만 그것들은 더 이상 내 관심을 끌지 못했다. 나는 그것들로부터 떨어져 나가 어둠 속에 들어가 있었다.

다음 날, 약간의 워밍업 작업을 한 뒤에, 낙서화를 통해 커다랗고 원초적인 여자 형상을 그렸다. 나는 흑연으로 그녀의 커다란 몸과 작은 머리, 큰 손과 발을 그렸다. 그녀는 감각적인 모습이다. 나는 그녀를 다시 그렸는데, 이번에는 색을 넣어 그렸다. 푸른 하늘 아래 잔디밭에 앉아 있는 모습으로, 감각의 세계에 좀 더 가까워져 있다. 하지만 그녀는 자신의 모습이 땅에서 나온 흙으로 만들어지기를 요구하고 있었다.

나는 약간의 붉은 점토를 구해서 그녀의 윤곽을 만들었다. 최소한의 얼굴 형상만 갖추었는데, 입도 있을까 말까 하였다. 그녀는 산으로 드러난 여성성이다. 평화롭게 땅에 뿌리를 두고 있는 것이다. 그녀를 위해 나무껍질을 보라색 천으로 싸서 조그만 거치대를 만들어 주었다. 나는 여성성의 이러한 측면을 존중하고 싶었다. 그래서 제단을 만들지만 이를 깨닫자 도리어 불안해졌다. 나는 그 거치대 위의 여성성을 나타낸 조각품 가까이에 여러 물건을 올려놓는다. 나뭇잎 하나, 돌 하나, 솔방울 하나, 조개껍데기 하나 등. 그것들은 이 땅의 여신이 보여 주는 특성을 드러내는 것들이다([그림 18-1] 참조). 나는 집안을 돌보아 주는 여신들에 대해 읽었던 기억이 났다. 그 여신들은 유일신 사상이 일어나기 전에 널리 퍼져 있던 것으로서, 신전이나 교회가 아닌 일상의 어느 곳에서나 숭배되었다. 나는 뭔가 약간 신성모독적인 일을 하고 있는 것 같으면서도 동시에 반드시 해야 한다고 느끼고 있었다.

나는 왜 조소로 표현되어야 한다고 느꼈을까? 저 중요한 이미지들이 3차원적인 입체로 드러나게 되는 것이 흥미로웠다. 내가 조소에 대한 경험이 별로 없다는 사실이 도리어 작품에 더 많은 가능성을 주게 되는 것일까? 조소는 내가 활용하는 그 어떤 작업 과정보

그림 18-1 보존자의 제단(점토, 나무, 혼합재료)

다 작품을 훨씬 더 실제적이고 살아 있게 만들어 준다. 나는 조소만 선택하지는 못한다. 왜냐하면 이미지가 자신이 어떻게 만들어져야 하는지를 정해 가기 때문이다. 붓이나 연필 같은 매개체를 이용하지 않고 재료, 즉 점토를 직접 손으로 만지며 작업하는 것은 마치 탄생의 과정에서 신생아를 내려 받는 것처럼 이미지라는 것을 내려 받는 경험을 한층 고조시켜 준다. 조소에 대한 부족한 기술은 도리어 나로 하여금 점토가 내 손에서 어떻게 느껴지는가 하는 등의 직관과 감각에 의존할 수 있게 만든다.

6월에 아디나가 한 돌이 되었다. 나는 어머니와 아이에 관한 주제를 탐험해 보고 싶어졌다. 그래서 생동감이 넘치면서도 부드러운 몇 개의 선으로 작업을 시작했다. 나는 언젠가는 이러한 미술작업 과정들이 전부 다 내 인생 속에서 일련의 체계를 가지게 되고 정돈될 거라는 생각을 계속하였다. 예를 들면, 언젠가 어느 아침엔가 깨어났을 때, 나 자신이 어머니와 아이들을 그리는 화가라는 것을 알게 되는 것이다. 나는 일어나고 있지 않은 어떤 정리정돈된 느낌을 바라고 있었다. 이 강은 나를 품어 안은 채, 이리저리 자기가 가고 싶은 대로 흘러가고 있었다. 낙서화 중 하나에서 날개 달린 형상 하나가 나타나 하늘에서 지구를 지키며 내려다보고 있는 모습이 나타났다. 그러고는 아주 끔찍한 모습을 한 빨간색의 어머니와 아이가 나타났다. 이들의 입은 그 자체로 따로 살아 있는 것 같았다. 어머니의 눈은 미친 것 같았는데, 아이를 먹으려고 하는 것일까? 아기는 어머니 가슴의 일부인 것인가?([그림 18-2] 참조) 욕정, 합체, 무자비한 포기 등의 느낌들. 자, 여기 그녀가 있다. 불 모양의 머리카락은 뱀으로 변한다. 이것은 소와 비슷한 형상을 하고서 보라색 거치대 위에서 휴식을 취하는 조용한 모습의 반대쪽 모습이다.

이 대지의 어머니는 다음 세대를 생산해 낼 수 있는 능력이, 자신의 반대 속성인 탐욕스럽고 위험하며 파괴적인 측면이 인정되어야만 나올 수 있는 것인가? 나는 얼마나 쉽게 그러한 나의 모습을 다른 사람들의 속성이라고 치부해 버리곤 하는가?

나는 작업실 주변을 둘러보았는데, 가면에서도, 드로잉 작품에서도, 붉은색의 아기 모양 조소 작품에서도 온통 입만 보였다. 아디 나는 요즘 빨기, 먹기, 소리 지르기 등 온통 입으로 하는 것 투성이다. 내 욕심은 아이가 울 때마다 젖을 먹이는 것이다. 나는 '좋은 어머니'가 되고 싶은 것이다. 그러나 이 아이는 때로는 뭔가 그저 자기의 의사표현을 열심히 하고 있는 것이다. 나는 내 안의 내적 아

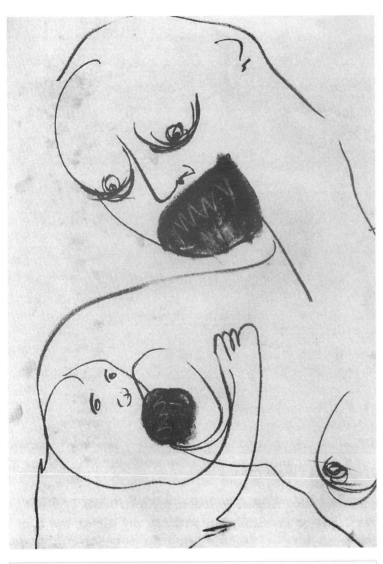

그림 18-2 삼켜 버리고 있는 어머니(파스텔)

기를 먹여 주어야 한다. 내 안의 내적 아기는 자기 소리를 들어 달라며 울분하고, 발길질을 하며, 팔을 휘젓고 있다. 내 앞의 진짜 아기와 내 안에 있는 내적 아기, 그리고 이 집어삼켜 버리고 있는 어머니 형상 사이에서 나는 어쩔 줄 모르고 갈가리 찢어지는 느낌이었다. 나는 나의 분노를 유머로 가라앉히고 파괴성이 풀려 나오는 것에 대한 두려움을 진정시키기 위해, 금 날개를 가진 웃고 있는 조그만 천사 부조 장식품을 하나 만들었다([그림 18-3] 참조).

[그림 18-3] 천사 모양의 부조 장신구(점토 위에 채색)

그나저나 파괴란 무엇일까? 이것은 도대체 미술이나 삶에 있어서 어디에 속해 있어야 하는 것일까? 심리학에서는 이것을 '나쁜 어머니'라고 부르는데, 이는 신생아가 자기를 돌보아 주는 존재에 대해 차별된 인식을 가진다는 가설이다. 즉, '좋은' 어머니는 먹여 주고 돌보아 주는 쪽이고, '나쁜' 어머니는 방치하거나 집어삼키는 존재이다. 나는 이 나쁜 어머니의 이미지를 다른 여인들에게 투사하였다. 그럼으로써 나는 좋은 사람이라는 것을 유지하게 되는 것이다.

드로잉들이 이러한 생각들에서 나왔다. 5피트(*역자 주: 152cm 길이 정도)의 종이 위에 그린 것이 그 나쁜 어머니였다. 이 나쁜 어머니는 마치 메두사 같이, 머리카락은 뱀으로 되어 있고, 초록색 얼굴을 한 초췌한 모습에, 지치고 충혈된 눈을 하고 있다. 그녀는 파랗고 차가운 손에 아주 위험하게 생긴 손톱을 하고, 텅 빈 젖가슴으로 아이를 안고 있다. 어떤 어머니도 아주 피곤한 상태에 있다면 그러한 나쁜 어머니가 될 수 있다. 그럴 수 있는 것 아닌가? 그녀는 아무것도 아닌 존재로 사라지고 있었다. 하체도 없고, 피도 없고, 섹스도 할 수 없다. 그녀의 입은 공허함을 드러내 주고 있다. 이러한 그녀의 모습은 먹지도 못한 비어 있는 상태에서 아기에게 뭔가를 주려고 하는 끔찍한 상태의 어머니를 보여 주고 있었다.

나는 그녀를 피해 그 반대의 모습인 좋은 어머니에게로 향했다. 즉, 강하고 현실적이며, 달처럼 둥근 얼굴을 하고 있다. 그녀는 단순함을 유지하면서도 단단한, 내가 문화 속에서 배워 온 환상적인 어머니이다. 바로 언제나 모유를 주는 가슴을 가지고 있는 것이다.

하지만 이 두 가지의 대안은 다 극단적이다. 모든 것을 다 준다는 것은 결국 자기한테 필요한 것을 생각하지 말아야 한다는 것이며, 또 그 반대로 자기의 욕구도 챙기면서 준다는 것은 피로함, 고갈, 자기가 가진 한계들을 알아주어야 한다는 것이다. 나는 이런 것을 잘하지 못한다. 나는 우리 가족, 내가 가르치는 학생들, 내 클라이언트들에게 늘 주고 있지만 받는 것에는 능숙하지 않다.

여성성이 가지는 이러한 역설들을 어떻게 탐험해 나갈 수 있을까? 뭔가 위험해 보인다. 그리고 내 인생에 영향을 미치는 것 같다. 나는 권력을 가진 여성들과의 관계가 쉽지 않다. 그들은 나를 힘없게 만들어 버리려는 어둡고 숨겨진 의도를 가지고 있다고 본다. 나는 현재 내 인생에 존재하는 여자들에 대한 여러 느낌을 나움버그가 가진 한 측면을 생각하면서 정돈해 본다. 내가 나이가 많이 든 동료 전문가들에게서 본 질투심이 가득한 나쁜 어머니의 모습을, 죽은 나움버그는 자기가 지고 가는 역할을 해 주었다. 나는 학생들, 클라이언트들, 함께 일하는 사람들에게 열려 있으면서도 주는 상태를 유지하려고 노력한다. 어두운 그림자도 나의 것이라는 것을 알고 있지만, 나는 그것을 소유하고 싶지 않다. 다른 사람들이 내게서 받아 가는 것을 보지만, 나는 어디에서 선을 그어야 할지 모른다. 나 스스로 보는 여성으로서의 나에 대한 이미지는 아직 완성되지 않았고, 주는 것과 뭔가를 계속 한다는 것들 사이에서 이루어져 있다. 나는 내 안에 있는 여성으로서의 자아가 실제로는 어떤 목소리도 내지 못한다는 것을 깨달았다.

나는 이전과는 다른 큰 작품을 하고 싶어졌다. 거친 리넨으로 커다란 옷을 만들었는데, 세탁되지 않은 양모로 장식되어 있다. 이 옷감은 우리 집 지하 벽장에 쑤셔 박혀 있었다. 양모는 빳빳해져 있었고, 기름에 절어 있는 데다가, 동물 냄새가 났다. 나는 뼈와 노래하고 있는 머리들을 이용해 목걸이를 만들어 놓았다. 털가죽으로 된

영대(領帶)에는 달의 주기가 표현되어 있다. 태양을 표현하는 가면이 작품의 윗부분을 차지하고 있다. 이것은 죽음의 예복이다([그림 18-4] 참조). 내가 고민해 오고 있는 또 다른 측면의 삶과 죽음이라는 혼돈으로, 죽음으로부터 삶이 나오는 모습을 표현하며 뼛조각들 위에서 노래를 하고 있는 것이다. 나는 식물이나 동물의 세계에서, 죽음이란 처참한 비극이 아니라 계절적이고 순환적인 현상이

그림 18-4 죽음의 예복(종이반죽, 천, 뼈)

라는 것이 기억났다. 어떻게 그동안 그렇게 다 잊고 살았을까? 나는 이 작품이 좋아서 우리 집 계단 위쪽에 걸어 놓았다. 이 작품이 나의 슬픔을 마무리해 주는 것 같았는데, 내가 간절히 바라 왔던 이 일이 이루어질 것이다.

나무에서 배를 하나 따고 있는 나의 모습이 떠올랐다. 그 이미지가 나로 하여금, 이런 모든 정신없는 것들을 의식의 세계로 가져오는 방법을 찾으려 하는 나의 노력이 올바른 일이라는 것을 다시금 확신하게 하였다. 이브로 하여금 지식의 나무에서 사과를 따도록 부추기는 것에 대해 나는 뭔가 확신이 서면서도 마음이 불편해졌다. 이브의 인생은 그녀가 지식을 얻게 된 이후로 좀 더 복잡해지고 말았다. 나는 전통적인 가부장적 버전으로 지어진 그녀의 이야기를 믿지 않지만, 그렇다면 도대체 내 버전은 어떻게 무엇이란 말인가?

뒤돌아 생각해 보니, 이미지들이 내게 일어나고 있었던 모든 것과 그들이 했던 모든 것을 그 안에 포함하고 있었다는 것을 깨닫고 나는 놀라움을 금치 못했다. 내가 어머니가 되어 경험한 것이 나에게 엄청난 이미지들을 불러일으키는 계기가 되었다. 주변 환경에 의해 외적으로 도전에 직면했듯이, 나는 이 이미지들에 의해 또한 도전을 받았다. 만약 내가 강의가 있는 날, 남편 존(John)도 집에 없고 아이를 돌보는 베이비시터마저 아파서 못 오게 되면, 나는 아디나를 학교에 데리고 가 교실에 쌓여 있는 학생들 외투 위에 놓고 재웠다. 회의에 참석해야 했던 경우에는 아이도 데려가 젖도 먹였는데, 다른 교수가 자신은 신경 쓰지 않으니 걱정하지 말라고 했었다. 나는 아내, 어머니, 교수, 치료사로서의 의무를 다하는 것과 내 외적·공적 이미지를 유지하는 것에 신경 쓰고 있었다.

대개 나는 이런 일들을 하는 것이 아무 문제도 되지 않는 척했다. 하지만 실제로는 그런 일을 하는 것은 엄청난 에너지를 필요로 했다. 또한 나는 이미지들이 가지고 있는 힘에 대해 일견 두려움을 가지고 있었고, 만약 완전히 자유롭게 둔다면 이미지들이 내가 조심스럽게 계획하며 일궈 온 삶을 무너뜨려 버리지 않을까 걱정했는데, 이는 나중에 걱정한 대로 벌어졌다.

원형(archetype)들은 갑자기 한꺼번에 다 다가오지 않는다. 우리가 개인적인 것과 형이상학적인 것 사이를 왔다 갔다 하며 춤추게 한다. 그것들은 다른 옷을 입고 반복하여 다가오며 좀 더 명료한 초점을 가지고, 좀 더 강력하게 존재하게 된다. 내게 있어서는 어머니 원형이 내 인생에 엄청나게 강력한 영향을 줘 왔다. 이것은 나의 실제 어머니가 돌아가셨기 때문인데, 어머니의 죽음이 내게 어떤 구멍을 남겨 그 안으로 원형적 힘들이 걸러지지 않은 채 들어와서 그런 것일까? 그것은 또한 부분적으로는 우리가 여성의 역할들이 재검토되는 시대에 살고 있고, 그에 따른 변화 속에서 여자로 산다는 것이 아주 고생스럽기 때문인 것일까?

당신에게 있어 안내자가 되어 주는 이미지는 무엇인가? 당신을 가장 자극시켜 주거나, 또는 꿈속이나 상상 그리고 미술작품에서 계속 반복하여 나타나는 이미지들은 무엇인가? 그 떠오르는 이미지에 주의를 기울이도록 한다. 이 안내자 이미지는 당신으로 하여금 이해를 깊게 해 주고, 당신의 가능성을 확대해 주기 위해 다시 나타나곤 한다. 이 떠오르는 이미지와 그것이 당신에게 가르치는 것들을 즐겁게 받아들이라. 당신의 삶에 있어 어떤 특정한 사람이 이렇게 자꾸 떠오르는 원형의 어떤 측면을 가지고 있는지 찾아보자. 멘토일 수도 있고, 연인 또는 직장 동료일 수도 있으며, 심지어 당신의 직접적인 경험 밖의 사람이 될 수도 있다. 문화적인 우상들, 예를 들면 영화배우나 연예인이 굉장히 많은 사람에게 중요한 존재가 되고 있는데, 이것은 그 우상들이 우리 각자가 가지고 있는 원형적 욕구 일부를 그들에게 투영해 볼 수 있는 기회를 주기 때문이다.

자기에게 있어서 그런 우상 같은 사람과 연관되게 해 보며 자기 자신의 이미지를 만든다. 원형으로서 주는 중요성을 생각해 가며 이 우상/사람에게 집중함으로써, 자기 자신은 어떤 상징적인 역할을 선택하고 있는가? 만약 당신의 연인이 그 우상/영웅이라면, 당신은 곤경에 빠진 아가씨 역할을 하고 있는가?

내가 그녀의 생각들에 전문가로서 도전하기 시작했을 때, 마가렛 나움버그를 어떤 영향력 있는 어머니의 존재로 보는 나의 집중된 관심이 나를 창피당하는 아이로 강등시켜 버렸다. 이런 경험은 부분적으로는 내가 실제 우리 어머니와의 관계에서 독립성을 세우기 위해 당연히 겪어 나가야 하는 분투하는 경험을 가지지 못해 일어난 일이다. 이미지 세계 속에서 작업을 해 나가는 것이 나로 하여금 나 자신의 고유한 권위를 찾는 데 도움을 주었다. 그리고 또한 나의 박사 연구에서 나움버그의 생각들을 그저 재서술하는 일종의 딸 같은 역할 속에 머물러 있기보다 내 고유의 연구를 내 방식으로 진행할 수 있도록 도움을 주었다.

우리가 성장하고 변화하기 위해 이미지를 활용하며 하는 이러한 작업이, 실질적인 인간관계의 필요성을 배제하게 되는 것은 아니다. 하지만 이미지를 통한 과정은 우리로 하여금 좀 더 의식적으로 되도록 도와주고, 도전적인 인간관계에서 반복되는 패턴 속에 갇혀 지내기보다는, 그 안에 내재하는 어떤 교훈을 배우도록 도와준다.

이미지 작업은 강력하다는 것을 기억하라. 만약 당신이 현재 문제가 있는 인간관계를 살펴보기로 결심했다면, 반드시 안전하게 할 수 있도록 하라. 자신의 인텐션을 반드시 명확하게 서술하도록 한다. 즉, 그 관계들에서 보다 큰 이해와 위로를 얻을 수 있도록 하겠다는, 당신이 하기로 하는 역할들에 대해 좀 더 인식하겠다는 인텐션이다. 당신의 작품/작업을 남에게 알리지 말고, 위트니스 해 줄 사람들은 주의 깊게 선택한다. 이미지들을 통해서 당신은 자신이 어떠한 옵션들을 가지고 있는지 알게 될 것이며, 해결 방법을 발견해 낼 것이다.

당신은 어쩌면 어떤 강한 감정들을 뱉어 낼 필요가 있을 수 있다. 그리고 그것을 이미지가 안정적으로 포용해 줄 것이다. 본인에게 편안한 속도로 진행하라. 이미지 작업에서 때때로 하게 되는 실수 중 하나는, 일단 당신이 어떤 이해에 도달하게 되었을 때, 그것을 단순히 나누어 보는 것이 그 사람과의 관계를 치유해 줄 것이라고 생각하는 것이다. 이미지 작업은 당신의 것이라는 것을 잊지 말자. 이미지의 목적이라는 것이 반드시 당신의 작업을 받으며, 존중하고, 그럼으로써 빛을 발견하고 변화하게 되는 것이 아니다.

만약 당신이 그런 작업을 다른 사람과 나누기로 결정했다면 반드시 '내 의도가 무엇인가?'라고 자신에게 묻도록 한다. 당신의 계획을 신뢰할 만한 위트니스와 토의해 보고, 우선은 확실하게 지원해 줄 수 있는 사람과 나누어 보도록 한다. 자신이 원하는 결과가 무엇인지 알도록 하고, 그러고는 집착하지 않는다. 자신의 이미지에 대해 어떤 평화로운 마음이 드는 순간까지 도달했으면, 그리고 본인의 의도들에 대해 주의 깊게 알게 되었고 옳다고 느껴지면, 그때 다른 사람들과 나누도록 한다.

19
두려움에 대하여 알기

　나는 작은 돌멩이들이 깔려 있는 어떤 골목 옆을 지나가고 있었는데, 그 골목은 밤에 차들이 지름길 삼아 통과하지 못하도록 검은색 철문으로 막혀 있었다. 갑자기 나는 검은색 개가 그 철문 뒤에 갇혀 있는 이미지를 '보았다'. 문 뒤에 있는 개는 그 전날 밤 꿈에서 보았는데, 나는 이 순간까지는 그 꿈을 꾸었다는 것을 잊고 있었다. 집에 도착한 후 나는 그 개를 그렸다. 그림 속의 이 개는 날카로운 누런 이빨과 큰 머리에 번쩍이는 노란 눈을 하고 있다. 이 개는 마치 늑대처럼 아주 큰 데다가 에너지로 가득 차 있었다.

　나는 이 생명체를 표현하는 가면을 제작한다. 종이 상자와 신문지로 만든 뼈대 위에 석고천을 덮어 가며 만들었다. 석고는 종이 상자와 신문지 속으로 배어들어 가면서 녹듯이 발라진다. 이 단계에서 작품은 점점 무거워져서 이동시키기가 쉽지 않았지만, 나는 그래도 이 재료들을 계속 사용한다. 왜냐하면 나는 이 작품이 중량감이 있기를 바랐고, 석고는 마르고 나면 그렇게 되기 때문이다. 그래서 나는 작업을 서서히 진행하며, 동시에 커피캔으로 작품이 쓰러지지 않도록 지탱해 주었다.

건조 과정은 끝이 없는 것처럼 느껴졌다. 왜냐하면 으르렁거리는 이빨을 보이며 턱을 벌린 형상을 만들기 위해 사용한, 축축하고 물렁물렁해진 신문지가 석고 안의 물기를 흡수해 버린 데다가, 그것이 이 작품 내부에서부터 건조되어 나와야 했기 때문이다. 마침내 이 개는 물감을 칠해도 될 정도로 건조되었다. 꿈속에서 보았던 창살들은 그림에도 표현되지 않았고, 이 가면 작업에도 나타나지 않았다([그림 19-1] 참조). 떠올랐던 그 이미지를 제작함으로써 갇혀 있던 개는 풀려났다. 이 개는 어떤 안내자 같이 보였는데, 내게 어떤 변환의 시기가 오면 나타났었던 검은 야수의 또 다른 버전인 것 같았다.

시간이 지나면서 이 개는 나로 하여금 어둠 속에서 길을 따라 계속 이동해 갈 수 있도록 내 발꿈치를 물기도 하며, 계속해서 쫓아다녔다. 나는 이번에는 개의 전신상을 하나 만들었다. 닭장용 철망을 둘둘 말아 뼈대를 만든 후, 그 위를 기다란 천조각들에 풀을 묻혀서 붙였다([그림 19-2] 참조). 이 개는 검은색과 빨간색으로 칠했는데, 이빨은 어둠 속에서도 빛날 수 있도록 형광물감으로 칠했다.

서점에서 딱히 무슨 책을 사려는 의도도 없이 그냥 둘러보고 있었는데, 갑자기 칼리(Kali)에 관한 얇은 책이 책장에서 떨어졌다. 칼리는 힌두교의 여신으로 창조자(Creator)-보존자(Preserver)-파괴자(Destroyer)의 성삼위 중 세 번째 위로서, 파괴자인 시바(Shiva)의 여성적 측면이다. 나는 보존자, 즉 안정된 대지의 여신을 입체로 만

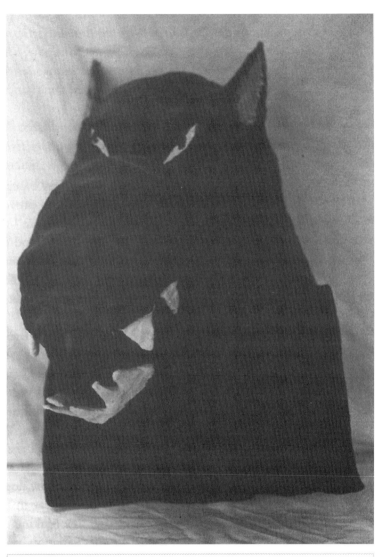

그림 19-1 개 모습의 가면(석고천)

그림 19-2 개 모습의 조소(닭장용 철망 위에 천, 아크릴 물감)

든 적이 있었다. 그러나 칼리는 도대체 누구란 말인가? 떨어진 책을 집어 읽어 나가면서, 나는 내가 그동안 칼리를 심리학적으로 분석된 모습, 즉 베푸는 것이 다 고갈되어 버린 어머니로서의 여성성만 보아 왔다는 것을 알게 되었다. 제아무리 좋은 휴가를 보내고 와도 이 고갈된 상태를 회복시켜 줄 수는 없을 것이다.

힌두신화에서 그녀는 훨씬 더 강력한 존재이다. 그녀는 자기가 낳은 아이들을 먹어 치우고, 서로 사랑하는 상태에서 배우자의 목을 잘라 들고 있고, 해골로 된 목걸이와 치마를 입고 있다. 나는 그녀의 이미지가 너무 좋았다. 왜냐하면 유대-기독교의 성상들에서는 전혀 찾아볼 수 없는 모습인 것 같아 보였기 때문이다. 힌두교에서 그녀는 창조의 또 다른 측면, 즉 창조된 모든 것을 궁극적으로 도로 가져가는 모습을 보여 주기 때문에 존경을 받는다. 그녀는 어머니가 둘로 나뉜 부분인, 반쪽짜리 '나쁜' 어머니가 아니다. 우리가 살고 있는 정제된 문화에서는 죽음과 썩어 가는 것을 부정하며, 칼리가 보여 주고 있는 삶의 실제적 부분들을 감추려고 한다.

나는 그녀의 모습을 드로잉([그림 19-3] 참조)으로 그렸고, 또 물감으로도 그렸다. 나는 이 작품들로부터 전율을 느낀다. 그녀는 아주 사납고 에너지가 가득 차 있는 상태에서 자기의 무기들을 사용해 가짜와 거짓들을 절단해 버리고 있다. 그녀는 오래된 것들 중 없어져야 할 것을 제거하는데, 조용히 하는 것이 아니라 아주 강력하게 해내고 있다. 나는 그녀의 에너지가 환상적으로 좋게 느껴졌다. 어느 날 아침에 칼리를 제작하는 물감 작업을 막 마치고 나서 조깅을 하고 있을 때, 나는 어떤 커다란 검은 개가 멋대로 뛰어다니고 있는 것을 보았다. 깔끔하고 한적한 우리 동네에서는 보기가 힘든 일이었다. 나는 뛰는 것을 멈추고 그 개를 한참 쳐다보았다. 그 개도 나를 한참 쳐다보더니 곧 뛰어 사라졌다.

　이즈음 나의 교수로서의 커리어는 무너지고 있었고, 나는 칼리가 가지고 있는 칼, 즉 밀을 수확하는 데 쓰는 구부러진 낫을 느꼈다. 나는 파괴되었고, 두려웠다. 나는 물감 작업을 하나 했는데, 거

그림 19-3 칼리(파스텔)

기에는 어떤 여자가 자기 운명에 맞서고 있었고, 그 배경에는 검은 개가 달을 향해 울부짖고 있었다. 나 자신에 대한 비전은 전멸되어 있었다. 일하던 대학교의 교정에 두 개의 건물이 단단하고 높은 콘크리트 빌딩으로 되어 가기 시작했다. 나는 일을 많이 했고 또 잘했지만, 그것으로는 충분치 못해 정년보장교수(tenure)로 추천되지 못할 것이라는 말을 들었다.

나는 그 결정에 불복해서 싸웠는데, 그 결과로 결정은 아주 흥미롭게 뒤집어졌다. 즉, 나는 현실적으로는 도달하기 어려운 목표를 향해 노력해 볼 수 있도록 앞으로 수년간 더 일해도 좋다는 제안을 받았던 것이다. 그러는 와중에 나는 정년보장교수로 추천되지 못했던 것이, 내가 무엇을 했거나 할 수 있었던 것과는 상관없이, 학과 내에 어떤 정치적 운영 방식에 더 기인한다는 사실도 알게 되었다. 나는 그 제안을 거절하였는데, 왜냐하면 내가 일하고 있는 환경이, 마치 이상한 나라의 앨리스가 흰 토끼를 따라 구멍에 들어갔을 때 알게 된 어떤 실성한 상태보다 좀 더 악화된 상태에 있는 직장환경이라고 느꼈기 때문이다.

아직 충격이 채 가시지 않은 상태에서 나는 다른 미술대학에서 파트타임으로 미술치료를 가르치는 자리를 구했다. 나는 이 학교는 뭔가 다르기를 바랐고, 그렇게 기대했다. 가르치는 수업 중에 학생들이 자신의 토템조각을 만들어 내고 있을 때, 나는 작지만 많은 팔을 가진 칼리 형상을 제작했다. 집에 있는 내 스튜디오에 이 칼리를 위한 조그마한 제단을 마련했는데([그림 19-4] 참조), 이것은 나의 커리어와 나 스스로의 이미지에 대해 내가 슬퍼하는 동안 이 에너지가 포용될 수 있도록 하기 위함이었다. 나는 파괴자를 향해 빨간색 초를 켰고, 더 이상 나를 위해 작동하지 않는 것들을 보내 버

 그림 19-4 칼리 제단(혼합재료)

릴 수 있도록 해 달라는 은총을 청하는 기도를 한다.

정년보장교수직을 받을 것이라 기대하며 일했던 이전 학교에서의 불쾌한 싸움 후에, 나는 정신적으로 우울해졌고 신체적으로도 고갈되었다. 온몸이 아팠고, 나 자신을 다시 찾기 위해 마사지를 받아야겠다고 결심했다. 이렇게 직장을 잃고 슬퍼하던 중에 나는 내가 아직도 어머니의 죽음을 여전히 깊이 슬퍼하고 있다는 사실을 알게 되었다. 이것은 내가 아주 오래전에 끝냈다고 생각했던 부분이었다.

나는 좀처럼 가라앉지 않는 왕왕거리는 두통이 생겼다. 적극적 상상을 하는 중에 나는 어머니가 내 머릿속에서 빠져나가려고 애 쓰는 모습의 이미지를 보았다. 나는 그녀의 모습이 나의 아픈 두개 골 밖으로 나가서 위쪽으로 떠오르는 것으로 시각화하였다.

나의 슬퍼하는 마음, 어머니를 잡고 있고 싶어 하는 마음이 그녀 의 영혼을 편히 못 쉬게 할 수도 있는 것일까? 내가 슬퍼하는 것은 단지 어머니 때문인가, 아니면 내가 원하는 완전히 좋고 그저 좋기 만 한 어머니상을 바라는 나의 소망 때문이기도 한 것인가? 나는 상 실로 인한 슬픔을 이전에는 그런 식으로 전혀 생각해 보지 못했다.

나는 어머니가 내 머릿속에서 떠나가는 모습을 그림으로 그리고 나서는 이제 어머니 모습의 가면을 만들기로 결심했는데, 이것은 이전에 아버지 모습의 가면을 만들었던 것과 유사한 것으로, 그녀 와 나와의 연결에서 해방되기를 바라는 마음에서 만드는 것이다. 나는 어머니의 사진들을 쭉 모아 보았다. 찾다 보니 그리 많지도 않 았다. 어머니는 사진을 찍히기보다는 찍는 쪽이었기 때문이다. 그 래도 난 몇 개를 찾을 수 있었는데, 그것들은 어두운 얼굴색에 슬프 고도 검은 눈을 하고 있는 사진들이었다.

나는 가면 틀을 만들기 위해 따뜻하게 한 플라스티신 점토에 그 녀의 특징들을 묘사하려고 노력했다. 내가 아버지를 표현하는 작 품을 만들 때 했던 이러한 과정은 너무나 만족스러웠고 즉각적이 었다. 나는 이 과정을 통해서 오래전에 잊어버린 기억들이 불러일 으켜지면서, 어머니도 만나고 이전에 가졌던 좋은 감정들을 다시 느낄 수 있게 되기를 기대하고 있었다. 어머니에 대해 내가 대개 인 식하고 있는 기억들로는 대부분 암 투병을 하고 있는 아주 병든 사 람이었기 때문이다.

이런 기대에도 불구하고 점토는 아무런 것도 해 주지 않았다. 코를 제외한 다른 특징들은 도대체 만들어지지가 않았다. 한 시간 조금 넘게 작업을 하고 난 뒤 나는 아주 답답하고 화가 났고, 절망감을 느끼면서 제대로 나오지 않는 이 얼굴을 그만 난도질해 버렸다. 나는 이미지 과정이 나를 배신한 것은 아닌가 하는 두려움이 생겼다. 하지만 답을 얻기 위해서는 인내심을 가지고 기다려야 한다는 것을 알기에, 다른 일들을 하기 위해 자리를 떴다.

다시 이 얼굴을 만드는 작업을 하기 위해 돌아왔을 때, 나는 나의 어떤 기대치나 어떤 결과가 나왔으면 하는 바람을 모두 버리고, 내 손이 알아서 만들도록 내버려 두었다. 그러자, 아까 난도질했던 흔적들이, 양 볼이 되어야 하는 부분에서 흥미로운 모양의 고랑을 만들어 내고 있었다. 나는 어떤 형태가 드러날 때까지 내 손가락들이 이것들을 따라가도록 허용하기 시작했다. 눈도 없고 입도 없다. 이것은 고통의 가면이자 흐르지 않는 눈물의 가면으로서, 끊임없이 감정을 억눌러야 했기 때문에 어느새 딱딱한 돌로 변해 버린 얼굴인 것이다.

내 얼굴에서 눈물이 흘러내리기 시작했다. 이 가면의 모습이 감정을 억눌렀던 성스러운 어머니의 내면의 얼굴인 것이었다. 눈물을 참고 참았던 대가로 뼛속까지 깊은 고랑이 만들어진 것이다([그림 19-5] 참조). 이 얼굴은 생명의 강을 찾지 않는 것에 대한 대가이며, 그 강의 굴곡을 따라 흘러가지 않은 것에 대한 대가이다. 평생 분노와 두려움의 울음을 참기만 했던 것이다. 칼리가 승리했다. 예전처럼 가면을 만들겠다는 나의 논리적인 시도 속에서는 아무런 방법도 찾을 수 없었는데, 처음 작품을 파괴해 버린 덕분에 이 진정한 가면을 찾을 수 있었다.

어떤 따뜻한 기억도 나지 않았다. 대신, 나는 고통으로 가득 찬

그림 19-5 나의 어머니 모습의 가면(종이반죽)

침묵만 캐내고 있었다. 우리 어머니나 어머니의 이전 세대는 침묵 속에서 고통을 받았다. 이것이 내가 물려받은 유산이었다. 나는 예전에 만들었던 뼈 같은 얼굴의 가면이 기억났다. 그것은 굉장히 원시적으로만 느껴졌는데, 감정이라는 것들이 마치 내게는 계발되지 않은 기능처럼 느껴졌다. 이제야 나는 그것이 왜 그랬는지 좀 알 것 같았다. 몇 년 전에 만든 또 다른 가면이 생각난다. 당시에는 좀 시시하다고 느껴졌다. 그것은 어떤 괜찮은 여인이었는데, 혹시나 뭔가 부적절한 말이 새어 나와 자신의 외적 평판을 망가뜨리지는 않

19 두려움에 대하여 알기   307

을까 싶어서 두 개의 일회용 밴드를 이용해 자신의 입을 가위표 모양으로 잘 붙여 놓은 모습이었다. 이 여인은 칼리와 나의 타협점이었다. 감정을 죽이고, 내가 가진 칼을 부정하며, 진실을 찾으려 하고 말할 수 있는 나의 능력을 부정하는 모습인 것이다. 내가 모든 일을 아무런 불평 없이 해 나갈 때의 모습이 바로 이 일회용 밴드를 입에 붙인 여인이 되는 것이다. 나는 화가 치밀어 오르는 것을 느꼈다. 나는 침묵을 깰 것이다.

이 작업은 쉽지도, 행복하지도 않은 작업이다. 나는 입을 벌려 소리 지르고 있는 내 모습의 가면을 석고로 떴다. 나는 이것이 나무 상자에 잘 안착되게 해야겠다는 마음이 들었다. 오래된 나무 상자 하나를 찾았고, 이를 검은색과 빨간색으로 칠하였다. 나는 이 가면을 그대로 꽤 오랜 시간, 수년 동안 두며 그저 함께했다. 그러던 어느 날, 나는 그 상자를 부수어야 한다고 느꼈고, 그러고는 망치를 가지고 와서 부수어 버렸다. 여러 해 전에 느꼈던 내 안의 깨진 유리, 내가 그토록 애써 피해 오던 것, 그것이 이제 가면의 입과 눈으로부터 뿜어져 나와 부서진 상자 안에 자리를 잡았다([그림 19-6] 참조). 존재를 억압하는 상자가 고통을 표현함으로써 부서졌다. 이로써 생명의 강은 계속 흘러갈 수 있게 되었다. 그 검은 개가 나를 이렇게 만만치 않은 곳으로 데려왔다.

나는 분노와 고통의 감정을 표현할 수 있는 이미지가 없었다. 화난 여자들은 미친 여자들이고, 제어가 되지 못하는 여자들이다. 내가 레퍼토리로 가지고 있는 것 중에 가장 강력한 이미지는 십자가 형벌인데, 이것은 고통과 고뇌를 표현하는 반면, 수동적이고 수용적이며 희생하는 측면이 있다. 칼리는 다르다. 칼리는 아주 능동적인 측면의 파괴를 표현해 준다. 나는 잘 짜인 전문가로서의 나의 삶

산산이 부서짐(석고천, 나무, 유리조각들)

이 침체되어 있다는 것을 가능한 한 인정하지 않으려 했다. 대신 이
것을 나는 그저 조금씩 조금씩 바꾸려고 노력했다. 교수직을 포기
하면서 나는 단순히 직업 이상의 훨씬 더 큰 것을 포기하였다. 나는
슈퍼우먼의 일종인 모든 것을 다 잘할 수 있다는 식의 나의 이미지

를 포기하기 시작했다.

이러한 나의 변화에 영향을 준 가장 중요했던 요소는 나의 창조적 자아에 대한 깊은 열망이었다. 나는 대학 교수직을 유지하기 위해서는, 심지어 미술치료학과에서의 직책조차도 사람의 창의성을 활용하는 것과는 거의 관계가 없는 일을 해야 한다는 사실을 직면해야만 했었다. 나는 강의, 출판, 연구, 아기 수유, 저녁 짓는 일 등 근사한 현대 생활에서 꼭 갖추어야 하는 그런 스케줄 속에 이미지 작업시간을 집어넣을 수가 없었다. 그로 인해서 소울을 양육해 주는 그 생명의 강이 수위가 높아져서 범람하여 재난을 가져왔다. 하지만 이 강의 범람은 강이 우리를 사랑하기 때문에 일어난 일이라고 나는 믿는다. 우리가 어떤 것을 빼앗겼을 때는, 다른 것이 주어진 것이라는 것 또한 믿기가 쉽지 않다. 그러므로 소울이 가진 무한한 사랑을 신뢰한다는 것은 연습이 필요한 일이다.

칼리 이미지를 만들면서 나는 대대로 여자들이 느껴 왔던 중압감을 느꼈는데, 그들은 순종적이고, 굽실거리며 올바른 일들을 수행하고, 자기의 필요나 욕구에 대해서는 말을 하지 않았으며, 부모와 남편과 아이들의 요구는 다 들어주면서, 자기 자신의 소울의 요구는 등한시해 왔다. 나는 칼리 이미지를 정말 귀중하게 여겼는데, 거기에는 그 이미지가 주는 교훈이 있었다. 그것은 내 인생에 있어서 더 이상 먹히지 않는 일들과, 낡고 녹슨 것들은 놓아주는 것이 필요적 폭력의 한 형태라는 것이었다. 나는 작업실에 칼리의 제단을 보관해 놓았다. 거기에는 마른 씨앗들과 죽은 꽃들, 빨간 초들이 있었다. 이 초는 내가 내 인생에서 뭔가를 내려놓아야 할 때 켜곤 한다.

내 인생에 있어서 칼리의 등장이 그토록 강력하기는 했지만, 나는 그녀의 지혜를 쉽게 또는 한꺼번에 다 받아들이지는 않았다. 나는 바로 또 다른 직장을 구했고, 그 직장은 나로 하여금 여태 가지고 있던 내 이미지에 좀 더 매달릴 수 있게 해 주었다. 그리고 결국 비슷한 문제들이 또다시 수면으로 떠올랐다. 변화한다는 것은 여타의 죽음처럼 겉으로 보이는 것보다 훨씬 어렵다.

이미지 과정을 포용한다는 것은 두려움을 불러올 수 있다. 하지만 역설적으로 우리의 가장 큰 두려움 속으로 들어가는 것이 바로 다시 태어나게 해 주는 길인 것이다. 칼리는 내 인생에 파괴 또는 변화의 능동적 측면을 나타내는 이미지로서 들어왔다. 나는 그녀를 우리가 인생에서 종종 부인하는 삶의 한 측면을 대표해 주고 있다고 본다. 그녀는 지진, 화재, 폭풍 같은 것들 속에 존재한다. 그녀는 우리 인생에서 어마어마한 재난이라고 여겨지는 그런 사건들 안에 존재한다.

스스로에게 자신이 무엇을 두려워하는지 물어보라. 만약 일반적이거나 대략적인 대답이 먼저 생각났다면, 그 근원을 찾아가서 좀 더 구체적인 것을 생각해 보라. 놓아주기를 두려워해서 매달리고 있는 것은 무엇인가? 만약 칼리가 당신의 꿈에 칼을 가지고 나타났다면, 당신의 삶에서 그녀가 무엇을 잘라 버릴 것 같은가? 당신의 성장과 새로워짐을 막고 있는 오래되고 낡은 것들은 무엇인가?

칼리는 정말 강력한 명상이라고 할 수 있다. 만약 당신이 그녀의 도움을 요청한다면, 당신은 자신을 도와줄 수 있는 강력한 근원적/원형적 힘을 초대하고 있는 것이다. 이 힘이 우리 인생에 있어 어떻게든 작용하고 있지만, 그녀에게 특별히 요청함으로써 우리는 그 힘을 좀 더 인식하고 그 힘과 함께 일을 하게 되는 것이다. 자신의 인텐션을 서술하라. 당신의 인생의 어떤 부분이 새로운 탄생을 필요로 하는가? 당신의 인생에 들어왔으면 하는 것들을 구체적으로 찾아 말할 필요는 없다. 대개 우리는 오래된 것들을 대체할 수 있는 것이 무엇인지에 대해 잘 모르는 데다가, 옛날 것이 최소한 친근하게 느껴지므로 그것을 여전히 고수하곤 한다.

이미지를 제작함으로써 인텐션에 집중하도록 한다. 저항감이 드는 것을 인정하라. 처음 시작할 때, 낙서화를 해 보거나 종이를 적신 후 물감을 써 보거나 해 보라. 그것이 당신에게 무엇을 제안하고 있는가? 무엇이 드러나는지 시간을 두고 찾아보라. 우리는 전환이 어떻게 이루어질지에 대해 그 속성을 미리 알 수는 없다.

칼리의 이미지를 제작하는 것을 고려해 보자. 이는 자신이 무엇을 포기해야 하는지를 알 수 있도록 도움을 얻는 것이다. 파괴라는 것은 창조의 순환 과정이 일어나기 위해 필요한 아주 중요한 요소라는 것을 기억하라. 연습 삼아서 당신의 인텐션을 벽장 청소하기, 낡은 옷 버리기, 낡은 책 버리기, 옛날 관계들/역할/직업을 상징하는 것들 버리기 등 조그마한 것에서부터 시작해 보아도 좋다. 이렇게 함으로써 당신은 변화의 두려움을 뚫고 나가겠다는 의지를 보여 주게 되는 것이다.

20
투영/투사에 대하여 알기

　새 직장에서 나는 미술치료 임상감독 세미나를 열었다. 학생들은 내담자가 제작한 미술작품을 가져와서 자신들이 하고 있는 일들에 관하여 이야기를 나누었다. 이 학생들은 전에 내가 주립대학교에서 가르쳤던 학생들보다 훨씬 더 다양성을 띤 흥미로운 그룹이었다. 하지만 그중 한 학생이 내 신경을 꽤나 거슬리게 했다. 나는 내 목소리가 필요 이상으로 날카롭고, 그녀의 말을 내가 너무 자주 잘라 버리는 것을 알아챘다. 그녀에게는 존중할 부분이 굉장히 많이 있었다. 다른 학생들보다 나이도 많았고, 남편과 아이들을 뒤치다꺼리하면서도 학업을 잘 수행하고 있었다. 하지만 도대체 나는 그런 그녀에게 존중감이 들지 않았다. 뭔가가 이성의 차원을 넘어서 나를 짜증 나게 했다. 그녀는 다른 학생들도 짜증 나게 했는데, 다른 학생들은 그녀를 '주부밖에 안 되는' 사람이라고 종종 언급하곤 했다. 그녀는 사립학교에서 아이들을 상대로 치료를 해 주고 있는데, 그곳에서 스스로가 너무나 중요한 심리학자라고 생각하는 그녀의 슈퍼바이저의 한마디 한마디를 마치 성경의 말씀처럼 그대로 따라 받들고 있었다. 도대체 그녀의 비평적 사고방식이란 어디에 가 있는 것일까? 그녀의 어린 여자아이 같은 차림, 금세 눈물을 흘리는 모습, 나의 비평을 진지하게 받아들이려고 하며 크게 뜨는 눈 등이 나를 너무도 화나게 했다. 내가 스스로를 더 제어하며 말을 하려 할수록, 나는 더욱더 장황하게 비평을 늘어놓게 되는 것 같았다.

그중에서도 나를 가장 괴롭혔었던 것은 아이들의 미술작품을 설명할 때 심리학적 이론들을 이상하게 가져다 붙이는 것이었다. 심각하게 불안정한 어린이들을 치료했던 이론가들의 말들을 사립학교에 다니는 정상적인 아이들의 그림을 묘사하는 데 가져다 붙이는 것이 나를 분노하게 만들었다. 도대체 그녀에게는 아이들이 그리는 것은 표현된 그 자체로 받아들여져야 하는, 아동의 흥미와 내적 세계의 표현이라는 것을 볼 수 있는 능력이 없었다. 그녀에게 나무를 많이 그리는 소년은 '강박적인' 아동이고, 여러 형태를 그린 후 그 안을 색칠하는 것을 즐기는 여자아이는 '충동적인' 아이였다. 나는 그녀가 미술치료 대학원의 학생으로서, 이러한 임상적 용어들을 너무나 분별없이 사용하는 것이 굳이 심각한 비난을 받을 정도의 가치는 없는, 용서해 줄 수 있는 실수라고 나 자신에게 상기시켜야만 했다.

나중에 집에 와서 나는 그림을 하나 그리기로 결심했다. 나는 이미지가 무엇을 드러내게 될지 궁금했는데, 굳이 그 학생에 대한 것이라기보다는 나 자신에 대해서였다. 나의 부정적인 감정들의 원천이 무엇인지 찾아낼 수 있을까? 나는 그녀를 어떤 이미지로 보는 것일까? 의자에 앉아 종이 한 장을 꺼냈고, 잘 깎인 색연필들도 준비했다. 색연필은 정확성 그리고 조절과 관련된 재료로서, 그 학생의 공부에서 부족하다고 느껴지는 자질이었다. 나는 조용히 내 마음의 눈으로 그녀에게 집중하였는데, 아동이 그린 미술작품에 대한 그녀의 설명, 불분명하며 흐름도 끊기고 부적절하게 사용되는 속 빈 강정 같은 단어들로 꽉 찬 그녀의 발표에 질겁하며, 내 어깨가 긴장감으로 팽팽해지는 것을 느꼈다.

나는 먼저 인물을 하나 그렸다. 그녀는 풍선들을 쫓아가고 있었다. 나는 이 인물이 공중으로 떠오르며 밝은 '지식'의 풍선을 향해 다가가는 모습으로 그렸다. 이 지식의 풍선이 그녀에게는 다채롭고 매력적으로 보이며, 거기에는 교재들, 그녀의 슈퍼바이저 그리고 나에게서 나오는 중요한 단어들이 들어가 있었다. 그녀의 머리칼은 흐르는 듯 표현되었고, 전체적인 그녀의 형상은 두루뭉술했으며, 옷도 입지 않았고, 아동스러웠으며, 취약해 보였다. 그렇다. 이게 바로 그녀의 모습을 제대로 나타낸 것이다. 뜨거운 공기를 너무 많이 잡으려고 애쓰는 운 없는 요정.

나는 그 그림에 기저선을 그리고 그 안을 녹색과 갈색으로 자국을 내며 채워 나갔다. 이 작품의 이미지를 바라보고 있자니 기분이 나아졌다. 그림 속의 인물은 그 학생과 닮은 만큼, 나 자신과도 닮아 있었다. 얼굴은 열린 마음으로 뭔가를 추구하고 있는 모습이었는데, 그것은 그녀의 실제 모습이었다. 하지만 나는 수업 중에는 그녀의 그러한 모습을 보지 못하였다. 그런데 핵심은 그녀의 발이었다. 그녀의 발은 기저선 위에서 둥둥 떠 있었다. 바로 이거다. 그녀는 안정되게 닿아 있지 않은 것이었다. 그녀가 풍선을 잡으면 그것은 그저 그녀를 어리석음을 향해 날아가게 해서 얄팍한 이론의 공중으로 데려가서는 그녀를 상식이라는 안정된 땅으로부터 너무나 멀리 떠나가게 해 버린다. 그녀의 핵심적 문제는 자기 고유의 시각을 가치 있게 생각하지 않는 것이다. 그녀는 스스로가 덜 안다고 가정하며, 나를 포함한 '전문가들'의 말을 충실하게 받아들이고만 있다. 또한 그런 요소와 함께 그녀의 착한 소녀가 되고 싶어 하는 열망도 문제이다. 그녀는 단순히 대학원과 암묵적으로 맺은 계약관계를 존중하며, 학생으로서의 역할을 비평적이지 못하면서 그저 양심적으로 충실히 이행할 뿐이었다.

하지만 이러한 이해도 왜 그녀가 나를 그토록 짜증 나게 하는지 도저히 설명하지 못했다. 그녀가 나의 어떤 모습—내가 불편해할 모습—을 보여 주고 있는 것일까? 치료사로서 여러 해 동안 일해 오면서, 나는 이론들보다 상식적인 것에 더 가치를 두게 되었다. 하지만 그런 상식들이 결국 전부였다면, 대학원에서 가르치는 것들을 어떻게 정당화할 수 있을까? 자, 여기에 엄청난 학비를 내며 대학원을 다니고 있는 대학원생이 듣게 되는 말은, 이 모든 공부가 그녀로 하여금 대학원을 들어오게 했던 기본적 지식들을 도리어 잃게 하는 것이라는 말이다. 결함 있는 교환이 아닐 수 없다. 그녀의 열린 마음은 위험한 것이다. 그렇다 치자. 하지만 도대체 왜 이것이 나의 화를 그토록 북돋는 것일까?

나는 종종 미술치료 분야가 그저 색깔 있는 풍선들일 뿐이라고 느낀다. 매력적이지만 일시적이고, 이미지를 만든다는 인간의 기본 욕구를 불필요할 정도로 조종하려 한다고 말이다. 심지어 나는 가끔 미술치료사들이 하는 일들이 소울에 있어서는 일종의 폭행이라고 느끼기까지 한다. 하지만 만약 내가 가르치는 것들을 그저 풍선 속의 뜨거운 공기로 간주해 보면, 그것은 전문가로서의 나의 위치, 교육자로서의 나의 직업을 위협하게 된다. 게다가 제일 나쁜 것은, 그녀는 모든 것을 다 잘하려고 하는, 자기 가족과 커리어를 다 잘 돌보려고 노력하는 여성이라는 것이고, 또한 그녀가 그것을 소리 내어 불평한다는 것이다. 나는 아직도 이 안에 뭔가 문제가 있다는 것을 인정하고 싶어 하지 않는다.

나는 나의 관심을 그 학생에게서 나 자신에게로 돌렸다. 나는 칼리와 협상을 하고 싶어졌다. 내 발이 다시 땅을 디딜 수 있도록 교수 일을 완전히 그만두어야만 하는가? 이것은 무시무시한 제안이었다. 나는 권위 있는 대학들과 연관되어 있다는 사실을 좋아한다. 나는 내가 더 이상 이런저런 대학에서 가르친다는 말을 할 수 없게 되었을 때에, '그저 주부'라고 느끼게 되는 것에 대한 나만의 두려움이 있다. 이것 하나만 예외로 하면 안 될까? 정말 교수를 그만두며 내 인생 전체를 다 바꾸어야 할까? 통찰력을 얻는 것만으로 충분하지 않은가?

내가 앞에서 묘사한 일화는 굉장히 중요했다. 왜냐하면 그것은 불균등한 관계를 포함하고 있기 때문인데, 가르치는 사람으로서 나는 학생보다 더 많은 힘을 가지고 있었다. 그러한 관계에 있어서, 내 부분이 어떤지를 이해하려고 노력하는 것은 특히나 중요한 의무이다. 어린이들, 학생들, 부하직원들은 우리들이 가진 어떤 특정한 부분들을 끌어내게 되는데, 이는 융(Jung)이 그림자라고 말한 것들이다. 우리보다 아래에 위치한 사람들은 그들의 지도자들이 지도자 자신의 노력이 실패한 옛 상처로 인해 아랫사람들에게 과하게 반응해 버릴 때가 언제인지 항상 쉽게 알아챌 수 있는 것은 아니다. 이러한 이유로, 치료사들이 말하는 '역전이(countertransference)' 또는 그러한 불균등한 관계에서 우리의 반응을 결정짓게 되는 무의식적인 감정들을 들여다보는 것이 아주 중요하다.

우리가 흔히 과할 정도로 강하게 반응하게 되는 사람들은, 종종 우리에게 있어서 어떤 강력한 이미지가 나올 수 있는 근원이 되곤 한다. 이것은 특히 우리가 그들에게 말도 안 되는 부정적인 반응을 하게 될 때 더욱 그러하다. 또 다른 경우는, 우리가 자신 안에 있는 긍정적인 특성들을 인정하지 못할 때 그 대신에 다른 누군가를 우상처럼 여기는 경우이다. 마치 굴에 흘러 들어가 진주가 되는 모래처럼, 짜증 내는 것 또는 이상화하는 것은 지혜의 진주가 결국 우리 앞에 떠오를 수 있도록 해 준다.

다른 사람들을 조절하려고 하고 당신에게 무의식적으로 필요한 결과를 결정하려고 하기보다는, 그들이 당신에게 가르침을 주게 되는 사람들이라고 생각해 보자. 당신의 인생에서 당신이 무리할 정도로 가치 있게 생각하는 사람이나 불공평할 정도로 박해하고 있는 사람이 누가 있는지 찾아보라. 만약 당신에게 아이가 있다면, 이 연습을 그 아이를 대상으로 해 보는 것이 매우 유용할 것이다. 그 외의 경우는 자신보다 아래 위치에 있는 사람이나 학생들에게 적용해 보아도 좋다. 그게 누구든 그 사람이 가진 어떤 자질들과 행동에 대해 깊게 생각해 보는 시간을 가져 보자. 이에 드로잉을 하나 그리도록 하는데, 아주 단순해도 좋다. 짜증 나게 하는 측면 또는 너무나 훌륭하다고 생각하는 측면들을 과장해서 표현해 보라.

정말 그 핵심으로 가기 위해서이다.

잠시 그 이미지를 자신의 자화상인 것처럼 간주한다. 도대체 이 사람에게서 당신의 어떤 점을 보는가? 당신이 보기에 이 사람의 무엇이 당신으로 하여금 도저히 참아 낼 수 없게 만드는 것인가? 그 안에는 당신이 배울 만한 것이 무엇이 있는가? 이에 대해 어떤 반응들이 일어나는가? 기억들이나 감정 같은 것들이 떠오르는가? 당신이 전에 좀 더 낮은 위치에 있었을 때 경험한 것에 비추어 보면, 이 사람과의 지금 상황은 어떠해 보이는가? 무엇이 드러나는지 그저 알아차리기만 하자. 이러한 것들을 글로 써 내려가는 것은 기억의 실타래를 잘 쫓아갈 수 있도록 도와줄 수 있다.

일단 갈등 상황을 이미지의 영역으로 가져다 놓고 나면, 당신이 가졌던 짜증이나 이상화했던 것들이 뭔가 변하거나 사라지는 것을 경험할 수도 있다. 그럼으로써 당신은 그 사람과 좀 더 단순하고 덜 긴장된 관계로 대할 수 있게 된다. 가장 중요한 것은 이 과정이 당신으로 하여금 자신 안에 어떤 부분들이 당신의 주의를 필요로 하고 있는가를 알 수 있게 해 준다는 것이다.

특히 부모들의 경우 본인이 받아들일 수 없는 자신의 어떤 측면들을 아이들에게 무의식적으로 옮겨 주면서 아이들에게 아주 커다란 짐을 안겨 준다. 이런 것은 특히나 긍정적인 측면을 옮겨 주게 될 때 그러하다. 예를 들어, 부모가 아이의 운동 능력이나 음악적 재능을 과대평가하여, 자신도 전혀 이르지 못했던 완벽한 정도의 수준까지 올리기 위해 아이에게 엄청난 시간을 들여 연습하도록 요구하는 것이다. 당연히 이것은 자녀의 성취를 위해 진정으로 도와주는 것과는 명백하게 다른 일이다. 이럴 경우 어떤 왜곡된 효과가 나타나는데, 그 이유는 아이가 그 성취를 진정으로 느끼지 못하고, 그렇게 성취하는 것이 아이 자신에게 즐거움을 주는 일이라기보다는 고되고 귀찮은 일로 여겨지기 때문이다. 이러한 것을 알아챌 수 있으려면 엄청난 통찰과 용기가 필요하다. 하지만 이미지가 이러한 것을 도와줄 것이다.

아까 그린 이미지를 자기 자화상으로 봄으로써, 당신은 어쩌면 아직 어떤 방식으로든 다다를 수 있는 자신의 이루지 못한 꿈들을 알아볼 수도 있다. 그 꿈을 당신이 이루어 보려 노력한다면, 당신의 자녀나 학생들은 당신의 욕구를 대행해 주는 존재로서가 아닌, 스스로가 진정한 사람이 될 수 있는 자유를 얻게 될 것이다.

이 방법은 당신이 자녀나 배우자, 친구, 직장 동료 등 힘의 불균형이 내재되어 있는 어떤 관계에서 고군분투하고 있을 때마다 사용해 볼 수 있다. 그 이미지가 무엇인지 제대로 알아내게 되면, 우리는 실제 다툼의 상황에서 자신의 개인적인 측면들로 인한 것들을 빼낼 수 있게 되며, 많은 분투에서 감정적으로 대하는 것이 실제로 사라지게 된다. 비록 여기에서의 의도는 자기 자신에 대해 더 배워 보는 것이지만, 다른 이에 대한 측은지심이 커지는 것이 흔히 덤으로 생긴다. 이 작업 역시 이미지를 나누는 것을 조심스럽게 해야 하는데, 아마도 그 문제가 있는 상대가 아닌, 좀 더 중립적이고 배려심이 많은 사람과 하는 것이 아마 가장 좋을 것이다.

21

알려져 있지 않은 것에 대하여 알기

1988년에 나는 마사지를 받았다. 새 직장으로 옮긴 후 여러 달에 걸쳐 쌓인 딱딱해진 근육을 풀기 위해서였다. 섬세한 손길 덕에 나는 이완되기 시작한다. 그리고 현재 겪고 있는 힘든 일로 생긴 고통이 과거의 상처와 섞여서 밖으로 흘러 빠져나간다. 그러던 어느 날, 마사지를 받던 중에 죽어 있는 한 마리 작은 새의 이미지가 떠올랐다. 집에 돌아와 나는 이것을 내 저널에 스케치해 놓았다.

나는 미술치료에 대해 책을 하나 쓰기로 결심했다. 스스로에게 나는 가르치는 일이 아닌, 이것이 바로 나의 '진짜' 직업이라고 말한다. 그러나 엄청나게 답답해졌다. 왜냐하면 글을 쓰는 일은 학문적이고 지루한데, 여러 해 동안 학교에서 일한 것이 그러한 것들을 내 안에 아예 새겨 놓아 버렸다. 머릿속을 정리하러 산책을 나간다. 산책길 보도에서 우연히 죽어 있는 작은 새 한 마리를 보게 되었다. 그러자 즉각적으로 내가 아직 학령기 전이었던 세 살 혹은 네 살이었을 때의 기억이 떠올랐다.

나는 우리 집 옆 골목에서 발뒤꿈치를 들고 웅크리고 있다. 거기에는 작은 새가 누워 있었는데, 창백한 부리와 뜨지도 못한 툭 튀어나온 눈에, 푸른 혈관이 어렴풋이 보이는 투명한 피부를 하고 있었다. 그 골목은 두 채의 집 사이에 있는 조그만 골목으로, 그늘이 져서 차갑고 어두운 곳이었다. 한참 후에 나는 다시 햇볕 속에서 놀고 싶어 그곳을 떠났다. 하지만 나는 그 조그만 생명체가 어떻게 되고 있는지를 확인하려고 그날 내내 그곳을 왔다 갔다 했다. 그리고 개미들이 그것을 먹고 있는 것을 보았다. 날이 저물 무렵 그 새는 흔적도 없이 사라져 버렸다. 이것은 죽음이라는 것에 대해 난생 처음 알게 된, 아직도 계속되고 있는 나의 세 살 때의 미스터리 같은 경험이었다.

나는 산책에서 돌아와 카메라를 꺼내 다시 그 새가 있는 곳으로 가서 흑백 사진을 찍었다. 그러고는 그 죽은 새를 근처의 나무 아래 잔디 위에 뉘어 놓았다. 이 이미지는 어떤 토템 같은 느낌을 주었다. 왜냐하면 내 마음속에 그 이미지가 우선 떠오른 후에, 갑자기 길거리에서 죽은 새가 나타났고, 그러더니 내가 가진 최초의 기억들로 나를 데려갔다. 나는 사진을 인화해서 납으로 꽃 장식을 한 액자에 넣어, 집필하는 책상 위에 얹어 놓았다([그림 21-1] 참조).

그 새는 어떤 의미에서 계속해서 나를 따라다녔는데, 대개는 그림자 같고 부드러우며 불분명하지만 마술 같은 기억들로 나를 데려가 주곤 했다. 그런데 이런 기억이 있던 때가 바로 내가 콜라주 작업에서 나를 표현했던 때—파란 동굴 안에서 별들을 바라보며 매끄럽게 흘러가는 마술 같은 짧았던 시간, 그리고 질병의 폭풍이

그림 21-1 새(사진)

우리 가족을 삼켜 버리기 전의 나의 어린 시절—이다. 하지만 내가
좀 더 집중하여 마음속에서 찾아보려고 하면, 이 기억들은 도리어
마치 안개처럼 흩어져 버리곤 했다. 이해하고 싶어 하는 나의 노력
을 거부하는 뭔가 신비한 힘이 거기에 있었다.

나는 이 새가 깨어 일어나 날아갔으면 좋겠다. 작지만 단단한 생
존자가 되었으면. 하지만 이 새는 소리도 없고 회색빛을 띠고 있
다. 스튜디오 한쪽에 예전에 어디선가 발견한 새 둥지가 있는데, 나
는 그것을 나뭇가지 위에 올려놓고 사진을 찍었고, 그러고는 다시
남편의 손에 올려놓고 찍었다. 나는 이 두 사진의 네거티브 필름을
합쳐서 그 새가 둥지 안에 있는 모습이 되도록 인화했다. 그것은 마

치 물 위에 비쳐 보이듯 좀 유령 같은 느낌이다. 나는 죽은 그 새가 떨어져 나온 둥지를 생각해 본다. 하지만 그러면서도 딸아이가 올해 초등학교를 입학하게 되어서 하루 종일 학교에 가 있으므로 나를 덜 필요로 하게 된다는 사실은 미처 인식하지 못하고 있었다. 나는 또한 미술치료를 가르치는 교육자로서의 나의 일이 '죽게' 되는 것을 용납하지 못하는 내 모습도 알아차리지 못하고 있었다.

존(John)과 나도 아이를 하나 더 가져야 할지 말지에 대한 결정을 내리지 못하고 힘들어하고 있었다. 그런 와중에 나는 이런 꿈을 꾸었다.

> 나는 아이를 하나 더 가지는 것을 생각하며 바닥에 앉아 있다. 나는 또다시 임신하고 싶지 않다. 그러고 나서 나는 소파 위에 여자 아기가 하나 있는 것을 보았는데, 나의 아기였다. 이 아기를 도대체 어떻게 해야 하지? 입양을 시켜야 하나? 나는 여기 이 아기를 키워야 한다. 나는 이 아기가 존재한다는 것에 대해 뭔가 짜증이 났다. 내가 세워 놓은 계획에 방해가 된다. 내가 아기를 안아 올리자, 아기는 몸을 뒤로 젖히며 안기고 싶어 하지 않았다. 아기가 "당신은 내 엄마가 아니에요."라고 말한다. 이 여자 아기는 온몸이 빨개지고 반점이 생기면서 내게 알레르기 반응을 보이고 있었다. 나는 이 아기를 안고서는 의사를 불렀다. 아기의 머리가 다친 상태였다. 아기 머리 뒤쪽에 구멍이 나 있다고 고모가 말해 주었다. 나는 몹시 놀랐다. 나는 나한테 이런 아기가 있는지도 몰랐고, 아기에게 무슨 문제가 있는지도 전혀 알지 못했다.

나는 이 꿈을 그린다. 그러면서 이제는 내가 어머니 원형에서부터 떨어져 나와야 한다는 것을 깨달았다. 이제는 꿈속에서 보았던 일찌감치 죽은 그 다친 아기, 나의 아기, 즉 나 자신에게로 돌아가 보아야 할 시간이다. 어찌된 일인지 이제 나는 나 자신의 창조적인 일에 시간을 쏟는 것보다, 다시 아이를 가지는 것이 좀 더 쉽게 받아들여졌다. 아기를 가진다는 것에 대해 자신감이 생겼다. 그와 관련된 모든 것을 어떻게 해야 할지 잘 알기 때문이다. 이와 달리 내 자신의 일을 하는 것은 나를 벼랑 끝에 서 있게 할 것이고, 훨씬 더 위험스럽게 느껴졌다.

가르치는 일에 있어서도 마찬가지였다. 내가 심지어 우울해 있고 피곤하다 할지라도 가르치는 일에 있어서는 자신감이 느껴졌다. 학생들은 내가 가르치는 것을 좋아했고, 나는 계속 가르치고 싶었다. 대안들, 즉 사표를 내고 나의 글쓰기와 미술작업에 제대로 전념하는 것은 전율이 생기는 일이어야 했지만, 그렇지 않았다. 나는 내가 사라져 버릴 것 같아 두려웠다. 직장이나 직위도 없이 아이 손만 잡고 있게 되는 나는 과연 누구인가? 진정한, 그저 나 자신이란 누구인 것일까? 나는 아직도 이 질문에 답을 찾지 못했다.

내 인생에 있어서 '통찰력'을 가지는 것과 실제로 인생을 바꿀 수 있는 것 사이의 간극이 꽤나 크다는 것을 인정하는 것은 언제나 어려운 일이다. 나는 이미 수년간 '나'란 과연 누구인지에 대해 완전히는 알고 있지 못하다는 것을 잘 알고 있었다. 우리 집에서 내가 하던 역할이 나로 하여금 타인에게 집중하고, 그들의 필요를 채워주며, 나 자신에 대해서는 무시하도록 훈련시켜 온 것을 잘 알고 있다. 나는 좀 더 온전히 나 자신이 되어 가야 한다는 도전이 내 창의적 작업의 과제라는 것을 알았다. 하지만 아내, 어머니, 치료사, 교육자 같은 나의 이전 역할들에 맞게 일을 할 때 느끼는 만족감 또한 진정한 것이었다. 그러한 역할들을 그저 버리는 것이 나의 답은 아니었다. 내가 내적 분투를 해 나갈 때, 나는 우리 가족이 주는 든든한 안정감과 그들의 사랑과 지원이 필요했다.

빈 둥지가 있는 사진을 제작하면서, 나 자신이 내 딸의 필요를 만족시켜 주느라 얼마나 깊이 나 자신을 묻어 버렸는지를 발견하곤 하며 놀랐었다. 마치 내가 놓쳤던 것들을 아기를 통해서 채워 나가는 것처럼. 나는 종종 온전히 나 자신의 작품을 제작하기보다는 아이와 같이 여러 시간 동안 작품을 만들곤 했다. 작품에 대해 아이가 받게 되는 칭찬을 나도 대리만족하며 즐겼다. 나는 어른들에게 주어지는 비평적인 언급들이 아닌, 아이들에게 당연히 주어지는 무조건적인 허용을 원했었다. 나는 어떻게 해야 그런 것들을 나 스스로에게도 받을 수 있게 하는지는 몰랐지만, 그러나 미술치료사로서의 나는 그것이 바로 항상 그리고 너무나 자주 타인들에게 내가 해 주는 일들이었다.

그 작은 죽은 새가, 어린 시절을 너무 빨리 잃어버린 작은 소녀였던 나 자신에 대한 연민을 불러일으켰다. 나는 무조건적인 사랑을 필요로 하는 내 모습의 일면을 잘 돌보아 육성해 주어야 했다. 그럼으로써 비평적인 시각을 통해 성장하고 변화할 수 있는 위험 부담을 감내할 수 있기 위해서이다. 비판과 거절에 대한 두려움이 나로 하여금 내가 만든 이미지들을 좀 더 자유롭게 나누는 것을 막아 오는 원인이 되었었는데, 역설적으로 그런 점이 내게도 필요한 사랑이 담긴 위트니스를 얻을 기회를 도리어 빼앗아 가기도 했던 것이다.

가장 깨닫기 어려운 것은 내가 모든 것을 고칠 수도 없는데 나누기를 시작한다는 것, 또 고치는 것이 그 핵심도 아니라는 것이다. 핵심은 그 소울의 강에 가 있는 것, 그리고 모든 격랑, 거친 부분들과 고요한 순간들, 그 모두를 즐기는 것이다.

어떻게 하면 우리는 마무리하지 못한 소울의 장소로 되돌아가 볼 수 있게 될까? 나는 너무도 오랫동안 어머니의 역할을 다양한 형태로 하면서 살아왔다. 그런데 그 아이가 되어 본다는 것은 어떻게 하면 되는 것일까? 내게 있어서 이에 대한 대답은 미술제작과 놀기 안에 있었다. 어떤 지배적인 원형적 역할 이외에도, 우리 각자 모두에게는 역량을 펼칠 기회를 갖지 못한 기피된 이미지들이 그림자들 속에 숨어 있다. 당신에게 있어 기피된 이미지는 누구인가? 당신의 소울로부터 누구를 쫓아냈는가? 어떤 가능성들을 무시해 왔는가? 어릴 적에 저지당했지만 이제 다시 되찾아 볼 수 있는 이미지가 하나 있는가?

이런 일들을 생각해 볼 수 있는 방법 하나는 좋아했던 놀이들, 장소들, 음식들, 장난감들 혹은 옷들과 같은 어릴 적 기억들을 상기해 보는 것이다. 이런 것들은 기억을 되살려 주면서 이미지를 불러일으킬 수 있다. 다섯 살 때 혹은 일곱 살이었을 때, 당신의 꿈과 소망은 무엇이었는가? 발레리나? 카우보이? 트럭 운전사? 아님 늑대? 그러한 여러 이미지를 그려 보고, 이들을 마치 오래전에 잃어버렸던 고아들인 것처럼 당신의 인생 안으로 환영하여 받아들이라. 어린 시절 꿈들을 담아 둘 이야기 상자를 만들자. 이미지들이 너무 어린애 같지 않을까 하는 걱정은 말자. 너무 좋은 옷을 입히려고 하거나, 완벽하게 만들려고도 하지 말라. 그것들이 충분히 성장하지 않은 상태라는 것을 기억하라. 마치 어쩌다 바위 아래 끼어 자라고 있는 새싹처럼, 그 이미지들은 커 가고 번창하기 위해 당신의 지원이 필요할 것이다.

당신 안에 있는 이런 부분들을 받아들이고 존중하겠다는 인텐션을 다시금 재확인하라. 그것들과 마치 오랜 친구들처럼 놀아 보자. 그리고 그 살아 보지 못한 가능성을 이제 육성하기 위해 당신이 무엇을 해 볼 수 있는지, 어떤 아이디어들이 떠오르는지 알아채자. 아마 어쩌면 당신은 댄스 수업을 들을 수도 있고, 승마를 배울 수도 있고, 숲속을 등산할 시간을 내 볼 수도 있다. 이러한 것들은 당신 안에 있는 창의적인 모습의 뿌리가 어떤 것들인지 알게 해 주는 시작점들이다. 제작한 이미지들을 벽에 걸어 놓고, 함께 살아 보며, 그 이미지들이 당신을 안내하도록 한다.

22
협업에 대하여 알기

웃고 있는 뱀에 올라 타 있는 그녀는 길들여지지 않은 야생의 여인이다. 그녀는 수년 전에 이미 내가 여신에 대한 워크숍을 했을 때 내 스케치에 나타났었다. 나는 그 이미지를 벽에 걸었는데, 좀 이상하다 싶은 생각이 들었었다. 그러고 나서 나는 이와 똑같은 이미지를 연상케 하는 막대기 두 개를 발견했다. 길고 끈 같은 형태의 막대기가 뱀을 타고 있는 모양인데, 그럼으로써 둘은 균형을 맞추고 있다. 이 두 막대기는 꽤 오랫동안 그 모습 그대로 보관되어 있었는데, 나는 이것들을 절대로 버리지도 않았고 어떤 다른 용도로 사용하지도 않았다. 마침내, 무슨 이유에서인가 나는 이 뱀 모양의 막대기를 깎아 내서 꼬리를 만들고, 움푹 파인 부분은 뱀의 웃는 입이 되도록 깎아 만들며, 이 야생 여인의 모습을 제작하기 시작했다. 나는 이 여인의 모습을 연한 분홍색으로 칠했고, 나무용 점토를 이용해 가슴도 붙였다. 그녀는 한동안 팔이 없는 상태였다. 엉켜 있는 나일론 로프에 금색 스프레이를 뿌려 정전기가 난 것 같은 머리도 만들어 주었다. 잔가지들은 그녀의 팔이 되었고, 나무에 있는 옹이는 여우가 밖을 내다보고 있는 모습으로 표현되었다([그림 22-1] 참조).

창조성이 가진 여성성의 힘은 거칠고 예측불허하며, 에너지로 가득 차 있다. 이 작품은 내가 종종 미친 것과 정신적 질환 사이를 혼란스러워하며 꽁꽁 싸 두려고 해 온 여성성의 한 측면이다. 이 여인은 파괴자인 칼리보다 내게는 훨씬 더 낯선 존재일지도 모른다.

여성성의 이 세 측면인 창조자(Creator)-보존자(Preserver)-파괴자(Destroyer)가 이렇게 나를 안내해 주러, 이미지를 통하여 드디어 모두 나타났다. 나는 이 세 존재를 위해 촛불을 켜 주었다. 하지만 나는 창조자로서의 여성성으로부터 가장 많은 위협을 느꼈다. 그녀의 혼란스럽고 장악하는 에너지가 제멋대로 아무 때나 나를 놀라게 하였는데, 그것은 한밤중에도 소리를 질러 나의 잠을 깨우는 등 내게 다른 의무들이 있다는 것을 개의치 않는다. 그녀는 나를 두렵게 했다. 사람들이 도대체 뭐라고 하겠는가? 내가 우리 가족에게 보름달이 뜨는 날에는 베란다에 나가서 잠을 자기로 결심했다고 말한다면 그들이 뭐라고 하겠는가? 우리 집에 오는 손님들이 이 조그만 형상들과 그 앞에 있는 향의 잿더미를 보면 뭐라 생각하겠는가? 하지만 나는 신경 쓰지 않기로 결심했다. 창조의 여신(Creatrix)은 촉매이며 영감으로, 밝은 불길과 거친 춤과도 같다. 그녀는 이상한 방식으로 일을 하는데, 하지만 내게 그녀를 믿을 만한 용기가 있는지는 잘 모르겠다.

그녀가 나를 부르며, 5년 전에 내버려 둔 세 개의 패널 작업으로

그림 22-1 창조의 여신(나무에 채색, 주운 물건들)

돌아가라고 하였다. 이제야 나는 그 패널에서 도마뱀 머리를 하고 있는 여자의 모습을 알아볼 수 있었다. 그녀는 여성성의 힘이다. 나는 이제 각 패널에 있던 남자들의 얼굴에 칠을 할 수 있다. 왜냐하면 이제 나는 여성성과 싸우지 않고 내 눈을 감고 그녀를 진정시키고 있기 때문이다. 첫 번째 그림에서는 그녀에게 한 남자가 다가가는데, 이 남자는 모자를 쓰고 망토를 입고 있는 거칠고 오만한 사람이다. 이 여성성에 대한 그 남자의 관계 방식은 관음적이다. 그는 계단 뒤에 웅크리고 앉아, 마치 연극을 구경 온 관객이 주연 여배우를 몰래 훔쳐보듯이 여성성을 바라보고 있다. 그 둘 사이를 경계 지어 주었던 계단 위의 장미가 이제는 촛불이 되어 있다. 그녀는 그 남자에게 빛을 준다. 지식이라는 광명인 것이다.

두 번째 패널에서 그들은 결혼을 하러 눈에는 보이지 않는 제단 앞에 서 있다. 그에게는 무엇인가가 바뀌어 있다. 얼굴은 만화처럼 변해 있었고, 어린 남자아이 하나가 시중을 들며 그 옆에 서 있다. 그들의 뒤에는 양쪽으로 하객들이 줄지어 앉아 있다. 남자 쪽 하객으로는 그리스 조각 같은 이상적인 남자들, 수녀님들, 전통적인 모습을 한 신부(bride) 한 명, 군 장교들이 와 있었고, 여자 쪽 하객으로는 동물들, 파우누스(Faun; *역자 주: 로마신화에 나오는 목축의 신으로, 사람 얼굴에 염소의 뿔, 귀, 다리, 꼬리를 가지고 있다) 그리고 온갖 여인들이 참석하고 있었다. 이 이미지들은 잡지에서 수집해서 물감 작업에 붙여 콜라주 작업을 한 것이다.

그들은 결혼을 한 후 마지막 패널에 와서야 서로 관련이 있는 사람이 되었다. 남자의 얼굴은 부드러워졌고, 그 여자의 속성인 달빛 아래에서 벤치에 앉아 그녀의 지혜에 귀를 기울이고 있다. 이 세 패널 작품에서 여성 형상은 아무것도 변한 것이 없지만 남자 형상은 굉장히 드라마틱한 전환을 거쳤다. 그녀는 본능의 가면인 도마뱀의 머리를 쓰고 있고, 성스러운 알몸 상태를 유지하고 있다. 나는 이 이미지들을 어떤 내적인 드라마로 인식한다. 자아(ego)라는 부분이 소울과 연관되어 그려져 있다. 소울, 즉 영원하고 기본적인 자연 요소만 있고, 궁극적으로는 남자들 또는 여자들 모두에게 알 수 없는 곳에서 이 모든 방향이 나와야 하는 것이다.

난 이 이미지들을 마무리해서 시카고 여성 미술 전당대회에서 주최하는 '다른 이들의 시각'이라는 주제의 전시회에 출품했다. 또한 나는 여러 명의 다른 미술치료사, 예를 들어 로잘린드 윌콕스(Rosalind Wilcox), 돌리 힌치(Dollie Hinch), 로즈메리 콘웨이(Rosemarie Conway) 같은 사람들과 함께 같은 주제하에 워크숍을 주최했다. 우리 모두 다 작품을 제출한 사람들이었고, 그러면서 또한 그 주제, 즉 미술제작을 통해 우리는 우리가 가진 생각의 차이들과 다름에 대해 검토해 볼 수 있다는 것에 감동을 받았다. 우리는 자기가 제작한 미술작품들과 우리가 가진 아이디어들을 그 워크숍에 참여한 그룹에게 발표하였다. 우리는 참가자들로 하여금 시작해 보는 단계의 일환으로 자화상을 제작하게 하였다. 그리고 나서 짝을 지어 먼저 상대를 인터뷰하고, 그다음에는 그 상대를 그리라고 했고, 자화상을 또 하나 그리라고 지도했다. 이후 우리는 이러한 결과들을 서로 나누었다. 모든 참가자는 이 과제가 어려운 경험이었다고 말했고, 자화상을 그리는 것이나 작업의 대상이 되어 보는 것 둘 다 어떤 친밀감을 만들어 냈으며, 그러한 것을 '알게' 되는 것이 꽤나 중요하게 느껴졌다고 했다.

나는 나의 두 번째 자화상이 첫 번째 것과는 아주 드라마틱하게 다르다는 것을 발견했다. 첫 번째 자화상은 나의 다른 면모들을 보여 주려고 의도한 것이었지만, 그 대신 작품은 내가 새 직장에서 겪는 어려움들을 반영하며 해어지고 찢어진 모습으로 나왔다. 나는 내 작품이 좀 더 전문가답기를 바랐기 때문에, 배신감과 소진된 느낌이 들었다. 그런데 워크숍을 하는 중에 나는 내가 책임을 져야 하는 '전문가'의 입장에 있다는 것에 대해 얼마나 피곤해하고 있는지를 알게 되었다.

내 짝이 된 사람은 미술치료사이자, 이전에 내 학생이었던 페기 슈워츠(Peggy Schwartz)였다. 그녀가 내 얼굴을 그려 주었는데, 이것이 나에게는 큰 위로가 되었다. 나는 가르치는 사람이나 또는 슈퍼바이저의 역할 안에서 존중받는 것이라기보다는, 나의 '평범함'이 보이고 확인되었다는 느낌을 받았다. 페기는 말하기를, 예전에는 학생으로서 나를 존경했지만, 이제 스스로 자기의 리더십 기술과 전문가로서의 정체성을 만들어 나갔기에, 나를 동료로서 보는 데 있어 마음이 편하다고 말해 주었다. 여태까지 나는 '롤모델'이 치러야 하는 대가에 대해 전혀 인식하지 못하고 있었다. 학생들에게서 존경을 받는 것은 참으로 좋은 것이지만, 궁극적으로 그것은 전문성과 유능함의 이미지와 충돌할 수 있는 감정들을 사람들과 나누거나 인정하는 것 자체를 어렵게 만들어 버린다. 사실, 이 유능함과 전문가다운 모습은, 학생들이 스스로 전문인으로서의 자기 모습을 갖추어 가는 데 있어 우리에게 의존하고 있는 부분인 것이다.

나의 마지막 자화상이 끝났을 무렵 나는 스스로가 다시 채워지고 새로워지는 느낌을 받았다. 페기가 만든 작품이 나로 하여금 현재 내가 우리 학생들과 얼마나 전투적인 관계에 있는지 알게 해 주었고, 또한 그 대가가 정확히 어떤 것이었는지를 보게 해 주었다. 나의 자화상은 또한 내가 열린 마음에 대해 주저하고 있는 것은 아닌가를 보여 주었다. 종이가 형태를 제대로 담아내고 있지 않았는데, 그것은 마치 나의 욕구들이 만일 내가 그것들을 제대로 살펴본다면 너무 많을 것이라고 걱정하는 듯 보였다.

창조의 여신 이미지로부터 나온 작업은 내 인생에서 창조적 힘을 가치가 있는 안내자로서 받아들이게 되는 데 있어 중추적인 역할을 했다. '다른 이들의 시각' 워크숍은 내가 하는 일에 있어서 온전히 나 자신이 되는 시도를 해 보는 아주 신나는 시도였다. 그것은 특정한 목표를 세우지 않고서도 실제적 근심들에서부터 작업이 나오도록 할 수 있었다. 그것은 또한 진정한 협업의 시작점이 되었고, 공공 토론회 같은 곳에 나의 작업을 좀 더 편안한 마음을 가지고 갈 수 있는 새로운 능력이 생기는 시작점이 되기도 하였다. 이 해방감 그리고 미술과 인생에 있어서 내 직관을 따라간다는 느낌은 계속하여 발전해 가고 있다.

만약 사람들과 위트니스를 하는 것이 성공적으로 되는 것 같다고 느껴지면, 공동 창조의 관계로 좀 더 온전하게 들어가 보는 것을 고려해 보라. '다른 이들의 시각' 워크숍에서 사용된 방법들을 활용하여, 파트너에게 미술작업 시간에 동참해 보기를 권유하라. 당신의 인텐션은 상대의 시각을 받음으로써 자신의 시각을 넓히는 것으로 할 수도 있다. 첫째로, 두 사람 각각 자신의 자화상을 그리도록 한다. 사실적으로 그려도 좋고 상징적으로 그려도 좋다. 그리고 이것을 서로 나누어 보는데, 그동안 배워 온 위트니스 방법을 사용하라. 다음 단계로, 서로를 그려 본다. 차례로 한 사람이 그릴 때 다른 사람은 모델이 되어 준다. 이것은 또 다른 형태의 강력한 위트니스 방법이다. 두 사람이 다 드로잉이 끝났으면 다시 나누어 보라. 무엇이 나타나는지 알아채라. 드로잉을 해 본 것이 단순히 같이 지낸다는 것과 어떻게 다른가? 전에는 보지 못했던 그 사람의 어떤 모습이 보이는가? 마지막으로 본인이 원하는 어떤 재료를 쓰든지, 혹은 어떤 형태로든지 자화상을 한 장 더 그려 본다.

자기가 그린 세 가지 이미지를 두고 조용히 바라보며, 각자 약간의 시간을 가져 본다. 그리고 나서는 두 사람이 그린 총 여섯 점의 이미지를 벽에 건다. 이 이미지들 앞에 조용히 함께 앉는다. 각자 어디서 어떻게 시작하는지 알아채 보자. 다른 사람을 그려 봄으로써 당신은 어떻게 변하였는가? 다른 사람이 나를 그린 것을 보고 내가 자신에게 가지는 인식은 어떻게 변하였는가?

이러한 과정은 여성성의 창조적 에너지가 관계 속에서 작동할 수 있도록 초대해 준다. 이 이미지들로부터 우리 모두는 서로 연결되어 있다는 것에 대한, 좀 더 참된 인식이 생겨날 수 있다. 당신은 타인으로부터의 시각에 자신이 얼마나 상호의존적인지를 보기 시작할 수 있고, 연민을 가진 시각이 어떻게 치유를 불러일으킬 수 있는지를 보게 될 수도 있다. 당신의 이미지들이 자신을 어디로 이끄는지 보라. 당신의 인간관계에서 지속적으로 공동 창조해 볼 수 있는 것에는 어떤 것들이 있는가?

23
변환에 대하여 알기

　나의 학생들은 강한 감정들을 시각적 은유로 표현하는 연습을 하기 위해서 폭풍을 그리고 있다. 이 학생들 자체도 마치 폭풍 같아서, 그들이 가진 격동의 정면을 보는 듯한 느낌이다. 나는 갈색 크라프트 종이를 좀 길게 찢고는 그들과 함께 작업하기로 결심했다. 우선 나는 마치 폭풍이 이 종이 밖으로 나가지는 않을까 염려하는 것처럼 종이 가장자리에 외곽선을 그렸다. 주변에서 학생들은 목탄과 초크 파스텔을 가지고 문지르기 과정에 돌입하고 있다. 나는 조심스럽게 밝은색으로 가늘게 지평선을 스케치하고, 그 윗부분을 화난 소나기구름으로 채웠다. 중간 부분은 적갈색으로 칠했고, 전경 부분인 아래쪽에는 불길들이 솟아나고 있다. 이것은 그저 평범한 폭풍이 아니라 화가 나 있고 멈춰질 수 없는 불폭풍이다. 나는 이 이미지가 좋아서 집으로 가져간다.

폭풍을 유화로 그릴 셈으로 캔버스를 짰다. 나는 밝은색으로 얇게 지평선을 그어, 위쪽에는 강한 하늘을 칠하고, 아래는 대지 부분을 흙색의 땅으로 그렸다. 이 그림은 의도한 것처럼, 마치 무대 세트처럼 이젤 위에 놓여 있게 되었다. 나는 소나기구름을 어떻게든 넣어 보려 했지만, 어쩌다 보니 마치 볼링공처럼 표현되고 말았다. 딸 아디나(Adina)가 들어오더니 말하기를, "엄마, 폭풍이 멈췄어요."라고 했다. 아이 말이 맞는 것처럼 보였다. 내 안 어디엔가에서 소나기구름이 비를 쏟아 내려 불을 식혀 버렸다.

나는 왼쪽에 갈색 십자가를 그려 넣고, 여러 날을 그대로 두었다. 어쩌면 이 요소가 이 그림을 마무리할 것 같다는 생각을 했지만 실제로 그렇게 되지는 않았다. 나는 박스 종이 위에 아크릴 물감으로 십자가 형벌을 좀 스케치해 보았다. 이것은 나의 내적 남성성이 해 보던 오래된 트릭인데, 하늘을 향하여 소리치며 여전히 협상을 해 보려는 것이다. 십자가 형벌을 받는 그는 날개도 잃었고, 머리에 있던 후광은 땅에 떨어져 있다. 그는 야위어 있지만 그럼에도 아직 꽤 생생히 살아 있다. 그와 그를 위해 무릎 꿇고 탄원하고 있는 이 여인을 그림으로써 그의 존재가 드러났지만([그림 12-6] 참조), 나는 이 사람이 죽어서 없어져 버리기를 기다리고 있었다. 나는 이 사람을 죽은 모습으로 스케치하려고 해 본 후, 물감으로 그 모습을 그렸다.

이 그림은 그곳에 한없이 놓여 있었다. 나는 망치를 가진 여자 하나가 십자가에 올라가 이 사람의 숨을 거두어 가는 것을 생각해 보았다. 스케치를 해 본 후, 손에 망치를 들고 십자가 쪽으로 가는 이 여자를 그려 넣었다. 그녀의 머리카락은 비비 꼬는 뱀들의 모습으로 되어 있는데, 그녀는 강력하며, 선함을 위해 그를 죽여 버려서 여성성이 그 자리를 차지하도록 할 것이다. 내가 이 여자를 그린 후에 알아채게 된 것은 저 남자는 이미 '못 박혔었기' 때문에 이 여인은 뭔가 다른 목적을 가지고 있어야만 했다는 것이다.

나는 마녀에 대한 꿈을 꾼다.

나는 한 남자와 같이 있다. 그 남자는 강하고 잘생겼다. 우리는 마녀의 마술가게 문 앞에 있다. 이 남자는 마녀에게서 몇 개의 마술 트릭을 훔치고 싶어 했다. 내가 그것은 위험하다고 말했지만, 그 남자는 확신에 차 있었다. 나는 이 마녀는 직접적으로는 접근이 불가능하다는 것을 알고 있다. 그가 문 앞으로 씩씩하게 걸어갔다. 문은 학교 건물에 있는 것처럼 철망이 그 유리를 감싸고 있었다. 그가 안쪽을 훑어보았는데, 그때 마녀가 그를 보았다. 마녀의 눈은 빨갛고 달팽이처럼 안구에서 튀어나와 있었다. 이 둘의 눈이 마주쳤던 그때, 그는 창을 통해 날아서 들어갔다. 그녀가 그를 잡았고, 이 남자는 완전히 그녀의 힘에 굴복되었다.

적극적 상상을 통해 나는 이 꿈의 내용을 계속 발전시켜 갔다.

나는 은으로 된 손거울을 그에게 가져다주어서, 그가 도망칠 수 있게 도와주어야만 한다고 생각한다. 나는 마녀의 눈에 정면으로 맞닥뜨리지 않도록 하며, 조용히 방으로 잠복해 들어갔다. 오로지 옆으로만 그녀에게 접근해야만 한다는 것을 나는 안다. 저 두 사람은 바닥에 함께 웅크리고 있다. 나는 마녀의 뒤에서 약간의 거리를 두고 서 있다. 그리고 그 손거울을 들어서 이 남자가 자신을 볼 수 있도록 하고 있다. 그는 이제 그 마녀처럼 똑같이 빨간 눈을 하고 있다. 만약에 그가 거울로 자신을 보게 되면 마법은 풀린다. 나는 서서 그에게 거울을 주면서 말했다. "마녀 얼굴 앞에 이것을 가져다 대." 하지만 그러는 대신 그는 거울로 마녀를 때렸다. 마녀는 화가 나서 이 남자가 도망가려 할 때, 그의 발목을 그 뼈 같은 손으로 움켜쥐었다. 나는 다시 말했다. "마녀 얼굴에 거울을 가져다 대라구." 이번에는 그가 내 말대로 했다. 자기의 얼굴을 보자 마녀는 빛나는 은색 거울을 손에 쥐기 위해 남자의 발목을 놓아주었다. 나와 그의 손이 닿았고, 마녀가 자기 자신의 모습에 황홀해하며 빠져 있는 동안, 나는 그와 함께 창을 통해 밖으로 날아갔다.

나는 박스 종이 위에 그 마녀를 스케치했다. 그녀는 자신의 모습에 빠져 황홀해하며 어찌할 줄 모르는 늙은 노파였다. 그녀는 남을 희생양으로 삼는 여성성의 그림자적인 측면이다. 그녀는 우리의 창의성이 부정되었을 때에 여성들이 변환되는 모습으로, 헛되고, 탐욕스럽고, 소모적이며, 남을 통해 자신의 삶을 산다. 나는 그녀의 등장이 마치 내 자신의 고유한 창의성을 키워 가야 한다고 말해 주는 어떤 경고처럼 느껴졌다.

물감 작업으로 마녀를 그리기 시작하자, 그녀는 칼리(Kali)로 변하였다. 소용돌이치는 구름 속에서 그녀는 어둠의 어머니(Dark Mother)인 칼리로 변하여 나타났는데, 그것은 변화가 허용되지 않았을 때 마침내 불러일으켜지는 여신으로서, 힌두신화에서 나오는 마지막 버전의 데비(Devi; *역자 주: 칼리 등의 여신들을 총칭하는 말)가 등장하게 되는 것이다.

십자가 형벌 그림을 바라보며, 나는 이 젊은 여인의 다리가 제대로 표현되지 않은 느낌을 받았다. 다리가 고정되어 있는 것처럼 보이는 것이다. 마사지를 받을 때 나는 이 인물의 포즈도 직접 시도해 보고 움직여도 보는데, 그러다 보니 발의 위치 때문에 이 여인이 꼼

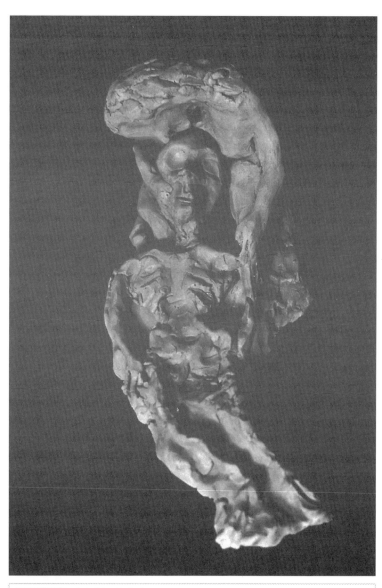

그림 23-1 자아의 죽음(점토)

짝 못하고 갇혀 있다는 것을 알게 되었다. 나는 다리를 바꾸어서 왼쪽 발을 앞에 놓아 보았다. 그러자 앞뒤로 흔들흔들 움직일 수 있는 자세가 되었다. 집에 와서 나는 큰 그림으로 그녀의 하체 부분을 물감으로 그려 보았다. 그러고 나서는 딸 아디나에게 포즈를 취하게 해서, 그것을 참고로 여자의 다리가 씩씩하게 앞으로 걷는 모습이 되도록 고쳤다. 그렇게 바꾸자 그녀의 임무는 십자가에서 그 남자를 내려놓는 것이라는 것을 알게 되었다. 그녀가 들고 간 망치는 두 면이 있는데, 그녀는 노루발 부분을 남자에게 박혀 있는 못을 빼는 데 사용할 것이다.

나는 이 여인의 무릎 위에서 죽어 가는 남자의 모습을 조각했다. 몸이 많이 늘어지면서 땅속으로 되돌아가느라 머리가 너무 크게 되어 버린 이 남자를, 그녀는 부드럽게 안아 주고 있다([그림 23-1] 참조). 내가 정말 이전에 하던 역할들을 보내 주고 그것들이 없어지도록 둘 수 있을까? 나에게는 무엇이 남게 되는 것일까? 하지만 이 조각 작품이 주는 부드러움은 나에게 동시에 확신을 주었다.

그러던 어느 날, 편안히 사우나를 하던 중에 어떤 이미지가 떠올랐는데, 그것은 네 마리의 까만 새들이 작은 아기 하나를 포대에 싸서 날아오는 것이었다. 아기는 공 모양의 타오르는 빛을 가지고 왔다. 나는 이 이미지를 스케치해 보고 나서 십자가 형벌 그림 오른쪽 윗부분에 그려 넣었다. 여러 달 동안 그림은 이 상태 그대로였다. 나는 빨리 끝내서 이젤에서 내려놓고 싶었지만, 그림은 아직 그럴 준비가 되어 있지 않았다. 나는 친구에게 이 그림을 넣을 액자를 짜 달라고 부탁했는데, 액자에 넣자 그림은 그 안에서 숨 막혀 하는 듯했다. 이 그림은 경계들을 거부하는 것이다.

예술가인 남자 친구 하나가 나에게, 도대체 언제 이 그림의 긴장을 '해소'시킬 것인가에 대해 궁금해했다. 나는 작가들의 모임에서 이 그림을 찍은 사진을 사람들에게 보여 주었는데, 어떤 여성이 말하기를, "왜 그 긴장감을 해소해야만 하나요? 그림을 액자의 위에 올려놓아 보세요."라고 했다. 그 방법은 유효했다. 그림의 액자가 가진 경계—즉, 인공적인 장치로서 제한감을 주는 것—그 너머로 비전이 더욱 확대되었다([그림 23-2] 참조). 이러한 경험들은 단순히 어떤 은유적인 것으로 끝나는 것이 아니라, 실제로 나의 인생을 구성하고 있는 것들이며, 내게 사실로 다가오는 그만큼 내 남편에게도 그리고 나의 아이에게도 실제적인 것들이다. 긴장이라는 것은 우리 삶에 항상 있으며, 인생이라는 바퀴는 이를 알아차리지도 못하는 사이에 돌아간다. 내가 좀 더 깨어 있을 때에도, 내가 그렇지

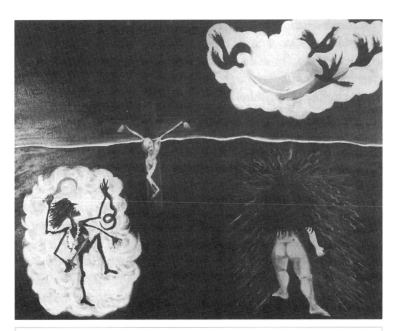

그림 23-2 인생의 바퀴/윤회(유화)

않을 때도 그 생명의, 소울의 강은 내 안에서 끊임없이 앞으로 흘러간다.

그 그림은 반대적인 것들을 표현하고 있는데, 삶과 죽음, 새로운 것과 오래된 것, 남성적인 것과 여성적인 것 등이다. 마치 내 일생을 통해 엮여 왔던 주제들을 총동원하여 재현한 것처럼 느껴졌다. 내가 뭔가 냉소적이고 확신에 차 있는 모습의 남자와 동일시하는 책임자 역할을 해 왔던 데에는 이유가 있다. 내 안의 그 남자는 내가 살아남을 수 있도록 도와주었다. 하지만 나는 그가 준 영향을, 창의적인 작업을 좀 더 헌신적으로 해 나갈 수 있도록 도와주는 측면과 같은 좀 더 넓은 시각에서 보려고 한다. 그가 아는 것이라고는 전략을 쓰는 것과 교묘한 조작이다. 만약 그에게 모든 결정을 맡겼다면 나는 학계에 그냥 남아서 큰일을 해내는 중요한 사람이 되었을 것이다. 그는 이 모든 것을 다 계획해 놓았고 어떻게 하는지도 다 알고 있었다. 하지만 이제 여성성이 이미 내 안에서 충분히 의식할 수 있을 정도로 자랐기 때문에, 그런 측면들이 더 이상 나의 중심을 그리 쉽게 무너뜨리지는 않는다.

또한 나는 여성성의 어두운 힘에 대해서도 배울 필요를 느껴 왔었다. 힌두신화에서는 데비 또는 여신이 강력한 남성 적수 같은 어떤 비협조적인 힘에 직면했을 때, 칼리 여신의 속성이 나타나면서 이 교착 상태를 부수어 준다. 칼리는 자기 고유의 전통적 무기들을 가지고 다니는데, 그중에 구부러진 날을 가진 낫처럼 생긴 칼은 여성성을 간접적으로 상징하여, 베어 버리는 것이 곧 삶에 도움이 되는 추수의 수확이 된다는 것을 보여 준다. 하지만 반듯한 날을 가진 칼은 직접적인 행동, 즉 희생으로 향하는 길을 상징한다.

그녀는 모든 상반되는 측면을 그 안에 가지고 있다. 칼리는 자기가 창조한 모든 형태의 생명을, 때가 되었을 때 다시 가져간다. 그녀는 때때로 되돌아감의 신비를 표현하기 위하여 자기 자식들을 삼켜 먹어 버린다. 또한 칼리는 뱀도 손에 쥐고 있는데, 이것은 허물을 벗는 능력을 통해 다시 태어남과 연속성을 상징해 준다. 그녀는 아주 강한 존재인데, 나는 이 모든 잔학한 속성을 갖춘 그녀를 그리는 것이 즐겁다. 그녀는 우리로 하여금 비옥한 공허(fertile emptiness; *역자 주: 죽음과 탄생 사이의 기간으로, 새로운 생명이 나오는 것을 준비시키는 데 필요한 시간)에 대한 준비를 하도록 해 주는데, 이것은 때때로 내가 두려워하고 피하는 부분이다. 내가 칼리를 그렸을 때 꿈속에서 보았던 이전의 그 나이 든 여인이 자신의 신성성을 회복하였다.

그 젊은 여인은 강함과 결심이라는 것을 나타내는 아주 흥미로운 인물이다. 점토로 만든 조각이 그녀의 진정한 존재 이유를 분명하게 드러내고 있다. 즉, 동정심을 계발하라는 것이다. 죽어 가는 인물을 돌보아 줌으로써 그녀는 나 자신과, 변화를 향한 나의 내적 과정과, 또한 타인에 대한 동정심을 가질 수 있도록 가르친다. 그녀는 가치 있는 존재이며, 나는 나 자신을 그녀와 동일시하는 것에 편안함을 느낀다. 내 딸은 자기 친구들에게 자기가 이 여인을 위해 모델을 서 주었다고 자랑한다. 나는 여성성이 가진 강함이 이 아이에게 전해지기를 바라고 있다.

아이는 나이 든 자가 죽으면서 생겨나는 새로운 에너지이다. 그림 속의 그 불타는 빛을 가진 아이는, 나의 다음 과제가 무엇이 되었든 간에 어떤 빛을 가져오게 될 것이라는 암시를 해 주는 듯하다. 새들은 한때 오래전에 내가 나움버그(Naumburg)와 했던 초기 그림 작업에서는 죽음을 상징했었는데, 이제는 새로운 생명을 품고 있는 존재로 다가왔다.

여기까지 이미지와 함께한 나의 작업은 어두운 동굴 속에서 나의 길을 느끼는 것 같았다. 나는 내 일상의 아래에서 그 길을 굽이쳐 나아가는 땅속의 강을 따라왔다. 때로 나는 길을 잃었고, 때로 나는 이 강을 이끌고 조절하려고 해 왔다. 나는 이 강이 좀 더 곧고, 합리적이기를 바라 왔다. 또한 나는 그것이 '미술치료사'로서 또는 '예술가'로서 불리기를 바라 왔다. 나는 무엇이 일어날지를 알고 싶어 해 왔으며, 또 그것이 더 단순해지기를 원해 왔다. 물론 이 중 그 어느 것도 이루어진 것이 없었다.

마침내 마무리할 수 있었던 나의 이미지 제작 과정은 우선적으로는 기억의 행위였다. 이것은 신성함과 계속해서 연결될 수 있게 되는 나만의 방식이었다. 기억을 한다는 것은 다시 불러오는 것이다. 또 한때는 가장 중요했지만 여러 다양한 이유로 희미해진 자기 자신을 다시 불러오는 것이다. 이것은 우리의 모든 부분을 다시 받아들이고 소유함으로써, 자신의 신성한 본성으로 우리의 팔과 다리를 되돌려 주는 것이다. 우리가 자신의 주인이 되면 될수록 스스로가 부인하는 자신의 어두움을 우리의 적들에게 투영할 필요가 적어지게 된다. 소울은 그 모든 것을 환영해 주기 때문이다.

이미지 제작은 또한 항상 역설적이다. 처음에 나는 내가 얼마나 죽어 있었는지를 발견했었고, 그러고 나서는 내가 얼마나 더 생생하게 살 수 있는지를 알게 되었다. 나는 그 생생함을 갈구했으며, 그 생생함과 함께 따라오는 즉흥성과 창조성도 갈구했다. 이러한 것을 얻기 위해 내가 치러야 했던 대가는 나의 작품 이미지들을 보여 준 거울이었는데, 이 거울이 내가 가진 두려움들, 분노, 나의 완고하면서 불완전한 자아를 나에게 보여 주었다. 생을 얻기 위해서는 내가 기존에 알던 '나'의 모습이 해체되었어야만 했다. 나는 내가 너무도 소중하게 가지고 있던 자기 이미지들을 내려놓는 방법을 배워야만 했다. 완고한 자아는 두려움을 멀리하게 할 뿐만 아니라 사랑과 기쁨도 멀리하게 하는 것이다.

나는 이미지 과정을 내 삶의 한 부분으로 만들어, 나의 지속적인 변환의 원천이 되게 해 왔다. 두려움이라는 것이 없는 것은 아니나, 대신 이것이 표현될 수 있는 장소가 생겼다. 나는 이미지 작업의 과정을 내적 지혜의 목소리로서 완전히 신뢰하기 때문에, 심지어 두려움조차도 참을 만하다. 왜냐하면 두려움을 뭔가 더 크고 좋은 것의 한 측면으로 보기 때문이다. 여기서 뭔가 더 크고 좋은 것이란 그 강이라고 생각했었지만, 알고 보니 그것은 삶 그 자체였다. 그 삶 안에는 흐름, 힘, 예측 불가능함, 얕은 부분들, 흰색 물결의 급류 등 그 모든 것이 포함되어 있다. 이제 나는 이미지들이 생명의 흐름으로 나를 확실히 이끌어 주고, 썩은 채 쌓여 있는 자기 망상에 필요 이상으로 빠져 갇혀 있지 않도록 해 준다는 것을 안다. 또한 나는 강이 내가 익사하도록 내버려 두지 않을 것이라는 것도 신뢰하고 있다. 내가 해야 할 일은 깨어 있는 것, 그리고 작업실로 가게 하는 느낌들을 좇아가는 것이다.

24
아무것도 모름에 대하여

  만약 당신이 허락한다면, 이미지 과정은 밝은 실로 내면의 개인
적 세계로 뚫고 들어간 후, 삶이라는 천 밖으로 다시 나오며 당신을
삶에 엮어 줄 것이다. 이미지들은 [그림 23-2]가 나에게 그랬던 것
처럼, 당신의 일이나 원형적 분투 등을 요약하듯이 정기적으로 나
타날 수 있다. 이러한 것들은 즐거운 휴식의 시간이 될 수 있으며,
그런 것들과 함께 순간적이나마 모든 것이 '다 해결되었다'는 환상
을 줄 수도 있다. 그러나 이것은 곧 지나간다. 그러한 이미지들은
우리의 존경과 감사를 받을 만한 자격이 있다. 하지만 우리 안의 에
너지라는 것은 살아 있고 쾌활하다는 것을 기억하라. 우리의 에너
지는 끊임없이 형태를 만들고 헤치며, 새로운 모양, 새로운 이미지
로 또다시 형태를 만들 것이다.
  뭔가 요약하는 시점에서 흔히 들게 되는 어떤 평화의 느낌을 계

속 가지게 하는 과도기적인 작업으로 해 볼 수 있는 것이 만다라이다. 만다라는 온전함을 상징하는 원 안에 그림을 그리는 것이다. 비록 만다라 하나를 그리는 것이 당신에게 갑자기 마술처럼 온전한 느낌을 주지는 않겠지만, 이것은 인텐션을 서술하는 방법인 동시에, 마음은 쉬게 하면서도 주의를 집중할 수 있게 해 준다. 즉흥적으로 제작되는 만다라는 다른 어떤 이미지들과도 동일하게 취급되어야 하는데, 위트니스 과정을 해 주어야 하고 존중되어야 한다는 말이다. 이러한 만다라 디자인들은 티베트의 모래그림의 단순화된 버전과 비슷하다고 볼 수 있는데, 이는 내적 혼돈에 질서를 가져오게 해 주는 명상의 한 형태이다.

평화로운 음악을 틀고 향이나 향초를 켜면, 만다라 그림이 키워주는 조용한 반추의 시간을 만들어 내는 데 도움이 된다. 당신의 인텐션은 뭔가를 완성해 보겠다는 것이 될 수도 있고, 만다라에 내포되어 있는 온전성에 대해 명상해 보겠다는 것이 될 수도 있다.

원을 하나 그리라. 또 다른 가능성들이 허용될 수 있을 정도의 크기로 넉넉하게 그리라. 자유로이 그리든가, 아니면 자를 사용해도 되는데, 아무 선이나 곡선들 또는 어떤 스타일로든지 당신을 즐겁게 해 주는 형태로 이 원을 여러 구역으로 나누도록 한다. 색조를 선택해서 당신이 만든 이 디자인의 빈틈을 다 채워 가며 칠하도록 한다. 전체를 어떻게 하겠다고 미리 계획을 할 필요가 없다. 대신, 하면서 자연히 떠오르도록 두라. 난 이 작업 과정이 엄청나게 마음을 안정시킨다는 것을 알게 되었다(그림 24-1) 참조). 또한 이 작업은 다른 이미지 작업이 죽은 것처럼 느껴지거나 조금 혼돈스러울 때 해도 유용한 방법이다.

만약에 당신이 평화롭게 되기는커녕 도리어 뭔가 무기력해지는

그림 24-1 만다라(과슈)

것 같은 순간이 찾아온다면, 또 이 모든 것이 시대에 뒤진 것처럼
느껴지고, 별로 도전할 만한 가치가 없어 보인다면, 이것은 당신이
좀 더 어려운 미술 과정을 찾아보아야 할 시간임을 알려 주는 것일
수도 있다. 만약 조각을 좋아했었다면, 돌조각이나 용접 조각 수업
을 들어 보라. 만약 물감 작업이 좀 더 즐겁다면, 정통 수채화나 동

양화를 시도해 보라. 선불교에서 말하는 소위 '초심'이 주는 신선함과 불편함으로 자기 자신을 데려감으로써, 위험과 도전이라는 감각을 다시 얻게 될 것이다.

또한 당신은 자신의 기술들을 밖으로 향하게 하여, 미술작업 과정을 사회문제를 탐험해 보는 데 있어서 연구의 일종으로 사용해 볼 수도 있다. 낙태 논란에 대한 이미지는 어떤 것이 있겠는가? 노숙자에 관한 것은? 어떤 문제들을 당신은 알고 싶고 또 더 이해해 보고 싶은가? 방송 이미지들을 모으라. 실제로 삶 속에서 스케치도 하라. 사는 곳에서 흔히 자주 가던 곳이 아닌, 다른 곳들도 가 보라. 눈을 뜨고 당신의 마음도 열라. 미술이란 앎의 한 방식인 것이다.

결론

ART IS A WAY OF KNOWING

25
알게 된 것들에 대하여

지난 20여 년에 걸쳐 나는 이미지 제작에 대한 어떤 특정한 진실들을 배워 왔다. 어떤 것들은 아마도 전 세계 공통적일 것이다. 그러나 내용에 있어서 어떤 것들은 큰 맥락에서는 공통적이지만, 세부로 들어가면 나만의 고유한 것들로 채워져 있다. 내가 아는 것들은 다음과 같다.

현실이라는 것은 동시적이다　이미지는 우리가 여러 겹의 이야기를 동시에 살아가는 홀로그램 같은 존재라는 것을 드러낸다. 우리는 종종 자신에 대한 한 가지 시각에 갇혀, 우리가 가진 다양성의 풍부함을 잃어버린다. 또한 그러면서 우리는 유연성, 즉흥성, 창의성을 잃어버린다. 우리는 자신의 내적 갈등을 외적 세상을 살아가는 데 장애물로 나타나게 한다. 나 같은 경우는 일과 관련된 곳이 주로 나의 갈등들이 표현되는 곳인 듯하다.

두려움은 왜곡시킨다　두려움은 세상을 보는 우리의 시각을 왜곡시킨다. 따라서 이미지들은 초반기에는 흔히 아주 무서운 모습들을 하고 있다. 나는 이미지를 일종의 깜깜한 장롱 속 바닥에 꾹꾹 눌린 것으로 본다. 그래서 처음에 이것을 꺼냈을 때 이것은 완전히 쭈글쭈글하고 이상해 보인다. 하지만 이런 것이 반드시 나쁘거나 '병든' 것을 뜻하지는 않는다. 단지 익숙하지 않을 뿐이다. 그 이미지를 어떤 형상들로 발전시켜서 위트니스하는 것이 그 왜곡된 것을 풀어내는 과정의 시작이다.

인텐션은 힘을 북돋아 준다　우리가 무엇을 알고 싶어 하는지에 대해 명확하게 인텐션을 서술하는 것은, 비록 그것이 일반적으로 서술되어도 이미지 과정을 좀 더 효과적이게 해 준다. 인텐션은 말로 서술될 수도 있지만, 그것이 드러나기 위해서는 행동 또한 필요한 것이다. 인텐션은 '나는 이 이미지가 무엇인지 알고 싶다.'와 같이 대략적인 것이 될 수도 있고, '나는 내 부모님과 나의 관계를 알아보고 싶다.'와 같이 구체적인 것이 될 수도 있다. 또한 이것은 단순할 수도(물감 작업을 체험해 보고자 하는 인텐션처럼) 또는 좀 더 복잡할 수도(자신의 두려움들에 대해 이해하고자 하는 인텐션처럼) 있다.

주의를 기울이면 변환이 일어난다　이미지를 만들고 그것과 함께 머무는 것, 그러면서 추가로 어떤 다른 조치를 처방하지도 않고, 진단을 내리지도 않으며, 해석도 하지 않는 것이 변화와 움직임을 촉진하게 된다. 이미지가 벽장 속에 꾹꾹 눌려 있지 않으면, 우리의 삶은 그 이미지를 통해 흐름에 다시 동참하게 된다. 주의를 기울이는 것이 이미지를 존중하게 되며, 그 이미지가 무엇을 의미하든 간에 그것을 다시 찾는 과정을 시작하게 해 준다.

통찰력이 변화를 의미하지는 않는다 통찰력은 변화의 시작이 될 수는 있다. 이미지들은 어쩌면 통찰력을 길러 줄 수도, 또는 완전히 알 수 없는 것일 수도 있다. 하지만 통찰력이나 의식적 차원의 '앎'—즉, 어떤 것이 무엇을 의미하는가에 대한 생각—은 변화에 있어서 꼭 필요한 것은 아니며, 변화를 보장하지도 않는다. 이것을 다른 말로 하자면, 깨닫는 것과 그것을 현실화하는 것 사이에는 흔히 긴 간극이 있다는 것이다.

이미지들에게는 패턴이 있다 우리는 인생에서 어떤 장면들을 반복하는 경향이 있다. 모든 사람은 자신만의 이미지 목록을 가지고 있는데, 이것은 마치 여러 다른 값을 가진 이미지가 각각 그려져 있는 카드게임에서 우리에게 들어오게 되는 한 세트의 카드 패처럼 생각될 수 있다. 이 카드 패들이 우리가 인생이라는 게임에서 사용해 나가야 하는 것인데, 우리는 이 카드들을 다루기에 익숙한 패턴으로 늘어놓게 된다. 우리 모두는 극복해야 할 어떤 두려움을 가지고 있고, 균형을 이루면서 온전함으로 나아갈 수 있도록 더 돌보고 키워 주어야 하는 측면의 자아도 있으며, 우리가 안고 살아 나가야 할 어떤 믿음/신화와 이야기들도 있으며, 또 나눌 수 있는 어떤 진실들도 가지고 있다. 자기가 가진 패에 어떤 카드들이 있는지 아는 것은 이것들을 새로운 순서로 늘어놓거나 새로운 패턴들도 고려해 볼 수 있게 해 준다.

패턴들은 세계 공통적이다　　아주 완전히 개인적인 차원인 것들을 제외하면, 비슷한 경험을 가진 집단, 문화, 개인들이 가지는 이미지들에는 공통적인 패턴들이 있다. 그럼으로써 이미지는 사람들이 서로 깊은 차원의 의사소통을 할 수 있는 도구를 제공해 준다. 예를 들면, 상실의 슬픔을 표현한 이미지들은 이러한 슬픔을 겪은 거의 모든 사람의 심금을 울리게 된다.

이미지들은 예측이 가능하게 해 준다　　이미지들은 우리의 내적 삶에서 도대체 무슨 일이 일어나고 있는지를 보여 준다. 내적 이미지가 겉으로 드러나 갖춘 형태는, 그것이 명확히 무엇을 의미하는지 한참 후에야 알게 될 수도 있다. 이런 면에서 이미지란 일종의 푯말이 되어 주기도 하는데, 그럼으로써 우리에게 어느 방향으로 가야 할지도 알려 준다. 만약 우리가 그 푯말을 읽어 낼 수 있다면, 우리는 자신의 진정한 경로에 더 충실하게 갈 수 있게 된다.

이미지는 위트니스를 필요로 한다　　이미지 작업의 가장 근본은 우리의 이야기들과 다른 사람들의 이야기들에 대해 숨김없이 그리고 외면하지 않고 바라보고 들어 주는 것이다. 위트니스는 끊임없이 변화하며 발전해 가는 이야기를 받아들여 주고 확인시켜 준다. 우리는 스스로에게 첫 번째 위트니스가 되어 주는 것이며, 또한 서로에게 위트니스가 되어 주어야 할 필요가 있다. 우리 안에 있는 위트니스라는 측면은 신체적 측면 그 저변에 깔려 있는 것으로, 모두가 선명하게 공통적으로 가지고 있는 인식(consciousness)이다.

누구나 이것을 할 수 있다　이미지 과정은 연필이든, 붓이든, 한 덩어리 점토이든, 그것이 무엇이든지 간에, 사용해 볼 의지가 있는 사람이라면 누구든지 해 볼 수 있다. 이미지 작업이라는 길을 걷기 시작하면 그 길에서 교사들, 치료사들, 내적·외적 안내자들, 동료 여행자들이 나타나 도와줄 수도 있지만, 궁극적으로 이미지 제작은 중개자 없이 스스로 직접적인 지식을 얻을 수 있게 해 주는 도구이다.

우리가 자기 자신과 세계를 치유한다는 것은, 스스로가 할 수 있는 한 최대한 진실하게 이야기를 내어놓고, 그것을 또다시 이야기해 보며, 또 모든 사람의 모든 이야기를 진정으로 위트니스함으로써 이루어질 수 있다. 나의 이미지들의 구체적인 내용들은 여태까지는 여성성을 받고, 내가 할 수 있는 한 최대로 상반된 것들의 결합을 유지하는 것과 관련되어 왔다. 이미지들을 가지고 정기적으로 작업하게 되었을 때 생기는 일 중의 하나는, 시간과 공간이라는 것에 대한 통상적인 나의 인식에 이의를 제기하게 되는 것이다. 삶이라는 것이, 중요 사건들이 시간에 따라 전개되는 것과 더불어, 마치 예측불허한 방법으로 여기저기에 다른 모습으로 펼쳐져 가는 물감 작업과도 비슷하게 보이기 시작했다.

이 시점에서 어떤 이미지들은 생명선 역할을 하고 있다. 이것은 지질학자들이 동굴 속의 균열이라고 부르는 것인데, 여기를 통해 물이 스며들어 지구 아래에 있는 깊은 열린 공간 속에 미네랄을 형성시킨다. 이미지들은 서서히 오랜 시간에 걸쳐 형성된 그들 고유의 삶을 가지고 있다. 나는 위트니스를 하고, 그것들에 형태를 주며, 그 이미지들이 무엇을 가르치려고 하는지를 배우려고 노력한다.

이러한 일을 하기 위해 나는 이것이 일어날 수 있는 상황들을 만들어야 한다. 땅 밑에 존재하는 동굴들처럼, 내가 알아 나가야 할 필요가 있는 공간들이 내 안에 있다. 나는 내 인생 속에서 이미지 작업을 할 수 있는 시간과 기회들을 만들어야만 한다. 나는 이미지들을 우리 집 벽에 걸어 놓았다. 나는 내가 신뢰하는 사람들에게 그것들에 대해 이야기를 한다. 이미지들은 내게 사람이 된다는 것이 무엇인지, 또 생생하게 살아 있다는 것이 무엇인지에 대해 가르쳐 왔으며, 아직도 계속하여 나를 가르쳐 주고 있다.

당신이 제작한 이미지들은 특별하고, 중요하며, 세상에 속한 것인데, 당신으로 하여금 세상에 필요한 것이 무엇인지를 알 수 있게 해 준다. 이미지들을 통해 당신에게 다가오는 앎은 그 어떤 다른 방식으로도 당신에게 올 수 없다. 무엇을 망설이는가?

참고문헌

인용된 문헌

Adamson, Edward. 1984. *Art as Healing.* London: Nicholas Hays.

Ault, Robert. Undated. "Psycholological Dimensions of Layton Type Contour Drawings." Unpublished workshop handout.

Cane, Florence. 1951. *The Artist in Each of Us.* New York: Pantheon.

Gablik, Suzi. 1991. *The Reenchantment of Art.* London: Thames and Hudson.

Hollander, K. 1993. "Art Asylum." *Art in America.* June.

Hunt, Kari, and Bernice Wells Carlson. 1961. *Masks and Mask Makers.* Nashville: Abingdon.

Kramer, Edith. 1958. *Art Therapy in a Children's Community.* Springfield, Ill.: Charles Thomas.

Kramer, Edith. 1971. *Art as Therapy with Children.* New York: Schocken.

Kramer, Edith. 1979. *Childhood and Art Therapy.* New York: Schocken.

Macy, Joanna. 1983. *Despair and Personal Power in the Nuclear Age.* Philadelphia: New Society Publishers.

McNiff, Shaun. 1981. *The Arts and Psychotherapy.* Springfield, Ill.: Charles Thomas.

McNiff, Shaun. 1989. *A Depth Psychology of Art.* Springfield, Ill.: Charles Thomas.

McNiff, Shaun. 1992. *Art as Medicine.* Boston: Shambhala Publications.

Mid-America Arts Alliance. 1984. *Through the Looking Glass: Drawings of Elizabeth Layton.* Kansas City, Kans.: MAAA.

Naumburg, Margaret. 1966. *Dynamically Oriented Art Therapy.* New York: Grune and Stratton.

Schaefer-Simmern, Henry. 1948. *The Unfolding of Artistic Activity.* Berkeley: University of California Press.

Siegel, Bernice. 1986. *Love, Medicine, and Miracles.* New York: Harpers.

Ulman, Elinor and Dachinger, Penny. 1975. *Art Therapy: Theory and Practice.* New York: Schocken.

권장하는 문헌

Arrien, Angeles. 1992. *Signs of Life.* Sonoma, Calif.: Arcus Publishing Co.

Edwards, Betty. 1979. *Drawing on the Right Side of the Brain.* Los Angeles: Jeremy Tarcher.

Franck, Frederick. 1973. *The Zen of Seeing.* New York: Alfred A. Knopf.

Gendlin, Eugene. 1978. *Focusing.* New York: Bantam New Age.

Guggenbuhl-Craig, Adolf. 1979. *Power in the Helping Professions.* Dallas: Spring Publications.

Hannah, Barbara. 1981. *Encounters with the Soul: Active Imagination as Developed by C. G. Jung.* Boston: Sigo Press.

Johnson, Robert A. 1991. *Owning Your Own Shadow.* San Francisco: Harper.

Jung, Carl. 1979. *Word and Image.* Princeton, N.J.: Princeton University Press.

Nicolaides, Kimon. 1941. *The Natural Way to Draw.* Boston: Houghton

Mifflin.

Olsen, Andrea. 1991. *Bodystories: A Guide to Experiential Anatomy*.
    Barrytown, N.Y.: Station Hill Press.

Watkins, Mary, 1984. *Waking Dreams*. Dallas: Spring Publications.

워크숍 안내

팻 B. 알렌은 워크숍을 제공해 줄 수 있으며, 이 책과 관련한 독자 여러분의 경험에 대해 듣기를 희망한다. 이메일(pat.allen6@gmail.com)을 통해 연락할 수 있으며, 추가적인 정보, 글, 미술작품 등은 www.patballen.com을 방문하면 볼 수 있다. 서신은 300 Running Ridge Trail, Ojai, CA 93023, USA로 보내면 된다.

팻 B. 알렌(Pat B. Allen) 박사는 미술가이자 미술
치료사이다. 그녀는 우리 모두가 창조적인 일을 하
기 위해 창조되었다고 믿는다. OSP를 개발한 그녀
는 Open Studio Project(www.openstudioproject.
org)의 공동 설립자이면서 미국 유수의 저명한 미
술치료 관련 대학에서뿐만 아니라 국제적으로 강의
와 워크숍을 해 오고 있다. 그녀는 캘리포니아 오하
이에 있는 작업실에서 창의적인 과정에 대한 탐험을 계속하고 있으며, 현재는
주로 캘리포니아 버클리에 있는 Jewish Studio Project의 수석 어드바이저이자
교수진으로 활동하고 있다. 그녀의 딸이자 랍비인 아디나 알렌(Adina Allen)이
운영하는 연구 작업실이자 유대인 교육기관인 이곳에서 OSP를 더욱 계발하기
위한 팻과 아디나의 협업에 대해 볼 수 있다(www.jewishstudioproject.org).

역자 소개

김마리아(Maria Kim, Ph.D.) / ospkorea@gmail.com

공주대학교 사범대학 미술교육과 학사

미국 로욜라 메리마운트 대학교 결혼과 가족치료/미술치료 석사

미국 레슬리 대학교 표현예술치료/미술치료 박사

전 대전광역시 교육청 소속 중등 1급 정교사(미술)

    미국 한인타운 청소년회관 선임 심리치료사/미술치료사/슈퍼바이저

현 미국 웰빙위드아트 대표

    미국 심리치료사(LMFT)/전문미술치료사(ATR-BC)

    미국 인디애나 주립대학교-퍼듀대학교 미술치료학과 겸임교수

〈주요 경력〉

미국 서던캘리포니아 미술치료협회 다문화분과장/선거분과장

미국 일리노이 미술치료협회 컨퍼런스분과장

미국 미술치료협회 정회원

미국 결혼과 가족치료협회 정회원

미국 교육학회 정회원

국내 각지 미술치료, 스트레스 해소, 부모자녀 관계개선, OSP에 대한 강의 및
    워크숍 지원, 교사연수 및 퍼실리테이터 양성교육

〈주요 역서 및 논문〉

『영혼의 팔레트: 자기치유를 위한 미술 수련』(공역, 미진사, 2009)

「An exploration of the inclusion of art therapy in a Roman Catholic retreat」(석
    사학위논문, 2003)

「A pilot study: The Open Studio Process (OSP) and the experiences of its
    facilitators」(2018)

「Student wellbeing and Open Studio Process in the school curriculum」(박사
    학위논문, 2020)

미술이라는 거울
빛 속에 가려진 내적 자기를 보여 주는 미술작업의 신비
Art Is a Way of Knowing:
A Guide to Self-Knowledge and Spiritual Fulfillment Through Creativity

2020년 9월 10일 1판 1쇄 인쇄
2020년 9월 20일 1판 1쇄 발행

지은이 • Pat B. Allen
옮긴이 • 김마리아
펴낸이 • 김진환
펴낸곳 • ㈜**학지사**

　　　　　04031 서울특별시 마포구 양화로 15길 20 마인드월드빌딩
대표전화 • 02-330-5114　　팩스 • 02-324-2345
등록번호 • 제313-2006-000265호

홈페이지 • http://www.hakjisa.co.kr
페이스북 • https://www.facebook.com/hakjisa

ISBN 978-89-997-2187-8　93180

정가 17,000원

이 도서의 국립중앙도서관 출판시도서목록(CIP)은 서지정보유통지
원시스템 홈페이지(http://seoji.nl.go.kr)와 국가자료공동목록시스템
(http://www.nl.go.kr/kolisnet)에서 이용하실 수 있습니다.
(CIP 제어번호: CIP2020035085)

출판 · 교육 · 미디어기업 학지사

간호보건의학출판 **학지사메디컬** www.hakjisamd.co.kr
심리검사연구소 **인싸이트** www.inpsyt.co.kr
학술논문서비스 **뉴논문** www.newnonmun.com
원격교육연수원 **카운피아** www.counpia.com